元太祖皇帝
即青吉思汗諱特穆津在位二十二年父曰伊蘇
克伊是為烈祖皇帝起宋寧宗開禧二年丙寅金
章宗泰和六年終宋理宗寶慶二年丁亥金哀宗
正大四年

元太宗皇帝
諱訥格德依太祖第三子在位十三年起宋理宗
紹定二年己丑終宋理宗淳祐元年辛丑金正大
六年

元太祖铁木真

元太宗窝阔台

元世祖皇帝
即色辰諱呼必賫睿宗第四子在位三十八年起
宋理宗景定元年庚申終于元貞三年乙酉

元成宗皇帝
即訥勒昔依圖諱特穆爾世祖曾孫在位十一年
起元貞三年乙酉終大德十一年丁未

元世祖忽必烈

元成宗铁穆耳

元武宗皇帝

即库鲁克讳海山成宗长子在位六年起大德十

一年丁未终至大五年壬子即皇庆元年

元武宗海山

元仁宗皇帝

讳阿裕尔巴里巴特喇成宗次子在位九年起至

大五年壬子终延祐七年庚申即至治元年

元仁宗爱育黎拔力八达

元文宗皇帝

即濤雅圖讳托克特穆爾武宗子在位六年起至

和元年戊辰终至顺四年癸酉

元文宗图帖睦尔

元宁宗皇帝

讳伊埓哲伯明宗次子在位一月

元宁宗懿璘质班

明太祖高皇帝朱元璋

孝慈高皇后马氏

明成祖文皇帝朱棣

仁孝文皇后徐氏

明仁宗昭皇帝朱高炽

诚孝昭皇后张氏

明宣宗章皇帝朱瞻基

孝恭章皇后孙氏

明英宗睿皇帝朱祁镇

孝庄睿皇后钱氏

明宪宗纯皇帝朱见深

孝贞纯皇后王氏

明孝宗敬皇帝朱祐樘

孝康敬皇后张氏

明武宗毅皇帝朱厚照

孝静毅皇后夏氏

明世宗肃皇帝朱厚熜

孝洁肃皇后陈氏

明穆宗庄皇帝朱载坖

孝懿庄皇后李氏

明神宗显皇帝朱翊钧

孝端显皇后王氏

明光宗贞皇帝朱常洛

孝元贞皇后郭氏

MINGCHAO
JIANSHI

明朝简史

吴　晗／著
李慧泉／编

民主与建设出版社
·北京·

图书在版编目（CIP）数据

明朝简史 / 吴晗著；李慧泉编. -- 北京：民主与
建设出版社，2024.2
　　ISBN 978-7-5139-4436-6

Ⅰ.①明… Ⅱ.①吴… ②李… Ⅲ.①中国历史—明
代 Ⅳ.①K248

中国国家版本馆CIP数据核字（2023）第227562号

明朝简史
MINGCHAO JIANSHI

著　　者	吴　晗	
编　　者	李慧泉	
责任编辑	韩增标　王宇瀚	
封面设计	宋双成	
出版发行	民主与建设出版社有限责任公司	
电　　话	（010）59417747　59419778	
社　　址	北京市海淀区西三环中路10号望海楼E座7层	
邮　　编	100142	
印　　刷	三河市天润建兴印务有限公司	
版　　次	2024年2月第1版	
印　　次	2024年2月第1次印刷	
开　　本	880毫米×1230毫米　1/32	
印　　张	12.25	
字　　数	254千字	
书　　号	ISBN 978-7-5139-4436-6	
定　　价	55.00元	

注：如有印、装质量问题，请与出版社联系。

目　录

明朝的官僚机构

明朝的皇权与绅权

附录一

附录二

明朝的政治

元帝国的崩溃

　　元朝覆灭，被逐出中国，是被汉族用武力推翻的结果，是元帝国的自然崩溃的必然结局。

　　元代的社会组织，是不合理的，不健全的。在文化方面，蒙古族比汉族落后，落后的控制先进的；在人口方面，蒙古族人数很少，汉族却人口众多，以少数统治多数。元的皇室、贵族、僧侣、官吏、商人、地主所组成的统治阶级，和用以维持政权的庞大军队，一切的费用均由被征服的汉人、南人负担。汉人、南人的生命、财产由统治者任意处分，在政治上享受差别待遇，在同为被征服者的色目人之下。汉人、南人的一部分被强迫做奴隶，世世子孙都为政府及其主人服役。统治阶级一方面是大地主，拥有全国最大部分的土地；汉人、南人除一小部分外，大多被迫失去土地降为贫农及佃户。国内最大的商业经营操纵在回鹘人手中，他们还替蒙古贵族经营惊人的高利贷，挤取汉人、南人的血汗。元政府并下令没收汉人、南人的军器马匹，不许汉人、南人集党结会，各地遍驻戍军，武装弹压，用以防止汉人、南人的叛乱。[1]

　　对汉人、南人实行军事统治的后果，一方面不待说种下民族间的深刻仇恨，同时统治者也因之松懈了警备征服地的情绪，耽溺于生活服用之享受，日渐腐化，替自己掘下待终的坟墓。

　　元世祖（1260—1294）继承成吉思汗的事业，继续用武力征服南宋国，建立元帝国。这个帝国的规模是由他开始奠定的。他在位的几十年是元代的极盛时代，同时也由他的登基而种下元帝国崩溃和覆亡的因素。

按蒙古族的习惯，合罕（即皇帝）的产生须由库利尔台（Khuriltai）选举。库利尔台在蒙古语中为聚会之义，凡国家有重大事件，须召集贵族大臣开库利尔台决定之。除选举合罕外，凡出征外国、颁布法令均有召集库利尔台之举。据可信记载，蒙古族自俺巴孩（Ambakhai）合罕以来即用选举制度。前合罕对其后继者有指名之惯例，但无左右库利尔台之权力。合罕之位，不但非父子世袭，即前合罕发表其所希望之后继者时，亦不必由己子中选之，而由其他皇族选出的。1189年铁木真（Temudjin）由库利尔台选举为蒙古合罕，始称成吉思合罕（Chingis Khaghan）。1206年统一北方民族，敖嫩河源地所开之库利尔台，同样尊号，举行第二次即位礼。成吉思合罕生前，指定第三子斡哥歹（Ogede）为后继人。成吉思合罕死后，1229年秋于怯绿涟河曲雕阿拉（即 Kerülen 河之 Kodeghü-aral，Kodeghü 为荒野草原之意，aral 为岛之意）召开库利尔台，推戴斡哥歹为合罕。斡哥歹合罕（即太宗）初指定其子曲出（Guchu）为后继人，曲出死，更指定曲出之子失烈门（Shiramun）。但斡哥歹合罕死后，皇后朵咧格捏（Döregene）称制，召开库利尔台，不依指定，改选己子贵由即定宗为合罕。不为皇族中最有势力之拔都大王所赞同。定宗死，拔都以与太宗后人不合之故，拥立成吉思合罕第四子拖雷（Tului）之子蒙哥（Müngge），虽经成吉思合罕儿子察阿歹（Changhadai）系及太宗后人之反对，卒召开库利尔台立为合罕，是为宪宗。即位后对反对派大加屠杀，由此察阿歹汗国及斡哥歹汗国始不附。宪宗崩时，末弟阿里不哥（Arigu Bukha）居守和林，中弟忽必烈（Khubilai）率师征宋，得宪宗死的消息，即回军在开平开库利尔台，即蒙古合罕之位。阿里不哥亦于漠北开库利尔台自立，内乱以起。宪宗诸子及察阿歹系诸王均附阿里不哥，太宗孙合失大王子海都（Khaitu）亦起兵助之，阿里不哥虽于至元元年（1264年）势蹙来降，但海都仍拥兵与察阿歹后王笃哇联合抗中央。至元二十四年（1287年）诸王乃颜叛于辽东，诸王哈丹等应之。由此钦察汗国、斡哥歹汗国、察阿歹汗国联为一系以与中央作战，数十年中兵祸相仍，蒙古大帝国在事实上已经瓦解了，忽必烈合罕（世祖）及其子孙所领有的只是东方一部分的土地而已。[2]

世祖即位以后，库利尔台的形式虽然保存，但在实质上则已完全废弃，改选举制为世袭，采用汉人制度预立太子。至元十年（1273年）二月立嫡长子真金（Chinkin）为皇太子，在册命中指明过去的内乱的原因是库利尔台制度的失败，他说：

仰惟太祖皇帝遗训，嫡子中有克嗣服继统，预选定之，是用立太宗英文皇帝，以绍隆丕构。自时厥后，为不显立冢嫡，遂启争端。[3]

制度虽然改变，但贵族大臣的势力仍足以左右帝室，成宗以后诸帝全由大臣拥立，再照例由库利尔台通过。世祖太子真金早薨，未及即位，真金子成宗（铁穆耳）方抚军北边，玉昔帖木儿拥之即位。成宗崩，丞相哈剌哈孙拥真金孙武宗、仁宗相继即位。仁宗立英宗为皇太子，英宗后为铁失所弑，拥立世祖长孙晋王甘麻剌子也孙铁木儿为泰定帝。泰定帝崩于上都，丞相倒剌沙立其皇太子阿剌吉八为皇帝，枢密使燕铁木儿则立武宗子文宗，力战破上都军。文宗后让位其兄明宗，燕铁木儿弑明宗，仍立文宗。后文宗、宁宗相继死，皇后卜答失里已遣人迎明宗长子妥懽帖睦尔入京，欲付以位，而燕铁木儿不愿，遂不得立，燕铁木儿死，元顺帝始立。[4]政变内乱，相继不已，帝位的继承，全由权臣操纵，引起帝国的分裂和统治权之动摇，元统治集团核心的内部矛盾日益尖锐，终至崩溃而不可收拾。

世祖自平宋后，即从事于海外之侵略。至元十九年（1282年）命阿塔海、范文虎、忻都、洪茶丘等率兵十万出海征日本，遇飓风破舟，丧师而还。帝大怒，欲再征日本，遣王积翁往招谕，为舟人杀于途，始终不得要领乃止。又兴安南之役、占城之役、缅甸之役、爪哇之役。安南用兵三次（1284—1294）最后师还，几为所邀截，从间道始得归。出兵缅甸两次（1282—1287）丧失了七千军队。打占城（1282—1284）时舟为风涛所碎者十之七八，深入为所截，力战始得归。打爪哇（1292年）也占不到便宜。统计数十年中，无岁不用兵。用兵的军费无从设法，就从百姓头上打主意，任用善于剥削的商人做财政官，中统三年（1262年）即以财赋之任委阿合马，典铁冶，增盐税，小有成效，拜平章中书政事。又立制国用使司，以阿合马领使事。已复罢制国用使司，立尚书省，以阿合马平章尚书省事。奏括天下户口，下至药材榷茶，亦纤屑不遗，其所设施，专以掊克敛财为事。通赋不蠲，征敛愈急，天下之人，无不思食其肉。阿合马死，又用卢世荣，亦以增多岁入为能，盐铁、榷酤、商税、田课凡可以弄到钱的都千方百计搜刮，世荣诛死后，又用桑哥，再立尚书省，改行中书省为行尚书省，六部为尚书六部，以丞相领尚书兼统制使，奏遣忻都、阿散等十二人理算六省钱谷，以刑爵为贩卖，天下骚然，至元二十八年（1291年）始伏诛。总之，世祖在位的三十几年，几乎和这三位财政家相终始。[5]因侵略海外而极力搜刮民财，任用以理财见长的官吏，造成一种贪污刻薄的吏治空气。

除用兵外，对于诸王和僧侣的负担，也对促进元统治集团的崩溃起了作用。

上文曾说过合罕之举出须经库利尔台的同意，而库利尔台之最主要人物即为帝室同族的诸王及贵族重臣。诸王贵族例有岁赐，如察阿歹大王位岁赐银一百锭（锭五十两），缎三百匹，绵六百二十五万，常课金六锭六两。斡真那颜位岁赐银一百锭，绢五千九十八匹，绵五千九十八斤，缎三百匹，诸物折中统钞一百二十锭，羊皮五百张，金一十六锭四十五两，又有岁例外之赐予，如中统四年（1263年）赐公主巴古银五万两。至元二年（1265年）赐诸王只必帖木儿银二万五千两，钞千锭。至元四年（1267年）赐诸王玉龙答失银五千两，币三百，岁以为常。其非时之赐予，如武宗以金二千七百五十两，银十二万九千二百两，钞万锭，币帛二万二千二百八十匹奉兴圣宫，赐皇太子（弟仁宗）亦如之。又有朝会之赐予，元贞二年（1296年）定太祖位下金千两，银七万五千两；世祖位下金各五百两，银二万五千两，余各有差。成吉思合罕的宗族后人遍布欧亚，这几笔开支的数目是无法计算的。单就库利尔台会后一项赐予算，如武宗至大元年（1308年）中书省臣言朝会应赐予者为钞总三百五十万锭，已给者百七十万，未给者犹百八十余万，两都所储已罄。至大四年（1311年）仁宗即位时的赐予总数是金三万九千六百五十两，银百八十四万九千五十两，钞二十二万三千二百七十九锭，币帛四十七万二千四百八十八匹。[6]这一年的额外赏赐是钞三百余万锭。[7]僧侣的费用也占国家支出之大部。赵翼记：

> 古来佛事之盛，未有如元朝者。邵戒三谓元起朔方，本尚佛教，及得西域，世祖欲因其俗以柔其人，乃即其地设官分职，尽领之帝师。初立宣政院，正使而下，必以僧为副，帅臣而下亦必僧俗并用。于是帝师授玉印，国师授金印，其宣命所至，与朝廷诏敕并行，自西土延及中夏，务屈法以顺其意，延及数世，浸以成俗，至于积重而不可挽……帝师体制之僭，虽亲王太子不及也……仗卫之侈，虽郊坛卤簿不过也……土木之费，虽离官别馆不过也……供养之费，虽官俸兵饷不及也……财产之富，虽藩王国戚不及也……威势之横，虽强藩悍相不过也。[8]

并且时代愈后，僧侣势力愈大，费用也愈多。至大三年（1310年）张养浩上疏言僧侣之病国云：

> 古者十农夫而闲民或一，今也十闲民而农夫仅一焉。欲民无饥寒之道邈矣。今释老二氏之徒，畜妻育子，饮醇啖腴，萃逋逃游惰之民，为暖衣饱食之计，使吾民日羸月瘠，曾不得糠秕蓝缕以实腹盖体焉。今日诵藏经，明日排好事，今日造某殿，明日构某官，凡天下人迹所到，精蓝胜观，栋宇相望，使吾民

穴居露处，曾不得茎茅撮土以覆顶托足焉……谬论生死，簧鼓流俗，聚徒结党，使人施五谷以为之食，奉丝枲以为之衣，纳子弟以为之童仆，构木石以为庐室，而人见其不蚕不稼，不赋不征，声色自如，而又为世所钦，为国家所重，则莫不望风奔效，髡首漫游，所以奸民日繁，实本于此。臣尝略会国家经费三分为率，僧居二焉。以之犒军则卒有余粮，以之赈民则民有余粟，以之裕国则国有余资。[9]

僧侣的耗费竟占国家经费的三分之二，可能夸大了一些，但毕竟是一个很大的支出。试以具体的事实作证，以内廷佛事一项而论，至元中内廷佛事之目每岁仅百有二，大德七年（1303 年）再立功德司，其目增至五百有余。十年中增至五倍。以内廷佛事的费用一项而论，据延祐四年（1317 年）宣徽院会计，岁贡以斤计者面四十三万九千五百，油七万九千，酥二万一千八百七十，蜜二万七千三百，他物称是。延祐五年（1318 年）前各寺做佛事，日用羊至万头。[10] 元代的国家财政岁出岁入总数，据至大四年（1311 年）的报告，每岁支出钞六百余万锭，土木营缮百余处计钞数百万锭，北边军需又六七百万锭，又加上内降旨赏赐三百余万锭，总计约需钞二千万锭。岁入常赋则仅钞四百万锭，其中京师者又只二百八十万锭。而且同年十一月份国库所存只十一万锭。[11] 岁出竟超过岁入十分之八，这个国家是维持不了的。当时弥补的办法之一是饮鸩止渴，预卖盐引和动支钞本，例如至大元年（1308 年）的办法：

二月乙未，中书省臣言，陛下登极以来，锡赏诸王，恤军力，赈百姓，及殊恩泛赐，帑藏空竭，豫卖盐引。今和林、甘肃、大同、隆兴、两都军粮，诸所营缮及一切供亿，合用钞八百二十余万锭。往者或遇匮急，奏支钞本。臣等固知钞法非轻，曷敢辄动，然计无所出，今乞权支钞本七百一十余万锭以周急用，不急之费姑后之。[12]

结果是阻滞盐法和钞法，扰乱金融，国家和人民都受其弊。另一办法是加税，延祐元年（1314年）的课额已比元初时增五十倍。[13] 中叶以后，课税较世祖时代亦增二十余倍，即色银之赋亦增至二十余倍。[14] 可是国家财政仍不免入不敷出，陷于破产的地位。《元史》陈思谦传记：

至顺二年（1331年）九月上言，户部赐田诸怯薛支请，海青狮豹肉食，及局院工粮，好事布施，一切泛支，以至元三十年以前较之，动增数十倍。至顺经费，缺二百三十九万余锭。[15]

柯劭忞论元代财政，以为"夫承平无事之日而出入之悬绝若此，若饥馑洊臻盗贼猝发，何以应之。是故元之亡亡于饥馑盗贼。盖民穷财尽，公私困竭，未有不危且乱者也"[16]，是说得很中肯的。

 注释

[1] 详见拙著《元代之社会》，载清华大学《社会科学》第一卷第三期。

［2］参见箭内亘《蒙古库利尔台之研究》;《元史纪事本末》卷二《北边诸王之乱》;赵翼:《廿二史劄记》卷二九《元代叛王》。

［3］《元史》卷一一五《裕宗传》。

［4］《廿二史劄记》卷二九《元诸帝多由大臣拥立》;《元史纪事本末》卷一九至二二。

［5］参见《廿二史劄记》卷三〇《元世祖嗜利黩武》;《元史纪事本末》卷七《阿合马、桑、卢之奸》;《元史》卷二〇五《奸臣传》。

［6］参见《新元史》卷七八《食货志·赐赏下》。

［7］参见《元史》卷二四《仁宗本纪》。

［8］《陔余丛考》卷一九《元时崇奉释教之滥》。

［9］《归田类稿》卷二《时政书》。

［10］参见《陔余丛考》卷一九《元时崇奉释教之滥》。

［11］参见《元史》卷二四《仁宗本纪》。

［12］《元史》卷二二《武宗本纪》。

［13］《元史》卷二〇五《铁木迭儿传》。

［14］《新元史》卷六八《食货志序》。

［15］《元史》卷一八四。

［16］《新元史》卷六八《食货志序》。

 明太祖的建国

　　首先，我们应该弄清国家的含义。近几年来的学术讨论中有人往往把我们这个时代关于国家的含义等同于历史上的国家的含义。这是错误的、不科学的。我们今天所说的国家，包括政府、土地、人民、主权各个方面。由于政权性质的不同，国家可以分为好几类，有人民民主国家、资本主义国家、民族主义国家，等等。历史上国家的含义就跟这不一样。简单地说：历史上的国家只能是某一个家族的政权，不能把它等同于今天我们所说的国家。曹操的儿子曹丕临死前写了一篇遗嘱，说：自古无不亡之国。这里所说的"国"是什么呢？就是指某个家族的政权，是指刘家的、赵家的、李家的或者朱家的政权。这些政权经常更替，一个灭亡了，另一个起来。所以曹丕说自古无不亡之国。但是一个政权灭亡了，当时的国家是不是也灭亡了呢？没有。譬如汉朝刘家的政权被推翻了，曹操的儿子做了皇帝，还是有三国，我们的历史并没有中断。曹家的政权被推翻了，司马氏做了皇帝，国家也没有灭亡。所以，历史上的所谓亡国，就是指某一个家族的政权被推翻，国家还是存在的，人民还是存在的。因此我们所说的明太祖建国，也是指他建立的朱家的政权。这个国跟我们今天的中华人民共和国有本质的不同，它只代表一个家族、一个集团的利益，而不代表整个民族的共同的利益。把这个含义弄清楚，我们才可以讲下面的问

题，就是朱元璋的政权依靠的是什么。

一、土地关系问题

要讲土地关系问题，不能不概括地讲讲当时的基本情况。

在14世纪中叶，大致是从1348年到1368年的二十年中间，发生了大规模的农民起义、农民战争。规模之大，几乎遍及全国，从东北到西南，从西北到中南，到处都有农民战争发生。不单是有汉族农民参加，各地的少数民族也参加了，如东北的女真族（就是后来的建州族）、西南的回族都参加了斗争的行列。时间之久前后达二十年。战争激烈的情况，在整个历史上都是少有的。

在二十年的战争中，反对元朝的军事力量大致可以分为两个体系：一支是红军。因为参加起义的人都在头上包一块红布作为标志，在当时政府的文书上称为"红军"，也有个别的叫做"红巾军"。这是反对元朝的主要力量。现在有些历史学家不大愿用"红军"这个名称，大都称为"红巾军"。大概有这样一个顾虑：怕把历史上的红军同我们党建立的红军等同起来。在我的记忆里有这样一件事：大约二十年前，国民党政府的一个什么馆，要我写明史。书写好之后交给他们看，他们什么意见也提不出来，最后说：你这上面写的"红军"改不改？要改就出版，不改就不出版。我说：不出版拉倒！（这本书现在没有出版。）他们怕红军，不但怕今天的红军，也怕历史上元朝的红军，因此他们要我改掉。我不改，因为根据历史记载，这支起义军本来就是红军，不是白军。这不说明什么政治内容，而只是说他们头上包了一块红布而已。红军又分成两部分：一部分在东边活动，一部分在西边活动。具体说，东边是指今天的安徽、河南、河北一带，西边是指江汉流域（长江、汉水流域）。江汉地区的红军很多，包括"北琐红军"和"南琐红军"。反对元朝的另一支军事力量是非红军系统：在浙江有方国珍，在元末的反元斗争中他起兵最早；在江苏有张士诚；在福建有陈友定。这几支军队都不属于红军系统。当时为什么能爆发这样大规模的农民起义呢？我想在讲元朝历史的时候已提到了。这里就不再重复。

下面讲讲红军提出了些什么问题。

红军当中的一些领导者，他们在反元斗争展开之后发布了一个宣言（当时叫檄文），里面有这么两句话："贫极江南，富称塞北。"（文件的全文已看不到了，只留下这么两句。）这说明什么呢？说明红军反对元朝的统治，要推翻元朝的统治。这是一个有各族人民参加的阶级斗争。当时元朝的政治中心，一个在大都（今北京），一个在上都。元朝政府经常派出很多官吏和军队到南方去搜刮物资，把这些物资运到北方去供少数人享受。元朝的皇帝在刚上台时，为了取得军事首领、部族酋长的支持，对他们大加赏赐，按照不同的地位给他们金、银、绸缎一类的物资。遇到政治上有困难时，为了获得支持以巩固自己的统治，也采取这种办法。每次赏赐的数目都很大，往往要用掉一年或者半年的收入，国家财政收支的一半甚至全部都给了他们。这些物资是从哪里来的呢？是从全国人民身上搜刮来的。几十年光景，造成了"贫极江南，富称塞北"的局面。这样的统治使老百姓活不下去了，他们就起来斗争，改变这个局面，所以提出了这样鲜明的口号。

红军初期的主要领导人韩山童，是传布白莲教起家的（他家里世世代代都是传布白莲教的）。由于通过宣传白莲教，通过宗教迷信活动可以组织一部分力量，于是他就提出"明王出世""弥勒佛降生"的口号。明王是明教的神，也叫"明尊"或"明使"。明王出世的意思是光明必然到来，光明一到，黑暗就给消灭了，最后人类必然走上光明极乐的世界。弥勒佛是佛教里的著名人物。传说在释迦牟尼灭度（死）后，世界就变坏了，种种坏事全部出现，人的生活苦到不能再苦。幸得释迦牟尼在灭度前留下一句话，说再过若干年，会有弥勒佛出世。这佛爷一出世，世界立刻又变得好起来：自然界变好了；人心也变慈善了，抢着做好事，太太平平过日子；种的五谷，用不着拔草翻土，自己会长大，而且下一次种有七次的收成。这种宗教宣传，对当时受尽苦难的农民发生了深刻的影响，他们希望有人来解救他们。所以，在广大农民中间，白莲教就用"明王出世""弥勒佛降生"这样的口号作为号召来组织斗争力量。

这种宗教宣传对农民能够发生作用，可是对知识分子就不能够发生作用了，特别是一些念"四书""五经"的儒生不相信这一套。因此，对他们必须有另外一种口号。红军的领袖们就利用一些知识分子对元朝统治的不满，对宋朝怀念的心情，提出了"复宋"的口号。他们假托自己是赵家的子孙。韩山童是河北人，起兵之后被元朝政府杀害，他的儿子韩林儿跑掉了。以后刘福通就利用元朝政府治理黄河的机会组织反元斗争。当时黄河泛滥成灾，元朝政府用很大力量调了很多民夫、军队来做黄河改道的工作。民夫和军队都集中在一起，刘福通就乘机组织民夫发动反元斗争。军事行动开始之后，他们就假托韩林儿是宋徽宗的第九代子孙，刘福通是南宋大将刘光世的后代。他们以恢复宋朝的口号来团结一部分知识分子。所以红军有两套口号：一方面宣传"明王出世""弥勒佛降生"来团结和组织农民；另一方面以恢复宋朝政权相号召，团结社会上有威信的知识分子。而中心则是阶级斗争，推翻剥削阶级。

刘福通起兵之后，声势很大，得到了各个地方的响应。在江苏萧县有芝麻李起兵响应；安徽凤阳有郭子兴起兵响应，一下子就发展到几十万军队。他们从山里把韩林儿找出来，让他做了皇帝，建立了统治机构。同时分路出兵攻打元朝：一支由华北打到内蒙，以后东占辽阳，转入高丽；另一支打到西北；还有一支打到四川。

以上讲的是东部红军的情况。

西部红军的主要领导人叫彭莹玉，他是一个和尚，原来在江西袁州组织过一次武装起义，失败以后，就跑到淮水、汉水流域，秘密传教，组织力量。后来他找到徐寿辉，组织武装力量，进行反元斗争。徐寿辉被他的部下陈友谅杀掉以后，西部红军的主要领导人就是陈友谅。此外，徐寿辉的另一个部将明玉珍跑到四川，在那里也建立了政权。

从二十年的长期战争中，我们可以看出这样几种基本情况：

第一，不管是东边韩林儿这一支，或者是西边陈友谅这一支，他们遇到的最坚强的敌人不是元朝的军队。这时元朝军队已经失去了建国初期那种勇敢、彪悍的特征，无论是军官也罢，土兵也罢，都腐化了，不能打仗了，在与红军作战时，往往是一触即溃。既然元朝军队不能打仗，为什么战争还能延续二十年呢？原因就在于坚决抵抗红军的是一些地主阶级的武装力量。这些武装力量，元朝政府把它称为"义军"。这些力量很强大，最强的有察罕帖木儿、扩廓帖木儿父子所领导的这一支；此外，李思齐、张思道、张良臣等也都很有实力。至于小的地主武装就举不胜举了。这些地主武装为什么这样坚决地反对农民起义呢？因为红军坚决反对阶级压迫。应该说当时的农民革命领袖并没有消灭地主阶级的思想，若要把现代人的意识强加于古人，那是错误的。那个时代的人不可能有消灭地主阶级的思想，但是，他们恨地主阶级，因为他们世代受地主阶级的剥削、压迫，现在他们自己有了武装力量，就要对这些地主阶级进行报复。在这样情况下，各地的地主阶级都组织力量来抵抗红军。其中最强的是察罕帖木儿和李思齐这两支力量。所以，红军在几路出兵的千里转战中，所遇到的主要敌人不是元朝的正规军，而是这些地主阶级的武装。在红军遭到这些地主武装的顽强阻击而受到损失之后，元朝政府就承认这些地主武装，封给察罕帖木儿、李思齐、张思道、张良臣及其部队以官位和名号。

一方面是红军，他们要改变"贫极江南，富称塞北"的局面；另一方面，顽强抵抗红军的主要是地主阶级的武装力量，其中主要的数量最多的是汉人地主的武装力量。这就是从1348年到1368年二十年战争中的第一个基本情况。

第二，在二十年的斗争中，尽管起义的面很广，战争区域很大，军事力量发展得很快，但是始终没有形成统一的指挥。不管是刘福通这个系统，或者是徐寿辉这个系统，都是各自为政，互不配合。尽管在战争的过程中，东边的胜利可以支持西边，西边的胜利可以支持东边，可是战略上没有统一的部署，缺乏统一的领导。不只是东边这一支和西边这一支二者之间出现这种情况，就是在刘福通领导下的军事力量也是这样。军队从几路分兵出发，不能采取通盘的步骤，而是你打你的，我打我的，尽管他们也有根据地（刘福通建都今开封，陈友谅建都今武汉），但是在当时交通不便的情况下，前方和后方的联系很差，这支军队和那支军队之间的情况互不了解。尽管他们的军事力量都很强大，一打起仗来往往是几百里、几千里的远征，所到的地方都能把敌人打败，所消灭的敌人也很多，可是并不能把所占领的地方安定下来，没能建立起各个地方的政权。因此红军走了之后，原来的蒙古人和汉人地主的联合政权又恢复了。最后，这几支军队都由于得不到后方的接济，得不到友军的配合而逐个被消灭了。他们虽然失败了，但在历史记载上很少发现有投降元朝的，绝大多数都是战斗到最后。相反，不属于红军系统的那些反元力量，像浙江东部的方国珍（佃户出身），以苏州为中心的张士诚（贩私盐的江湖好汉出身），他们也是反抗元朝的，也都有自己的政权，建号称王，可是在顶不住元朝的军事压迫的时候，就投降元朝，接受元朝的指挥。过一个时期看到元朝军事力量不行了，又起来反对元朝。方国珍也罢，张士诚也罢，都这样经常反复。他们虽然反对元朝，但并没有像红军那样提出政治的、宗教的阶级斗争口号。在二十年战争中，最后取得胜利的不是这些人，而是在韩林儿的旗帜下成长起来的朱元璋。

朱元璋出身于红军。他家里很穷苦，没有土地。从他祖父起，就经常搬家，替地主干活。最后，他父亲在安徽凤阳（当时的濠州）的一个小村子里落了户。朱元璋小的时候给人家放牛羊，以后因为遇到荒年，瘟疫流行，他的父母、哥哥都死了，他自己没有办法生活，便在庙里当了和尚。庙里是依靠地租过活的（过去寺院里都有大量的土地），遇到荒年，寺院里也收不到租，当和尚也还是没有饭吃。朱元璋只好出去化缘、要饭。他在淮水流域要了三年饭。这三年要饭的生活对朱元璋一生的事业有很大的关系。因为我们上面讲到的彭莹玉就是在这一带地方进行活动，通过宗教宣传、组织反元斗争的。这样，朱元璋就不能不受到他的影响。同时，这三年的流浪生活也使朱元璋熟悉了这一带的地理、山川形势和风俗民情。三年后，朱元璋重新回到庙里。这时，濠州的郭子兴已经起兵，成为红军的将领之一。因为朱元璋和红军有来往，元朝政府就很注意他。他的处境很危险。但这时朱元璋还很彷徨，两条道路摆在面前：是革命呢？还是反革命呢？经过一番考虑，最后还是投奔了红军，在郭子兴的部下当了一名亲兵。朱元璋自己后来写文章回忆，说他当时参加这个斗争并不很坚决，而是顾虑很多的。参加了郭子兴的部队以后，他很勇敢，也能够出主意，能够团结一些人。后来成了郭子兴的亲信，郭子兴就把自己的养女马氏许配给他，这样他就成了郭子兴的女婿，军队里称他为朱公子。朱元璋在反元斗争中用计谋袭击了一些地主武装，把这些地主武装拉了过来。同时他又回到自己的家乡去吸收了一批人，当时有二十四个人跟他参加了红军，以后都成了有名的将领，开国名将徐达就是其中之一。郭子兴死了之后，朱元璋代替了郭子兴，成为韩林儿旗帜下的一支军事力量的将领。这时，他的力量还并不强大。那么，他为什么能够赢得战争的胜利，取得全国的政权呢？有这么几个因素：

第一个因素是正当朱元璋开始组织军事力量时，刘福通部下的红军正在跟元朝的军队作战，元朝军队顾不上来打朱元璋。朱元璋占领区的北面都是红军，这样，就把他的军队和元朝的军队隔开了。所以，当红军和元朝军队作战时，朱元璋可以趁此机会壮大自己的武装力量，占领许多城市。

第二个因素是他取得了地主阶级知识分子的支持。他起兵之后不久，就有一些知识分子投奔他，像李善长、冯国用、刘基、宋濂、章溢、叶琛等。这些人都是浙江、安徽地区的地主阶级知识分子，在地方上有些威望，而且都有武装力量。这些知识分子替朱元璋出主意，劝他搞生产、搞屯田。在安徽时，朱升劝他"高筑墙、广积粮、缓称王"。这就是要他先把根据地搞好，在后方解决粮食问题，一开始不要把目标搞得太大。李善长、刘基劝他不要乱杀人，不要危害老百姓，要加强军队纪律，要巩固占领的城市，并经常把历史上成功的经验和失败的教训告诉他。朱元璋本人也很用功地学习历史，他在进行军事斗争或政治安排时，总是要征求这些人的意见，研究历史上的经验教训。

这里有一个问题，朱元璋出身于红军，他反对地主，而地主阶级为什么要支持他呢？这不是一个很大的矛盾吗？要了解这个问题，必须从当时的具体历史情况来看。朱元璋本人要打击地主，因为他受过地主阶级的压迫。可是在进行军事斗争的过程中，他感到光像过去那样打击地主、消灭地主，不仅很难取得地主阶级的支持，而且会遭到地主阶级的顽强抵抗。所以，在他还没有成为一个军事统帅的时候，他就改变了红军的传统，开始和地主阶级合作，取得他们的支持。这是问题的一方面。另一方面，地主阶级怎么愿意支持他呢？前面不是说过，红军在北上的战争中所遇到的最大阻力不是元朝军队，而是地主阶级的武装吗？原因很简单，就是安徽、浙江地区的地主阶级，他们看到元朝政府已经不能维持下去了，他们不能再依赖元朝政府的保护，而他们自己的武装力量又无论如何也抗拒不了朱元璋的进攻；更重要的是他们理解到朱元璋欢迎他们，采取跟他们合作的方针。他们与其坚决反抗朱元璋而被朱元璋消灭，还不如依靠朱元璋，得到朱元璋的保护，以维护自己的阶级利益。所以，当朱元璋派人去请刘基的时候，刘基开始拒绝，可是经过一番考虑之后，最后终于接受了。

朱元璋的军队加入了这样一批力量之后，它的性质逐渐改变了。所以在他以后去打张士诚时所发布的一个宣言中，不但不再承认他自己是红军，反而骂红军，攻击红军，把红军所讲的一些道理称为妖言。尽管这时他在形式上还是接受韩林儿的命令，用韩林儿的年号，他的官爵也是韩林儿封的，但实质上他已经叛变红军。到了1368年，他已把陈友谅、张士诚消灭，派大将徐达进攻北京，这时又发布了一个宣言。在这个宣言中像红军所提出的"贫极江南，富称塞北"的口号都没有了。主要提些什么问题呢？夷夏问题。就是说少数民族不能当中国的统治者，只能以夏治夷，不能以夷治夏。他要建立和恢复汉族的统治。在这样的情况下，战争的性质改变了，不再是红军原来的阶级斗争的性质，而是一个汉族与蒙古族的民族战争。

1368 年，朱元璋的军队很顺利地打下了北京。元顺帝跑到蒙古，历史上称为北元。元顺帝虽然放弃了北京而回到蒙古，可是他的军事力量并没有受到太大的损失，还仍然保持着比较强大的军事力量和完整的政治机构。他并不认为自己统治的王朝已经结束了，他经常派兵来打北京，要收复失地。所以在明朝初年明朝和北元还有几次很激烈的战争。到了洪武八年（1375 年），北元的统帅扩廓帖木儿死了，蒙古对明朝的威胁才减轻了一些，但仍然没有结束。这时北元和高丽还保持着密切的关系，高丽的国王还照样是北元的女婿（每一个高丽国王都要娶蒙古贵族女子做妻子），在政治上仍然依附于北元。这种关系一直维持到洪武二十五年（1392 年）。这一年，高丽内部发生斗争，大将李成桂为了取王朝而代之，他依靠明朝的支持，在国内发动政变，推翻了旧的王朝，建立了一个新的朝代。从此，高丽臣服于明朝。同时，李成桂在求得明太祖的同意之后，把国名高丽改为朝鲜。此后一直叫朝鲜，不再称高丽了。朝鲜国内的政治变革，反映了明朝和北元的斗争关系和势力的消长。

总结上面所说的历史情况，得到这样的结论：经过二十年长期的战争，一方面是红军（包括东、西两部分）和非红军（像方国珍、张士诚）；另一方面是元朝军队，更重要的是各个地方的汉人地主武装力量，在战争过程中这些汉人地主武装大部分被消灭了。也由于二十年的长期战争，各地人口大大减少，土地大量地荒废。因此1368年明太祖建国之后，他就不能不采取一些措施，改变这种情况。一个以农业为主要生产手段的国家，农业生产得不到保证，它就不能维持下去。因此，在明朝初年采取了一系列的办法：

第一，大量地移民。例如移江浙的农民十四万户到安徽凤阳，迁山西的一部分人口到河南、河北、安徽去。移民的数量是很大的，一移就是几万家甚至十几万家。迁移的民户到了新的地方之后，政府分配给他们土地。这些土地是从哪里来的呢？就是一些在战争中被消灭的大地主的土地和无主荒地。此外，政府还给耕牛、种子、农具，并宣布新开垦的荒地几年内不收租，鼓励他们的生产积极性。

第二，解放匠户。元朝有所谓匠户制度。成吉思汗定下了这样一种办法：每打下一个城市之后，一般的壮丁都杀掉，但是有技术的工人，无论是铜匠、铁匠或其他行业的工匠都保留下来。把每个大城市的技术工人都集合在一起为官府生产，这些人就称为匠户。这些匠户几乎没有人身自由，世世代代为官府服役。明太祖把他们部分地解放了，给他们一些自由，鼓励他们生产。匠户数目很大，有几十万人。

第三，凡是战争期间，农民的子弟被强迫去当奴隶的，一律解放，给予自由。这样，增加了农业生产的劳动力。

第四，广泛地鼓励农业生产。明太祖采取了很多措施：规定以各地农业收成的好坏作为考核地方官工作成绩的重要标准之一，地方官每年要向中央报告当地人口增加多少，农作物的产量增加多少；大力鼓励农民种植桑树和棉花，规定每一户的土地必须种多少棉花、多少桑树和果树。而且用法令规定：只要能够种棉花的地方就必须种棉花，能够种桑树、果树的地方就必须种桑树、果树。这样，农民的副业收入增加了。关于朱元璋鼓励种棉花的措施特别值得提一下。在朱元璋以前，更具体地说，在1368年以前，我们的祖先穿的是什么衣服呢？有钱的人夏天穿绸、穿缎，冬天穿皮的（北方）或者穿丝棉。老百姓穿的是什么呢？穿的是麻布。有一本看相的书就叫《麻衣相法》。当时棉花很少，中国自南北朝的时候就有棉花进口，但数量少。到宋朝时棉布还是很珍贵。可是到了明太祖的时候，由于大力提倡种植棉花，以及当时由于种种原因，纺纱、织布的技术提高了，因而棉布大量增加。这样，我们祖先穿的衣服就改变了，过去平民以穿麻衣为主，现在一般人都能穿上棉布衣服。并且形成了几个产棉区和松江等出产棉布的中心。也是在这个时期，棉花种子从中国传入了朝鲜。结果在不太长的时间内，朝鲜人也穿上了棉布衣服。

在农业生产发展，农业经济恢复的基础上，朱元璋采取了支持商业的方针。在南京和其他一些地方，都专门为商人盖了房子，当时叫做"塌房"，以便他们进行商业活动。

所以，经过从1348年到1368年的二十年的长期战争，由于战争延续的时间长，涉及的区域广，战争的情况又极为残酷，使得社会上人口死亡很多，荒芜了很多土地。但是，经过洪武时期二十多年的努力以后，社会生产逐渐恢复并发展了，经济繁荣了。

那么，最后，问题归结到什么地方呢？朱元璋的政权依靠谁呢？

上面说过，元朝的大地主在战争中基本上被消灭了，在这种情况下，土地关系发生了重大的变化：第一种情况，过去土地比较集中，一个大地主占有很多土地，拥有很多庄园。现在这些大地主被消灭了，他们的土地被分配给了无地、少地的农民，或者是新来的移民。这样，一家一户几亩地，土地分散了，这是基本的情况。土地分散的后果是什么呢？在政治上是阶级矛盾的缓和。原来那些人口密度很高的地区（江苏、浙江一带），现在一部分地主被消灭了，一部分人口迁徙出去，留下来的农民有了部分土地，有了一些生产资料，这样，阶级关系就比过去缓和了。第二种情况与这相反，就是那些没有被消灭的地主，像李善长、冯国用、刘基、宋濂这些人，他们原来的土地不但保留下来了，而且有了发展。他们大都成为明朝的开国功臣，做了大官。第三种情况是出现了新的地主阶级。像朱元璋回家招兵时，跟他出来的二十四个人后来都成了他的大将、开国功臣，朱元璋给他们封公、封侯。这些人在政治上有了地位，经济地位也跟着提高了。明朝初年分配土地的结果，他们都成了新的地主阶级。

情况这么复杂，那么，整个说来，农民的土地问题解决了没有呢？没有解决。封建剥削还是存在，农民还是要向地主交租，还是受地主阶级的压迫，在某些地方甚至还有所加强。明太祖是红军出身，是反对地主阶级的，现在他自己成了全国最大的地主。因此，就发生了前面所提到的那种情况：明太祖建国之后，农民的反抗斗争就随之开始，一直到明朝灭亡。什么原因呢？因为阶级关系没有改变，土地问题没有解决。但是由于元末大地主阶级的土地分散的结果，使得在一定的历史时期内，某些地区的阶级斗争有所缓和。在这个基础上才有可能出现以后的郑和下"西洋"的事情。

上面所说的，牵涉到最近史学界讨论的一个问题，就是农民起义能不能建立农民政权的问题。这个问题有不少争论，涉及所谓皇权主义问题。中国的农民有没有皇权主义？有的人说有，有的人说没有。我们现在从朱元璋这个具体的人，以及从当时的具体历史事实来研究这个问题。我想，可以得出这样的结论：历史上任何农民战争最后必须要建立一种政权。政权有大有小，有的农民起义领袖自称为将军，因为他只知道将军是最大的；有的自称为"三老"；有的称王；有的称皇帝。他们能不能采取别的称号呢？能不能不利用这些当时实际存在的、为大家所熟悉的名称，而采取跟当时历史实际没有关系的名称呢？或者说农民有没有这种可能，就是他们在建立政权时，不采取他们所反对的政权形式，而另外创立一种跟原来的政权完全不同的政权形式呢？没有！他们只能称将军，称"三老"，称王，称帝，不可能称几百年、几千年之后的苏维埃共和国，不可能称总统或者主席。

因此，在谈到农民革命能不能建立政权的问题时，结论只能是：（1）它必然要建立政权。没有政权怎么办事？大大小小总要有一个机构。（2）它组织的政权跟当时现行的政权不可能完全相反，它只能运用它所熟悉的东西，而不能采取它所不知道的东西。（3）这个政权不可能是为农民服务的政权。因为它为了使自己能够长期存在下去，所能采取的办法只可能是封建国家压迫农民的办法，而不可能有其他办法。如果它要真正成为农民自己的政权，它就必须解决这样的问题：推翻地主阶级的统治，实行土地革命。但是这样的思想认识，在长期的封建社会里是不可能有的。任何国家的封建社会都没有发生过。它只能对个别地主进行报复，你这个地主欺侮过我，杀了我的人，我现在也把你杀掉，把你的房子烧掉，把你的东西抢来。这些都是可能做到的。但是要把整个地主作为一个阶级推翻，这在当时是不可能的。要知道，反封建这种口号的提出，还是近代的事情。而且就是在今天世界各国，除了我们已经完成了这个任务之外，还有很多地区没有解决这个问题。印度也算是一个共和国，但是它不反封建，印度的地主阶级照样存在。我们不能以 19 世纪、20 世纪才出现的思想去要求封建社会的农民。而且从理论上来说，农民政权要建立起来，而且要巩固下去，它的收入从何而来？它的财政开支从何而来？那时没有现代化的大工业，国家财政开支只能取之于农民。除此之外，别无出路。所以，它只能采取封建国家对农民压迫的形式，而不可能有别的形式。因此，历史上所有的农民革命没有例外地在它取得政权之后，必然变质，他们从反对地主阶级开始，结果是自己又变成了地主阶级，新的地主阶级代替旧的地主阶级。这就是历史上农民革命不断起来的根本原因。

在土地比较分散的基础上，尤其是在这样一个空前的大国的情况下，朱元璋建立了一个高度中央集权的政权。关于政治机构问题，当时要完全改变明朝以前的政治机构，既不容许这样做，也没有必要这样做。元朝的中央政权机构有中书省（相当于我们现在的国务院），中书省的长官有左丞相、右丞相、平章、参知政事等官。中书省下面有管具体事情的各部。为了统治全国，元朝政府把中书省分出一部分到地方上，代表中央管理地方工作，叫行中书省，简称行省。行省的职权很大，民政、财政、军事一切都管。掌管监察的机关叫御史台，地方上有行御史台，简称行台。在这样的情况下，发生了权力分散的问题。所以后来元朝政府对地方的统治愈来愈弱。明朝初年（洪武元年到洪武十三年）继承了元朝的这个制度，中央还设有中书省，地方上设立行中书省。这就是上面所说的，农民革命不能创造出新的东西来，它只能模仿和继承已有的东西。

这种局面给朱元璋提出了一个问题，就是如何巩固和加强自己的统治问题。明初政权逐渐产生了很多矛盾，第一，明朝的政权是地主阶级的政权，但明初地主阶级分为旧地主和新兴地主两派。朱元璋起兵于淮河流域，而刘基等则是参加了红军的江浙地主。两个地主集团之间存在着矛盾。当时有一首诗说："城中高髻半淮人。"衣服穿得漂亮的、有钱的，多是两淮流域的人。两淮流域的新兴的地主阶级、官僚贵族，其中绝大多数不但拥有广大的庄园，而且还有大量的奴隶、家丁。有些将军还有假子。假子是朱元璋兴起的办法。他在起兵时把一些青年收作自己的儿子，像沐英、李文忠都是他的干儿子，也是他手下最有名的将领。他往往在派一个将军出去作战时，同时派一个假子去监视。在这种作风的影响下，他下面的许多将军也有很多假子，他们拥有武装力量，有土地，有很多奴隶。这样，就形成许许多多小的军事力量。他们往往不遵守政府的规定，违法乱纪。明太祖要把这些劳动力放在国家的控制下，他们却要放在自己的庄园里。这是第二个矛盾，两淮流域新兴的地主集团和国家，即和朱元璋的统治之间的矛盾。这两个矛盾从1379年到1381年逐步展开。两淮流域地主集团的代表人物胡惟庸在这个斗争中被杀了。除了上面所说的两个矛盾之外，还有第三，胡惟庸个人和朱元璋之间的矛盾，这是君权和相权之间的矛盾。皇帝应该管什么事，宰相应该管什么事，历史上没有明文规定过。在设置中书省的情况下，许多事情都由中书省掌握，中书省认为这件事情有必要请示皇帝就请示，认为没有必要请示的，就自己办了。胡惟庸这个人有野心，也很有才能，他在中书省多年，排斥了一些人，也提拔了一些人，造成他在中书省的强固地位。有许多事情他自己办了，明太祖根本不知道。以后明太祖发现了就很生气。这样，矛盾就发生了，而且日益尖锐。洪武十三年（1380年），这三个方面的矛盾终于全面爆发。按照明朝的规定，军队指挥权掌握在皇帝手中。这样，明太祖在这个斗争中取得了胜利，他假借一个罪名把胡惟庸杀了，还牵连杀了不少人。

胡惟庸被杀以后，明太祖根本改变了元朝以来的中书省、行中书省制度，取消了中书省。而且立了个法令，规定以后子子孙孙都不设宰相这个官。谁来办事呢？把原来中书省下面的六个部（吏、户、礼、兵、刑、工）的地位提高，来管理全国的事情，直接对他负责。结果他自己代替了过去的宰相，相权和君权合二为一，大大加强了中央集权。在地方上则取消了行中书省，把原来行中书省的职权分开，即民政、司法、军事分别由三个机构管理：布政使司（主管官叫布政使）管民政、财政，按察使司（主管官叫按察使）管司法，都指挥使司（主管官叫都指挥使）管军事。这三司都直接对皇帝负责。这种把一切权力都揽在皇帝个人手中的高度集权的状况，是在明朝以前没有过的。所以，封建专制主义经过一千几百年的发展，到了朱元璋的时候，形成了一个历史上从来没有过的高度中央集权制的政治系统。这样的政治制度跟当时的土地形态基本上是相适应的。过去土地很集中，皇帝权力的支柱是大地主。现在土地分散了，朱元璋依靠谁呢？依靠粮长。他收粮时，不是采取各地方官收粮的办法，而是采取粮长制。即某一个地方，谁的土地最多、纳粮最多的，就让他当粮长。每年收粮万石的地区就派纳粮最多的地主四人当粮长，由粮长负责这个地区的租粮的收运。政治制度的这种改变，适应了土地比较分散的情况，也保证了朱元璋的经济收入。因此，他对粮长很重视，每年都把这些人召到南京去，亲自接见，和他们谈话。发现了其中某些有能力的人，就提拔他们。他的政权依靠什么呢？就依靠这些人。他的统治基础就在这里。所以，明朝初年相当长的一个时期内一些官职的任用是来自粮长。粮长之外，各地还有很多富户和耆民，朱元璋也经常把他们找来，发现有才能的，就任用他们为官。所以，他的政权是以中小地主作为支柱的。政治机构的这种发展变化，是和当时的土地形态、经济关系相适应的。

可是，在这样高度集权的情况下又发生了另一个新问题：皇帝到底是一个人，不是机器，什么事都要自己管，什么报告都得看，国家这么大，事情这么多，他怎么管得了呢？他只有每天看公文，变成文牍主义者。我曾给他做过统计，从1384年（洪武十七年）9月14日到21日，八天内他收的文件有1666份，计3391件事情。他平均每天要看200份文件，处理400多件事情。这怎么可能长久搞下去呢？非变成官僚主义者不可。因此就发生了这样的矛盾：一方面他非看文件不可，怕别人欺骗他；另一方面，愈看愈烦，特别是那些空泛的万言书，更使他恼火。有一次，一个官员上了一份万言书，他看了好几千字，还没有看出什么问题，生了气，就把这个官员找来打了一顿屁股。打完之后又叫人继续念这个报告，念到最后五百字才提出一些问题，提出几条建议，而且还不错，这才知道打错了人。第二天，他向那个官员承认错误，他说：不过你的文章不该写这么长，最多写五百字就够了，为什么要写一万字呢？所以他就发起了一个反对文牍主义的运动，提出了一个写文章的格式，要求简单，讲什么事就写什么事，不要东扯西拉，从上古说到今天，没完没了。他希望通过这个办法使自己能够处理实际事务。结果还是不行。他一个人怎么能管那么多的事？以后他又另外想了个办法，找了一些有文才，能办事的五、六品官到内阁来做机要秘书，帮他做事。为了勉励这些人，就给他们一个称号，叫做大学士。上面加上宫殿名称，如武英殿、文渊阁、东阁、文华殿等等。这时，内阁还只是宫殿的名称，不是政治机构的名称。因为这些人是在内廷里办事，所以就叫殿阁大学士。后来，明成祖的时候，把这个办法制度化了，国家大事都集中在内阁办。内阁大学士在这里办事愈久，政治权力就愈大，官位就愈高，有的做到六部的尚书。这样，内阁大学士虽然没有过去丞相的名称，但事实上等于宰相。入阁也就是拜相。内阁大学士中的第一名称为首辅，就是第一个辅助皇帝的人。这时，内阁便正式成为政治机构了。

这个改变，在历史上是个很大的改变。皇帝的权力高度集中，提高了六部的地位，以后又设立内阁。明朝一直继承着这个制度。清朝也实行这个制度。所以，在政治制度上清朝是继承了明朝的。

随着经济的发展变化，土地占有形态也发生了变化。明朝前期土地比较分散，经过几十年之后，土地又慢慢集中了。到了明朝中叶，土地集中的情况已经很严重。到了万历时，土地集中到这样的程度，在张居正的信件里有一份材料，说一个姓郝的地主拥有土地七万顷。明朝建国时的土地不过是八百五十万顷，现在这一家的土地就等于建国时全国土地的百分之一。从明武宗（就是《游龙戏凤》中的那个正德皇帝）之后，皇帝大搞皇庄，左占一块地，右占一块地。北京附近的皇庄就有很多。不但是皇帝搞庄园，就是贵族也搞庄园。嘉靖的时候，封皇子到各地去做亲王，有一个亲王就有二万顷土地。万历封福王到河南洛阳，准备给他四万顷土地。这些土地是从哪里来的呢？都是从老百姓手里夺来的。把原来的自耕农变成了亲王的佃户。土地集中愈来愈严重，农民的生活愈来愈困难。凡是有皇庄的地方，不但皇庄内部的佃农要受管理皇庄的太监的统治，甚至周围的老百姓也要受皇庄管事人员的压迫和各种超经济剥削。你要过桥就要交过桥税，要摆渡就要交摆渡税。京戏《打渔杀家》中有一个肖恩抗鱼税。明末有一个大地主钱谦益，做大官，文章写得很好，却是一个没有骨头的人，后来投降了清朝。他占有几个湖，要湖边的老百姓向他交税。老百姓气极了，就把他的房子烧了，他的一个收藏了很多古书的"绛云楼"也被烧掉了。所以《打渔杀家》这样的事在历史上是有根据的。

由于土地形态的变化，一方面使原来的政治机构不能适应，结果造成明朝政治上停滞的状态。明朝后期有这么两个皇帝：一个是嘉靖皇帝（明世宗），一个是万历皇帝（明神宗）。这两朝有共同点：明世宗做了很多年皇帝，但是他经常在宫廷里，不跟大臣们见面。万历皇帝也是如此。闹得有一个时期，六部很多长官辞了职，没人管事。他也不管，使朝廷很多问题不能解决。另一方面，由于土地高度集中，也促使农民起义以更大的规模开展起来，最后形成以李自成、张献忠为首的全国规模的大起义。

二、明太祖为什么建都南京？

明太祖之所以建都南京，主要是因为江苏、浙江、安徽这些地方比过去繁荣，是经济发达的地区，是粮食和棉花的产区。他建立了中央政权以后，有很多官员和军队，这些人吃什么呢？这就不能不依靠东南地区的粮食来养活。建都别的地方行不行？不行。以往的朝代建都洛阳、开封、西安，但这些地方交通不方便，粮食也供应不了。为了经济上的原因，他决定建都南京。可是这样发生了另外一个问题：军事上的问题怎么解决？元顺帝虽然跑掉了，但是他的军事实力并没有受到严重损失，他还保存着相当多的军队，并且时时刻刻在想办法反攻。因此，加强北边的防御，防止蒙古的反攻是非常必要的。不这样做，他的政权就不能巩固。但是建都在南京，对于在北方进行防御战争就比较困难了。当然，北边有一道万里长城，可是长城也要有人守才能发挥作用。因此，必须在北方驻重兵防守。可是把军队交给谁呢？交给将军行不行？不行，他不放心。如果他把十多万军队交给某个将军，一旦这个将军叛变，他就没有办法了。因此，他采取了分封政策，把自己的儿子封到沿边地区。第四个儿子燕王朱棣封在北京，其余的，宁王封在热河，晋王封在山西，秦王封在陕西，辽王封在辽东，代王封在大同，肃王封在甘肃。这些都叫作塞王。每一个王府都配有军队。亲王除了指挥自己的军队之外，在接到皇帝的命令以后，还可以指挥当地的军队。在有军事行动时，地方军队都要接受当地亲王的指挥。这样，就把每一个边防地区的军队都直接控制在中央的指挥之下了。

明太祖一方面建都南京，这样来解决粮食问题、服装问题；另一方面派自己的儿子到沿边地区去镇守，防止蒙古族南下；而且每年派亲信将领到北京来练兵，视察各个地方的军事情况，指挥军队，过一二年回去，然后又派人来，这样来巩固北方的边防。他自己认为这个办法是比较稳妥的。但是在他死后，情况发生了变化。他的大儿子早死了。孙子建文帝继位。当时他的第四个儿子燕王在北京，军事力量很强大，结果就发生了皇室内部的斗争。建文帝依靠的是一些知识分子，这些人认为亲王的军权太大，中央指挥不动，可能发生叛变，像汉朝时候的"七国之乱"一样。因此他们劝建文帝削藩，削减亲王的权力，把违法乱纪的亲王关起来或者杀掉。这样就引起了各个藩王的恐慌，最后燕王起兵打到南京。南京政权内部发生了变化，有的将军和亲王投降了燕王，建文帝自杀。（关于建文帝的问题，我们以后还可以讲讲。）建文帝被推翻以后，燕王在南京做了皇帝，就是明成祖。可是北方的军事指挥权交给谁呢？为了解决这个问题，明成祖决定把都城迁到北京。

我们讲了明太祖建国的问题。围绕这个问题，对当前正在争论的一些问题提出了一些看法。现在就农民起义、农民战争到底能不能建立自己的政权的问题进一步提供一点意见。

农民战争、农民起义到底能不能建立政权呢？答复是肯定的。既然农民战争是要推翻旧的政权，它必然要建立一个新的政权。这个政权有大有小，有地区性，名称可以是多种多样的。但是，这个政权是不是农民自己的政权呢？是不是跟封建地主阶级的政权相对立的政权呢？从所有历史上的农民战争来看，不能得出这样的结论。农民战争在建立政权以前，它是要摧毁、冲击或者削弱旧的地主阶级的政权的；但是，等到它自己建立了政权之后，它不可能不根据旧的地主阶级政权的样子来办事，它不可能离开当时为人们所熟悉的、行之多年的一套政治机构。要知道，摧毁旧的国家机器这样的理论，在《共产党宣言》里还没有提到，是在巴黎公社之后才总结出来的。无产阶级革命必须打碎旧的国家机器，建立新的国家机器，是只有在有了科学的共产主义理论，有了巴黎公社的经验之后才能得出的结论。既然是这样，中国历史上的农民战争怎么可能先知先觉，在还没有巴黎公社的经验的情况下，就能摧毁旧的国家政权，建立起农民自己的政权呢？这是不可能的。因此，在农民战争取得胜利之后，它所建立的政权必然变质。这也是一个历史规律，无论对谁都是一样的。汉高祖刘邦还不是变质了?！朱元璋还不是变质了?！明朝末年，李自成打到北京做了皇帝，他还不是变质了?！李自成在进入北京以前，能取得广大农民支持的原因之一，就是过去明朝政府收租很重，人民负担很重，他现在不收租了，叫作"迎闯王，不纳粮"，以不纳粮为号召。可是能不能持久呢？老百姓都不交粮了，他的军队吃什么？他的政权的经济基础、财政基础放到哪里？他难道能够喝空气过日子？不行，维持不下去。因此，他进北京后没有待多久就失败了。即使当时清军不入关，他的政权也不能延续多长时间，也不能巩固。因为他没有生产做基础，没有经济基础。农民种地不纳粮了，对农民来说很好；可是那时候没有大工业，一旦农民不纳粮，不但他的军队没有吃的，连政府的经费也没有来源了。这样，那个政权是不能维持下去的。它要维持下去，也非采取明朝的办法不可，就是向农民收租。

上面讲的是第一个问题。

第二个问题，中国历史上的农民战争有没有皇权主义。有不少人说俄国的农民有皇权主义，中国的农民没有，好像中国的农民是另外一种农民。中国的农民没有皇权主义，那么他们有什么主义呢？任何一次农民战争，它要建立一个政权不可能不根据现存的政权来办事，它不能离开现实。农民起义的领袖们只能够把当时为他们所熟悉、所理解的政权形式作为自己的政权形式。可是有些人硬要把中国的农民战争区别于其他国家的农民战争。当然，这个国家和那个国家的农民战争是有很多不同之点的。但是，从皇权主义者这一点来说，不能不是相同的。理由是它们都不能够离开现实政治。当时的农民除了他们所熟悉的政权形式之外，不可能创造出当时还不可能有的政权形式来。不只是农民战争如此，连旧时代的一些神话、传说也是如此。大家都熟悉的《西游记》，孙悟空大闹天宫，天上的组织形式，玉皇大帝的那一套机构还不是反映了人间的机构。龙宫中龙王老爷的机构同样不能离开当时的现实，都是当时社会现实的反映。

第三个问题，对明太祖这个历史人物的评价问题。明太祖这个人到底是好人还是坏人？是应该肯定还是应该否定？当然应该肯定。因为他做了好事，他结束了长达二十年的战争混乱局面，统一了中国。统一这件事，在历史上是了不起的事情。而明太祖的统一中国，在历史上还有另外一种性质和意义。当时以北京和大同为中心，包括河北、山西及内蒙古一部分的这个地区，从唐末以来叫"燕云十六州"。从唐玄宗天宝末年，具体地说，从公元755年起，这个地区发生了"安史之乱"。以后虽然用很大的力量把这个战争结束了，但这个地区还是分裂了，少数民族化了。五代十国的时候，这个地区被一个卖国的奴才皇帝石敬瑭割让给了辽。从此，北京就成为辽的南京。在辽和北宋对立的时期，北宋从宋太祖起一直到宋神宗，曾经多少次想收复这个地方，几次出动军队，结果都失败了，没有能够统一。北宋末年，金灭掉辽，并继而推翻北宋政权，这样，便出现了金和南宋对峙的局面。后来元朝统一了。这时，不但是燕云十六州少数民族化，而且是整个国家都在蒙古族的统治之下。明太祖通过二十年的大规模的农民战争，把历史上长期没有解决的问题解决了，即把从公元755年起，一直到1368年长期在少数民族统治或者影响之下的北方广大地区统一了。过去多少世代没有能够完成的任务，到明太祖完成了，这是一个很大的历史功绩。所以，自永乐迁都以后，北京一直是中国的政治中心。在这样的基础上，我们中华人民共和国才有条件建都北京。

其次，朱元璋统一中国之后，采取了许多鼓励生产的措施。因而，三十多年以后，人口慢慢增加了，开垦的土地面积也慢慢扩大了。到他晚年的时候，全国已开垦的土地有800多万顷，合8亿多亩。今天我们的耕地是多少呢？大概是16亿亩，也就是说，明太祖时期的耕地相当于我们现在的一半。人口增加了，耕地扩大了，生产发展了，人民生活也比过去好了，这应该说是他做了好事，在历史上起了进步作用。

还有一点，他建立了一个高度的封建中央集权的国家。这样一种政治制度，明清两代基本上没有什么改变。

因此，我们可以得出这样一个结论：明太祖在历史上是一个有地位的、了不起的人物，是应该肯定的。

反过来说，这个人是不是一切都好呢？不是的，他有很多缺点，做了不少坏事。不要说别的，我们就举这样一条：他订了一些制度，写成一本书叫《皇明祖训》。定制度是可以的，可是有一点，他不许他的后代改变。这个做法就有了问题，时代变了，情况不同了，可是老办法不许改变。这样，就影响到以后几百年的发展，把后代的手脚都捆住了。蒋介石有一句话，叫做"以不变应万变"。明太祖就是这样，以不变应万变。这是一种唯心主义的办法，很不合理。以后在政治上、经济上往往不能不改变，可是又不敢改变。原因何在？就是被这个东西捆住了。他定了这样的制度：把他的儿子封为亲王，封在那个地方以后，国家给这个亲王多少亩土地，每年给多少石粮食。这个制度定下来以后，过了一百多年，中央政府就不能负担了。像河南省征收来的粮食，全部给明太祖封在河南的子孙都不够，成为当时最大的一个负担。到了明朝末年，朱元璋的子孙有十几万人，这些人一不能做官，二不能种地，三不能搞手工业，四不许做生意，只能坐在家里吃饭，而且要吃好饭。这样，国家就养不起了。当然，他在其他方面的缺点还很多，我们今天不能做全面的评论。

明朝简史

明初的恐怖政治

洪武二十八年（1395年）正式颁布《皇明祖训》。这一年，朱元璋已是六十八岁的衰翁了。

在这一年之前，桀骜不驯的元功宿将杀光了，主意多端的文臣杀绝了，不顺眼的地主巨室杀得差不多了，连光会掉书袋子搬弄文字的文人也大杀特杀，杀得无人敢说话，无人敢出一口大气了。杀，杀，杀！杀了一辈子，两手都涂满了鲜血的白头刽子手，踌躇满志，以为从此可以高枕无忧，皇基永固，子子孙孙吃碗现成饭，不必再操心了。这年五月，特别下一道手令说："朕自起兵至今四十余年，亲理天下庶务，人情善恶真伪，无不涉历。其中奸顽刁诈之徒，情犯深重，灼然无疑者，特令法外加刑，意在使人知所警惧，不敢轻易犯法。然此特权时措置，顿挫奸顽，非守成之君所用长法。以后嗣君统理天下，止守律与《大诰》，并不许用黥、刺、剕、劓、阉、割之刑。臣下敢有奏用此刑者，文武群臣即时劾奏，处以重刑。"[1]

其实明初的酷刑，黥、刺、剕、劓、阉、割还算是平常的，最惨的是凌迟。凡是凌迟处死的罪人，照例要杀三千三百五十七刀，每十刀一歇一吆喝，慢慢地折磨，硬要被杀的人受长时间的痛苦。[2]其次有刷洗，把犯人光身子放在铁床上，浇开水，用铁刷刷去皮肉。有枭令，用铁钩钩住脊骨，横挂在竿上。有称竿，犯人缚在竿上，另一头挂石头对称。有抽肠，也是挂在竿上，用铁钩钩入谷门把肠子钩出。有剥皮，贪官污吏的皮放在衙门公座上，让新官看了发抖。此外，还有挑膝盖，锡蛇游种种名目。[3] 也有同一罪犯，加以墨面、文身、挑筋、去膝盖、剁指，并具五刑的。[4] 据说在上朝时，老皇帝的脾气好坏很容易看出来，要是这一天他的玉带高高地贴在胸前，大概脾气好，杀人不会多。要是揿玉带到肚皮底下，便是暴风雨来了，满朝的官员都吓得脸无人色，个个发抖，准有大批人应这劫数。[5] 这些朝官，照规矩每天得上朝，天不亮起身梳洗穿戴，在出门以前，和妻子诀别，吩咐后事，要是居然活着回家，便大小互相庆贺，算是又多活一天了。[6]

四十年中，据朱元璋自己的著作，《大诰》《大诰续编》《大诰三编》《大诰武臣》的统计，所列凌迟、枭示、种诛有几千案，弃市（杀头）以下有一万多案。《三编》所定算是最宽容的了。"进士监生三百六十四人，愈见奸贪，终不从命，三犯四犯而至杀身者三人，三犯而诽谤杀身者又三人，姑容戴斩、绞、徒流罪在职者三十人，一犯戴死罪徒流罪办事者三百二十八人。"[7] 有御史戴死罪，戴着脚镣，坐堂审案的；有挨了八十棍回衙门做官的。其中最大的案件有胡惟庸案、蓝玉案、空印案和郭桓案，前两案株连被杀的有四万人，后两案合计有七八万人。[8] 所杀的人，从开国元勋到列侯裨将、部院大臣、诸司官吏到州县胥役、进士监生、经生儒士、富人地主、僧道屠沽，以至亲侄儿、亲外甥，无人不杀，无人不可杀，一个个地杀，一家家地杀，有罪的杀，无罪的也杀，"大戮官民，不分臧否"[9]。

早在洪武七年，便有人控诉，说是杀得太多了，"才能之士，数年来幸存者百无一二"[10]。到洪武九年，单是官吏犯笞以上罪，谪戍到凤阳屯田的便有一万多人。[11]十八年九月在给萧安石子孙符上也自己承认："朕自即位以来，法古命官，列布华夷，岂期擢用之时，并效忠贞，任用既久，俱系奸贪！朕乃明以宪章，而刑责有不可恕。以至内外官僚，守职维艰，善能终是者寡，身家诛戮者多。"[12]郭桓案发后，他又说："其贪婪之徒，闻桓之奸，如水之趋下，半年间弊若蜂起，杀身亡家者，人不计其数。出五刑以治之，挑筋、剁指、刖足、髡发、文身，罪之甚者欤？"[13]

政权的维持建立在流血屠杀、酷刑暴行的基础上，这个时代，这种政治，确确实实是名副其实的恐怖政治。

胡惟庸案发于洪武十三年，蓝玉案发于洪武二十六年，前后相隔十四年。主犯虽然是两个，其实是一个案子。

胡惟庸是初起兵占领和州时的帅府旧僚。和李善长同乡，又结了亲。因李善长的举荐，逐渐发达，洪武三年拜中书省参知政事，六年七月拜右丞相。

中书省综掌全国大政，丞相对一切庶务都有专决的权力，统率百官，只对皇帝负责。这制度对一个平庸的、唯唯诺诺、阿附取容的"三旨相公"型的人物，或者对手是一个只顾嬉游逸乐、不理国事的皇帝，也许不会引起严重的冲突。或者一个性情谦和容忍，一个刚决果断，柔刚互济倒也不致坏事。但是胡惟庸干练有为，有魄力，有野心，在中书省年代久了，大权在手，威福随心，兼之十年宰相，门下故旧僚友也隐隐结成一个庞大的力量，这个力量是靠胡惟庸作为核心的。拿惯了权的人，怎么也不肯放下。朱元璋呢，赤手空拳建立的基业，苦战了几十年，拼上命得到的大权，平白被人分去了大半，真是倒持太阿，授人以柄，想想又怎么能甘心！困难的是皇帝和丞相的职权，从来不曾有过清楚的界限，理论上丞相是辅佐皇帝治理天下的，相权是皇权的代表，两者是二而一的，不应该有冲突。事实上假如一切庶政都由丞相处分，皇帝没事做，只能签字画可，高拱无为。反之，如皇帝躬亲庶务，大小事情一概过问，那么，这个宰相除了伴食画诺以外，又有什么可做？这两个人性格相同，都刚愎，都固执，都喜欢独裁，好揽权，谁都不肯相让。许多年的争执、摩擦，相权和皇权相对立，最后，冲突表面化了。朱元璋有军队，有特务，失败的当然是文官。在胡惟庸以前，第一任丞相李善长小心怕事，徐达经常统兵在外，和朱元璋的冲突还不太明显严重（刘基自己知道性子太刚，一定合作不了，坚决不干）。接着是汪广洋，碰上几次大钉子，末了还是赐死。中书官有权的如杨宪，也是被杀的。胡惟庸是任期最长，冲突最厉害的一个。被杀后，索性取消中书省，由皇帝兼行相权，皇权和相权合而为一。洪武二十八年手令："自古三公论道，六卿分职，自秦始置丞相，不旋踵而亡。汉、唐、宋因之，虽有贤相，然其间所用者多有小人，专权乱政。我朝罢相，设五府、六部、都察院、通政司、大理寺等衙门，分理天下庶务，彼此颉颃，不敢相压，事皆朝廷总之，所以稳当。以后嗣君并不许立丞相，臣下敢有奏请设立者，文武群臣即时劾奏，处以重刑。"[14] 这里所说的"事皆朝廷总之"的朝廷，指的便是他自己。胡惟庸被杀在政治制度史上的意义，是治权的变质，也就是从官僚和皇家共治的阶段，转变为官僚成奴才，皇帝独裁的阶段。

胡惟庸之死只是这件大屠杀案的一个引子，公布的罪状是擅权枉法。以后朱元璋要杀不顺眼的文武臣僚，便拿胡案做底子，随时加进新罪状，把它放大、发展。一放为私通日本，再放为私通蒙古。日本和蒙古，"南倭北虏"，是当时两大敌人，通敌当然是谋反。三放又发展为串通李善长谋逆，最后成为蓝玉谋逆案。罪状愈多，牵连的罪人也更多。由甲连到乙，乙攀到丙，转弯抹角像瓜蔓一样四处伸出去，一网打尽，名为株连。被杀的都以家族为单位，杀一人也就是杀一家。坐胡案死的著名人物有御史大夫陈宁，中丞涂节，太师韩国公李善长，延安侯唐胜宗，吉安侯陆仲亨，平凉侯费聚，南雄侯赵庸，荥阳侯郑遇春，宜春侯黄彬，河南侯陆聚，宜德侯金朝兴，靖宁侯叶升，申国公邓镇，济宁侯顾敬，临江侯陈镛，营阳侯杨通，淮安侯华中，高级军官毛骧、李伯升、丁玉，和宋濂的孙子宋慎。宋濂也被牵连，贬死茂州。坐蓝党死的除大将凉国公蓝玉以外，有吏部尚书詹徽、侍郎傅友文、开国公常升、景川侯曹震、鹤庆侯张翼、舳舻侯朱寿、东莞伯何荣、普定侯陈桓、宣宁侯曹泰、会宁侯张温、怀远侯曹兴、西凉侯濮玙、东平侯韩勋、全宁侯孙恪、沈阳侯察罕、徽先伯桑敬，以及都督黄辂、汤泉等。胡案有《昭示奸党录》，蓝案有《逆臣录》，把口供和判案详细记录公布，让全国人都知道这些"奸党"的"罪状"。[15]被杀公侯中，东莞伯何荣是何真的儿子，何真死于洪武二十一年，被帐下旧校捏告生前党胡惟庸，勒索二千两银子，何家子弟到御前分析，朱元璋大怒说："我的法，这厮把作买卖！"把旧校绑来处死。到二十三年，何荣弟崇祖回广东时：

> 兄把袂连声："弟弟，今居官祸福顷刻，汝归难料再会日。到家达知伯叔兄弟，勿犯违法事，保护祖宗，是所愿望！"

可是，逃过了胡党，还是逃不过蓝党。何家是岭南大族，何真在元明之际保障过一方秩序，威望极高，如何放得过？据何崇祖自述：

> 洪武二十六年，族诛凉国公蓝玉，扳指公侯文武家名蓝党，无有分别，自京及天下，赤族不知几万户。长兄四兄宏维暨老幼咸丧。三月二十日夜鸡鸣时，家人彭康寿叩门，吾床中闻知祸事，出问故，云："昨晚申时，内官数员带官军到衙，城门皆闭。是晚有公差出城，私言今夜抄提员头山何族，因此奔回。"……军来甚众，吾忙呼妻封氏各自逃生。
>
> 崇祖一房从此山居岛宿，潜形匿迹，一直到三十一年新帝登极大赦，才敢回家安居。[16]

李善长死时已经七十七岁了。帅府元僚，开国首相，替主子办了三十九年事，儿子做驸马，本身封国公，富极贵极，到末了却落得全家诛戮。一年后，有人替他上疏喊冤说：

> 善长与陛下同心，出万死以取天下，勋臣第一，生封公，死封王，男尚公主，亲戚拜官，人臣之分极矣。藉今欲自图不轨，尚未可知。而今谓其欲佐胡惟庸者，则大谬不然。人情爱其子，必甚于兄弟之子（善长弟存义子佑是胡惟庸的从女婿）；安享万全之富贵者，必不侥幸万一之富贵。善长与惟庸，犹子

之亲耳，于陛下则亲子女也。使善长佐惟庸成，不过勋臣第一而已矣，太师国公封王而已矣，尚主纳妃而已矣，宁复有加于今日？且善长岂不知天下之不可幸取，当元之季，欲为此者何限，莫不身为齑粉，覆宗绝祀，能保首领者几何人哉！善长胡乃身见之，而以衰倦之年身蹈之也？凡为此者，必有深仇激变，大不得已。父子之间，或至相挟以求脱祸。今善长之子祺，备陛下骨肉亲，无纤芥嫌，何苦而忽为此？若谓天象告变，大臣当灾，杀之以应天象，则尤不可。臣恐天下闻之，谓功如善长且如此，四方因之解体也。今善长已死，言之无益，所愿陛下作戒将来耳。

说得句句有理，字字是理，朱元璋无话可驳，也就算了。[17]

二案以外，开国功臣被杀的，还有谋杀小明王的凶手德庆侯廖永忠，洪武八年以僭用龙凤不法等事赐死。永嘉侯朱亮祖父子于十三年被鞭死。临川侯胡美于十七年犯禁伏诛。江夏侯周德兴于二十五年以帷薄不修，暧昧的罪状被杀。二十七年，杀定远侯王弼、永平侯谢成、颍国公傅友德。二十八年，杀宋国公冯胜。周德兴是朱元璋儿时放牛的伙伴，傅友德、冯胜功最高，突然被杀，根本不说有什么罪过，正合着古人说的"飞鸟尽，良弓藏；狡兔死，走狗烹"的话。[18]

不但列将以次诛夷，甚至坚守南昌七十五日，力拒陈友谅，造成鄱阳湖大捷，奠定王业的功臣，义子亲侄朱文正也以"亲近儒生，胸怀怨望"被鞭死。[19] 义子亲甥李文忠，十几岁便在军中，南征北伐，立下大功，也因为左右多儒生，礼贤下士，有政治野心被毒死。[20] 刘基是幕府智囊，运谋决策，不止有定天下的大功，并且是奠定帝国规模的主要人物，因为主意多，看得准，看得远，被猜忌最深，洪武元年便被休致回家[21]，又怕隔得太远会出事，硬拉回南京，终于被毒死。[22] 徐达为开国功臣第一，小心谨慎，也逃不过。洪武十八年病了，生背疽，据说这病最忌吃蒸鹅，病重时皇帝却特赐蒸鹅，没办法，流着眼泪当着使臣的面吃，不多日就死了。[23] 这两个元勋的特别被注意，被防闲，满朝文武全知道，给事中陈汶辉曾经上疏公开指出："今勋旧耆德，咸思辞禄去位，如刘基、徐达之见猜，李善长、周德兴之被谤，视萧何、韩信其危疑相去几何哉！"[24]

武臣之外，文官被杀的也着实不少。有记载可考的有宋思颜、夏煜、高见贤、凌说、孔克仁，这几人都是初起事时的幕府僚属。宋思颜在幕府里的地位仅次于李善长。夏煜是诗人，和高见贤、杨宪、凌说一伙，专替朱元璋"伺察搏击"，尽鹰犬的任务，告密栽赃，什么事全干，到末了也被人告密，先后送了命。[25] 朝官中有礼部侍郎朱同、张衡，户部尚书赵勉，吏部尚书余𬸪，工部尚书薛祥、秦逵，刑部尚书李质、开济，户部尚书茹太素，春官王本，祭酒许存仁，左都御史杨靖，大理寺卿李仕鲁，少卿陈汶辉，御史王朴，纪善、白信蹈等。[26] 外官有苏州知府魏观，济宁知府方克勤，番禺知县道同，训导叶伯巨，晋王府左相陶凯等。[27] 茹太素是个刚性人，爱说老实话，几次为了话不投机被廷杖，降官，甚至镣足治事。一天，在便殿赐宴，朱元璋赐诗说："金杯同汝饮，白刃不相饶。"太素磕了头，续韵吟道："丹诚图报国，不避圣心焦！"元璋听了倒也很感动。不多时还是被杀。李仕鲁是朱熹学派的学者，劝皇帝不要太尊崇和尚道士，想学韩文公辟佛，来发扬朱学。料想着朱熹和皇帝是本家，这着棋准下得不错，不料皇帝竟不买朱夫子的账，全不理会。仕鲁急了，闹起迂脾气，当面交还朝笏，要告休回家。元璋大怒，叫武士把他掼死在阶下。陶凯是御用文人，一时诏令封册歌颂碑志多出其手，做过礼部尚书，制定军礼和科举制度，只为了起一个别号叫"耐久道人"，犯了忌讳被杀。员外郎张来硕谏止取已许配的少女做宫人，说"于理未当"，被碎肉而死。参议李饮冰被割乳而死。[28] 叶伯巨在洪武九年以星变上书，论用刑太苛说：

> 臣观历代开国之君，未有不以任德结民心，以任刑失民心者，国祚长短，悉由于此……议者曰：宋、元中叶，专事姑息，赏罚无章，以致亡灭。主上痛惩其弊，故制不宥之刑，权神变之法，使人知惧而莫测其端也。臣又以为不然。开基之主，垂范百世，一动一静，必使子孙有所持守，况刑者，民之司命，可不慎欤！夫笞、杖、徒、流、死，今之五刑也。用此五刑，既无假贷，一出乎大公至正可也。而用刑之际，多裁自圣衷，遂使治狱之吏，务趋求意志，深刻者多功，平反者得罪，欲求治狱之平，岂易得哉！近者特旨，杂犯死罪，免死充军，又删定旧律诸则，减宥有差矣。然未闻有戒敕治狱者，务从平恕之条，是以法司犹循故例，虽闻宽宥之名，未见宽宥之实。所谓实者，诚在主上，不在臣下也。故必有罪疑惟轻之意，而后好生之德洽于民心，此非可以浅浅期也。何以明其然也？古之为士者以登仕为荣，以罢职为辱，今之为士者以溷迹无闻为福，以受玷不录为幸，以屯田工役为必获之罪，以鞭笞捶楚为寻常

之辱。其始也，朝廷取天下之士，网罗掎摭，务无余逸，有司敦迫上道，如捕重囚。比到京师，而除官多以貌选，所学或非其所用，所用或非其所学。洎乎居官，一有差跌，苟免诛戮，则必在屯田工役之科，率是为常，不少顾惜。此岂陛下所乐为哉！诚欲人之惧而不敢犯也。窃见数年以来，诛杀亦可谓不少矣，而犯者相踵，良由激劝不明，善恶无别，议贤议能之法既废，人不自励而为善者怠也。有人于此，廉如夷、齐，智如良、平，少戾于法，上将录长弃短而用之乎？将舍其所长苛其所短而置之法乎？苟取其长而舍其短，则中庸之材争自奋于廉智；倘苛其短而弃其长，则为善之人皆曰某廉若是，某智若是，朝廷不少贷之，吾属何所容其身乎？致使朝不谋夕，弃其廉耻，或自掊克，以备屯田工役之资者，率皆是也。若是非用刑之烦者乎！汉尝徙大族于山陵矣，未闻实之以罪人也，今凤阳皇陵所在，龙兴之地，而率以罪人居之，怨嗟愁苦之声，充斥园邑，殆非所以恭承宗庙意也。

朱元璋看了气极，连声音都发抖了，连声说道这小子敢如此！快逮来！我要亲手射死他！隔了些日子，中书省官趁他高兴的时候，奏请把叶伯巨下刑部狱，不久死在狱中。[29]

照规定，每年各布政使司和府州县都得派上计吏到户部，核算钱粮军需等账目，数目琐碎畸零，必需府合省，省合部，一层层上去，一直到部里审核报销，才算手续完备。钱谷数字有分毫升合不符合，整个报销册便被驳回，得重新填造。布政使司离京师远的六七千里，近的也是三四千里，册子重造不打紧，要有衙门的印才算合法，为了盖这颗印，来回时间就得一

　　　　　　　　　　　　　　　明朝简史

年半载。为了免得部里挑剔，减除来回奔走的麻烦，上计吏照例都带有预先备好的空印文书，遇有部驳，随时填用。到洪武十五年，朱元璋忽然发觉这事，以为一定有弊病，大发雷霆，下令地方各衙门的长官主印者一律处死，佐贰官杖一百充军边地。其实上计吏所预备的空印文书是骑缝印，不能作为别用，也不一定用得着，全国各衙门都明白这道理，连户部官员也是照例默认的，算是一条不成文法律。可是案发后，朝廷上谁也不敢说明详情，有一个不怕死的老百姓，拼着命上书把这事解释明白，也不中用，还是把地方长吏一杀而空。当时最有名的好官济宁知府方克勤（建文朝大臣方孝孺的父亲）也死在这案内。上书人也被罚充军。[30]

郭桓是户部侍郎。洪武十八年，有人告发北平二司官吏和郭桓通同舞弊，从六部左右侍郎以下都处死刑，追赃七百万，供词牵连到各直省官吏，死的又是几万人。追赃又牵连到全国各地，中产之家差不多全被这案子搞得倾家荡产，财破人亡。这案子激动了整个社会，也大伤了中产阶级和中下级官僚的心，大家都指斥攻击告发此案的御史和审判官，议论沸腾，情势严重。朱元璋一看不对，赶紧下手诏条列郭桓等罪状，说是：

> 户部官郭桓等收受浙西秋粮，合上仓四百五十万石，其郭桓等止收六十万石上仓，钞八十万锭入库，以当时折算，可抵二百万石，余有一百九十万石未曾上仓。其桓等受要浙西等府钞五十万贯，致使府州县官黄文等通同刁顽人吏边源等作弊，各分入己。

> 其所盗仓粮，以军卫言之，三年所积卖空。前者榜上若

欲尽写，恐民不信，但略写七百万耳。若将其余仓分并十二布政司通同盗卖见在仓粮，及接受浙西等府钞五十万张，卖米一百九十万不上仓，通算诸色课程鱼盐等项，及通同承运库官范朝宗偷盗金银，广惠库官张裕妄支钞六百万张，除盗库见在金银宝钞不算外，其卖在仓税粮及未上仓该收税粮及鱼盐诸色等项，共折米算，所废者二千四百余万（石）精粮。

其应天等五府州县数十万没官田地，夏秋税粮，官吏张钦等通同作弊，并无一粒上仓，与同户部官郭桓等尽行分受。

意思是追赃七百万还是圣恩宽容，认真算起来该有二千四百万，这几万人死得绝不委屈。话虽如此说，到底觉得有些不妥，只好借审刑官的头来平众怒，把原审官杀了一批，再三申说，求人民的谅解。[31]一年后，他又特别指出："自开国以来，惟两浙、江西、两广、福建所设司官，未尝任满一人，往往未及终考，自不免于赃贪。"[32]可见杀这些贪官污吏是不错的，是千该万该的。不过，倒过来说，杀了二十年的贪官污吏，而贪官污吏还是那么多，沿海比较富饶区域的地方官，二十年来甚至没有一个能够做满任期，都在中途犯了贪赃的罪，由此可见专制独裁的统治，官僚政治和贪污根本分不开，单用严刑重罚、恐怖屠杀去根绝贪污，是不可能有什么效果的。

在鞭笞、苦工、剥皮、抽筋，以至抄家灭族的威胁空气中，凡是做官的，不论大官小官，近臣远官，随时随地都会有不测之祸，人人在提心吊胆，战战兢兢过日子。这日子过得太紧张了，太可怕了，有的人实在受不了，只好辞官，回家当老百姓。不料又犯了皇帝的忌讳，说是不肯帮朝廷做事："奸贪无福小人，故行诽谤，皆说朝廷官难做。"[33] 大不敬，非杀不可。没有做过官的儒士，怕极了，躲在乡间不敢出来应考做官，他又下令地方官用种种方法逼他们出来，"有司敦迫上道，如捕重囚。"还立下一条法令，说是："率土之滨，莫非王臣，寰中士大夫不为君用，是自外其教者，诛其身而没其家，不为之过。"[34] 贵溪儒士夏伯启叔侄各刹去左手大指，立誓不做官，被拿赴京师面审，元璋气呼呼发问："昔世乱居何处？"回说"红寇乱时，避兵于福建、江西两界间。"不料红寇这名词正刺着皇帝的痛处：

> 朕知伯启心怀怨怒，将以为朕取天下非其道也。特谓伯启曰：尔伯启言红寇乱时，意有他忿。今去指不为朕用，宜枭令籍没其家，以绝狂愚夫仿效之风。

特派法司押回原籍处决。[35] 苏州人才姚润、王谟被征不肯做官，也都被处死，全家籍没。[36]

洪武朝朝臣幸免于屠杀的，只有几个例子：一个是大将信国公汤和，原是朱元璋同村子人，一块儿长大的看牛伙伴，比元璋大三岁。起兵以后，诸将地位和元璋不相上下的，都闹别扭，不听使唤，只有汤和规规矩矩，小心听话，服从命令。到晚年，徐达、李文忠死已多年，汤和宿将功高，明白老伙伴脾气，对于诸大将兵权在握心里老大不愿意，苦的是嘴里说不出。他便首先告老交回兵权，元璋大喜，立刻派官给他在凤阳盖府第，赏赐稠渥，特别优厚，算是侥幸老死在床上。[37] 一个是外戚郭德成，郭宁妃的哥哥。一天他陪朱元璋在后苑喝酒，醉了爬在地上去冠磕头谢恩，露出稀稀的几根头发，元璋笑着说："醉疯汉，头发秃到这样，可不是酒喝多了。"德成仰头说："这几根还嫌多呢，剃光了才痛快。"元璋不作声。德成酒醒，才知道闯了大祸，怕得要死，索性装疯，剃光了头，穿了和尚衣，成天念佛。元璋信以为真，告诉宁妃说："原以为你哥哥说笑话，如今真个如此，真是疯汉。"不再在意，党案起后，德成居然漏网。[38] 一个是御史袁凯。有一次朱元璋要杀许多人，叫袁凯把案卷送给皇太子复讯。皇太子主张从宽。袁凯回报，元璋问："我要杀人，皇太子却要宽减，你看谁对？"袁凯不好说话，只好回答："陛下要杀是守法，东宫要赦免是慈心。"元璋大怒，以为袁凯两头讨好，脚踏两头船，老滑头，要不得。袁凯大惧，假装疯癫。元璋说疯子不怕痛，叫人拿木钻来刺他的皮肤，袁凯咬紧牙齿，忍住不喊痛。回家后，自己拿铁链锁住脖子，蓬头垢面，满口疯话，元璋还是不放心，派使者去召他做官，袁凯瞪眼对使者唱月儿高曲，爬在篱笆边吃狗屎，使者回报果然疯了，才不追究。这一次朱元璋却受了骗，原来袁凯预先叫人用炒面拌砂糖，捏成段段，散在篱笆下，爬着吃了，救了一条命，朱元璋哪里会知道？[39]

吴人严德珉由御史升左佥都御史，因病辞官，犯了忌讳，被黥面充军南丹（今广西），遇赦放还，布衣徒步做老百姓，谁也不知道他曾做过官，到宣德时还很健朗。一天因事被御史所逮，跪在堂下，供说也曾在台勾当公事，颇晓三尺法度。御史问是何官，回说洪武中台长严德珉便是老夫。御史大惊谢罪，第二天去拜访，却早已挑着铺盖走了。有一个教授和他喝酒，见他脸上刺字，头戴破帽，问老人家犯什么罪过，德珉说了详情，并说先时国法极严，做官的多半保不住脑袋。说时还北面拱手，嘴里连说"圣恩！圣恩！"[40]

元璋有一天出去私访，到一破寺，里边没有一个人，墙上画一布袋和尚，有诗一首："大千世界浩茫茫，收拾都将一袋藏，毕竟有收还有放，放宽些子又何妨。"墨迹还新鲜，是刚画刚写的，赶紧使人去搜索，已经不见了。[41]这故事不一定是真实的，不过，所代表的当时人的情绪却是真实的。

（原载《中建》半月刊华北航空版第2期，总第3卷第5期，1948年8月5日。）

 注释

[1]《明太祖实录》卷二三九。

[2]邓之诚《骨董续记》卷二〇"碟"条引《张文宁年谱》；计六奇《明季北略》，记郑鄤事。

[3]吕毖《明朝小史》卷一《国初重刑》。

[4]《大诰·奸吏建言第卅三》；《大诰·刑余攒典盗粮第六九》；《大诰续编·相验囚尸不实第四二》；《大诰三编·逃囚第一六》。

[5]徐祯卿《翦胜野闻》。

[6]赵翼《廿二史劄记》卷三二《明祖晚年去严刑条》引《草木子》。

[7]《明史》卷九四《刑法志》；《大诰三编·进士监生戴罪办事》。

［8］《明史》卷九四《刑法志》。

［9］《明史》卷一三九《周敬心传》："洪武二十五年，上疏极谏：洪武四年录天下官吏。十三年连坐胡党，十九年逮官吏积年为民害者，二十三年罪妄言者，大戮官民，不分臧否。"

［10］《明史》卷一三九《茹太素传》。

［11］《明史》卷一三九《韩宜可传》。

［12］《明朝小史》卷二。

［13］《大诰三编·逃囚第十六》。

［14］《明太祖实录》卷二三九。

［15］参看钱谦益《太祖实录辨证》；潘柽章《国史考异》；吴晗《胡惟庸党案考》，载《燕京学报》十五期。

［16］何崇祖《庐江郡何氏家记》（《玄览堂丛书续集》本）。

［17］《明史》卷一二七《李善长传》。

［18］王世贞《史乘考误》；钱谦益《太祖实录辨证》；潘柽章《国史考异》。

［19］刘辰《国初事迹》；孙宜《洞庭集·大明初略三》；王世贞《史乘考误》卷一。

［20］王世贞《史乘考误》卷一；钱谦益《太祖实录辨证》卷五；潘柽章《国史考异》卷二。

［21］刘辰《国初事迹》。

［22］《明史》卷三〇八《胡惟庸传》，卷一二八《刘基传》；刘仲璟《遇恩录》。

［23］徐祯卿《翦胜野闻》。

［24］《明史》卷一三九《李仕鲁传》附《陈汶辉传》。

［25］《明史》卷一三五《宋思颜传》。

[26]《明史》卷一三六《朱升传》，卷一三七《刘三吾传》《宋讷传》《安然传》，卷一三八《陈修传》《周祯传》《杨靖传》《薛祥传》，卷一三九《茹太素传》《李仕鲁传》《周敬心传》。

[27]《明史》卷一四〇《魏观传》，卷二八一《方克勤传》，卷一四〇《道同传》，卷一三九《叶伯巨传》，卷一三六《陶凯传》。

[28] 刘辰《国初事迹》。

[29]《明史》卷一三九《叶伯巨传》。

[30]《明史》卷九四《刑法志》，卷一三九《郑士利传》。

[31]《明史》卷九四《刑法志》；《大诰·郭桓卖放浙西秋粮第二十三》，《大诰·郭桓盗官粮第四十九》。

[32]《大诰续编》。

[33]《大诰·奸贪诽谤第六十四》。

[34]《大诰三编·苏州人才第十三》。

[35]《大诰三编·秀才剁指第十》；《明史》卷九四《刑法志》。

[36]《大诰三编·苏州人才第十三》；《明史》卷九四《刑法志》。

[37]《明史》卷一二六《汤和传》。

[38]《明史》卷一三一《郭兴传》。

[39]《明史》卷二八三《袁凯传》；徐祯卿《翦胜野闻》；陆深《金台纪闻》。

[40]《明史》卷一三八《周祯传》。

[41] 徐祯卿《翦胜野闻》。

明初统治阶级内部的斗争

朱元璋篡夺了元末农民战争的胜利果实做了皇帝，成为地主阶级政治利益的代表。他当然是尊重、维护地主阶级的利益的。但是，事情并不如他所想望的那样。大地主们也有两面性，一面同样尊重、维护他的统治；另一面，随着农业经济的恢复和发展，大地主们家里有人做官，倚仗政治力量，用隐瞒土地面积、荫庇漏籍人口等等手段来与皇家统治集团争夺土地和人力，直接影响到皇朝的财政、税收和人力使用。"国家存在的经济体现就是指税。"[1] "赋税是政府机器的经济基础。"[2] 由于触犯他的利益的大地主们的强占、舞弊，皇朝的经济基础发生问题了，地主阶级内部矛盾发展了、激化了，为了保障自己的经济基础，非对触犯他的利益的大地主加以狠狠的打击不可。

朱元璋从渡江以后，就采取了许多保护地主阶级利益的措施。例如龙凤四年（公元1358）取金华，便选用金华七县富民子弟充宿卫，名为御中军。[3] 这件事一方面表示对地主阶级的尊重和信任；另一方面也是很重要的军事措施，因为把地主们的子弟征调为禁卫军人，随军作战，等于做质，就不必担心这些地区地主的军事反抗了。洪武十九年（公元1386）选取直隶应天诸府州县富民子弟赴京补吏，凡一千四百六十人[4]，也是同样作用。对地主本身，洪武三年做的调查，以田税多寡比较，浙西的大地主数量最多，以苏州一府为例，每年纳粮一百石以上到四百石的四百九十户；五百石到一千石的五十六户；一千石到二千石的六户；二千石到三千八百石的二户，共五百五十四户，每年纳粮十五万一百八十四石。[5]三十年又做了一次调查，除云南、两广、四川以外，浙江等九布政司，直隶应天十八府州，地主们田在七顷以上的共一万四千三百四十一户。编了花名册，把名册藏在内府印绶监，按名册以次召来，量才选用。[6]应该看到，田在七顷以上，在长江以南的确是大地主了，但在长江以北，就不一定是大地主，而是中小地主了。

地主对封建统治集团和农民来说，也是有两面性的。一面是他们拥护当前的统治，依靠皇朝的威力，保身立业。朱元璋说过：孟子曰：有恒产者有恒心。今郡县富民，多有素行端洁，通达时务者，叫户部保荐交租多的地主，任命为官员、粮长。[7]另一面他又指出："富民多豪强，故元时此辈欺凌小民，武断乡曲，人受其害。"[8]以此，他对地主的政策也是两面性的，双管齐下。一是选用做官僚，加强自己的统治基础；二是把他们迁到京师，繁荣首都，同时也削弱了地主在各地方的力量。在科举法未定以前，选用地主做官，叫作税户人才，有做知县、知州、知府的，有做布政使以至朝廷的九卿的。[9]例如浙江乌程大族严震直就以税户人才一直做到工部尚书，后来浦江有名的郑义门的郑沂竟从老百姓任命为礼部尚书。[10]又以地主为粮长，以为地方官都是外地人，不熟习本地情况，容易被黠胥宿豪蒙蔽，民受其害，不如用有声望的地主来征收地方赋税，负责运到京师，可以减少弊病。[11]洪武四年九月，命户部计算土田租税，以纳粮一万石为一区，选占有大量土地纳粮最多的地主为粮长，负责督收和运交税粮。[12]如浙江布政司有人口一百四十八万七千一百四十六户，每年纳粮九十三万三千二百六十八石，设粮长一百三十四人。[13]粮长下设知数（会计）一人，斗级（管斗斛称量的）二十人，运粮夫千人。[14]并规定对粮长的优待办法，凡粮长犯杂犯、死罪和徒流刑的可以纳钞赎罪。[15]洪武三十年又命天下郡县每区设正副粮长三名，编定次序，轮流应役，周而复始。[16]凡粮长按时运粮到京师的，元璋亲自召见，谈话合意的往往留下做官。[17]元璋把征粮和运粮的权力交给地主，以为这个办法是"以良民治良民，必无侵渔之患"[18]；免地方官"科扰之弊，于民甚便"[19]。他把地主也当作良民了。但是事实恰好相反，不少地主在做了粮长以后，在原来对农民剥削的基础上，再加上皇朝赋予的权力，如虎添翼，肆行额外剥削，农民的痛苦也就更深更重了。例如粮长邾阿乃起立名色，科扰民户，收舡水脚米、斛面米、装粮饭米、车脚钱、脱夫米、造册钱、粮局知房钱、看米样中米，等等，总共苛敛米三万二千石，钞一万一千一百贯。正米只该一万石，邾阿乃个人剥削部分竟达米二万二千石，钞一万一千一百贯。农民交纳不起，就强迫以房屋准折，揭屋瓦，变卖牲口，以及衣服、缎匹、布帛、锅灶、水车、农具，等等。[20]又如嘉定县粮长金仲芳等三名，巧立名色征粮附加到十八种。[21]农民吃够了苦头，无处控诉。[22]朱元璋也发觉粮长之弊，用严刑制裁。尽管杀了不少人，但粮长依然作恶，农民也依然被额外剥削，改不好，也改不了。[23]

除任用地主做官收粮以外，朱元璋还采用汉高祖徙天下豪富于关中的政策。洪武三年移江南民十四万户于凤阳（这时凤阳是中都），其中有不少是地主。洪武二十四年徙天下富户五千三百户于南京。[24] 三十年又徙富民一万四千三百余户于南京，称为富户。元璋告诉工部官员说："从前汉高祖这样做，我很不以为然。现在想通了，京师是全国根本，事有当然，确实不得不这样做。"[25]

江南苏、松、杭、嘉、湖一带的地主被迫迁往凤阳，离开了原来的乡里田舍，还不许私自回去。这一措施对于当时东南地主阶级是绝大的打击。旧社会的地主阶级离开了原来占有的土地，也就丧失了社会地位和政治地位了。相对的，以朱元璋为首的新地主阶级却可以因此而加强对这一地区人民的控制。这些家地主从此以后虽然不敢公开回到原籍，却伪装成乞丐，以逃荒为名，成群结队，老幼男妇，散入江南诸州县乞食，到家扫墓探亲，第二年二三月间又回到凤阳。年代久了，也就成为习惯。五六百年来凤阳花鼓在东南一带是妇孺皆知的民间歌舞。歌词是：

家住庐州并凤阳，凤阳原是好地方，

自从出了朱皇帝，十年倒有九年荒。[26]

地主们对做官、做粮长当然很高兴，感激和支持这个维护本阶级利益的政权。但是，地主阶级贪婪的本性是永远不能改变的，他们决不肯放弃任何一个可以增加占领土地和人力的机会，用尽一切手段逃避对皇朝应纳的赋税和徭役。例如两浙地主所使用的方法，把自己的田产诡寄（假写在）亲邻佃仆名下，叫作"铁脚寄诡"，普遍成为风气，乡里欺骗州县，州县欺骗府，奸弊百出，叫作"通天诡寄"。[27]此外，还有洒派、抛荒、移丘换段等等手段。朱元璋在处罚了这些地主以后，气忿地指出：

> 民间洒派、抛荒、诡寄、移丘换段，这等都是奸顽豪富之家，将次没福受用财赋田产，以自己科差洒派细民；境内本无积年荒田，此等豪猾买嘱贪官污吏及造册书算人等，其贪官污吏受豪猾土财，当科差之际，作包荒名色征纳小户，书算手受财，将田洒派，移丘换段，作诡寄名色，以此靠损小民。[28]

地主把自己的负担通过舞弊手段转嫁给"细民""小户""小民"，也就是贫苦农民，结果是富的更富，穷的更穷了。[29]地主阶级侵占了皇家统治集团应得的租税和人力，贫苦农民加重了负担。一方面皇朝田赋收入和徭役征发都减少了，另一方面贫苦农民更加穷困饥饿，动摇和侵蚀了统治阶级的经济基础。阶级内部发生矛盾，斗争展开了，地主不再是良民，而是"奸顽豪富之家"，是"豪猾"了。

朱元璋斗争的对象是地主阶级中违法的大地主。办法有两条，一条是用严刑重法消灭"奸顽豪富之家"，另一条是整理地籍和户口。

洪武时代大地主被消灭的情况，据明初人记载，如贝琼说：

> 三吴巨姓享农之利而不亲其劳，数年之中，既盈而覆，或死或徙，无一存者。[30]

方孝孺说：

> 时严通财党与（胡惟庸党案）之诛，犯者不问实不实，必

死而覆其家……当是时，浙东、西巨室故家，多以罪倾其宗。[31]

吴宽说：

吴……皇明受命，致令一新，富民豪族，划削殆尽。[32]

长州情况：

（城）东……遭世多故，邻之死徙者殆尽，荒落不可居。[33]

洪武之世，乡人多被谪徙，或死于刑，邻里殆空。[34]

有的大地主为了避祸，或则"晦匿自全"[35]，或则"悉散所积以免祸"，[36] 或则"出居于外以避之"[37]，或则"攀附军籍以免死"[38]，但是这样的人只占少数。浙东、西的"富民豪族，划削殆尽"。统治阶级内部的斗争是十分残酷的。

另外，经过元末二十年的战争。各地田地簿籍多数丧失，保存下来的一部分，也因为户口变换、土地转移，实际的情况和簿籍不相符合。大部分田地没有簿籍可查，大地主们便乘机隐匿田地，逃避皇朝赋役；有簿籍登载的田地，登记的面积和负担又轻重不一，极不公平、不合理。朱元璋抓住这个中心问题，对大地主进行了长期的斗争。方法是普遍丈量田地和调查登记人口。

洪武元年正月派国子监生周铸等一百六十四人往浙西核量田亩，定其赋税。[39] 五年（1372）六月派使臣到四川丈量田亩。[40] 十四年命全国郡县编赋役黄册。二十年命国子监生武淳等分行州县，编制鱼鳞图册。[41] 前后一共用了二三十年时间，才办好这两件事。

丈量田地所用的方法，是派使臣到各州县，随其税粮多少，定为几区，每区设粮长，会集里甲耆民，量度每块田亩的方圆，做成简图，编次字号，登记田主姓名和田地丈尺四至，编类各图成册，以所绘的田亩形象像鱼鳞，名为鱼鳞图册。

人口普查的结果，编定了赋役黄册，把户口编成里甲，以一百一十户为一里，推丁粮多的地主十户做里长，余百户分为十甲。每甲十户，设一甲首。每年以里长一人，甲首一人，管一里一甲之事。先后次序根据丁粮多少，每甲轮值一年。十甲在十年之内轮流为皇朝服义务劳役，一甲服役一年，有九年的休息。在城市的里叫坊，近城的叫厢，农村的都叫作里。每里编为一册，里中有鳏寡孤独不能应役的，带管于一百一十户之外，名曰畸零。每隔十年，地方官以丁粮增减重新编定服役的次序，因为册面用黄纸，所以叫作黄册。

鱼鳞图册是确定地权（所有权）的根据，赋役黄册是征收赋役的根据。通过田地和户口的普查，制定了这两种簿籍，颁布了租税和徭役制度，不但大量漏落的田地户口被登记固定了，皇朝增加了物力和人力，稳定和巩固了统治的经济基础，同时，也有力地打击了一部分大地主，从他们手中夺回对一部分田地和户口的控制，从而大大增强了皇家统治集团的地位和权力，更进一步走向高度的集中、专制。洪武二十四年全国已垦田的数字为三百八十七万四千七百四十六顷，仅仅隔了两年，洪武二十六年的全国已垦田数字就激增为八百五十万七千六百二十三顷，增加了四百六十三万二千八百七十七顷。以增垦田地最多的一年，洪武七年增垦田地数目为九十二万一千一百二十四顷来比较，两年的时间增垦面积也不可能超过两百万顷，显然，这个激增的数字除了实际增垦的以外，必然是包括从大地主手中夺回的漏落的田地，是田地普查的积极成果。由于在斗争中取得这样巨大的胜利，朱元璋的政权比过去任何一个皇朝，都更加强大、集中、稳定、完备了。

对城乡人民，经过全国规模的田地丈量，定了租税，在册上详细记载田地的情况，原坂、平衍、下隰、沃瘠、沙卤的区别，并规定凡买置田地，必须到官府登记及过割税粮，免掉贫民产去税存的弊端，同时也保证了皇朝的财政收入。十年一次的劳役，使人民有轮流休息的机会。这些措施当然都是封建剥削，但比之统一以前的混乱情况，则确实减轻了一些人民的负担，鼓舞了农民的生产情绪，对于社会生产力的推进，是起了显著的作用的。

朱元璋虽然对一部分大地主进行了严重的斗争，对广大农民做了一些必要的让步，一部分大地主被消灭了，一部分大地主的力量被削弱了，农民生产的积极性增加了；但是，这个政权毕竟是地主阶级的政权，首先是为地主阶级的利益服务的，即使对农民采取了一些让步的措施，其目的也还是为了巩固和强化整个地主阶级的统治权。无论是查田定租，还是编户定役，执行丈量的是地主，负责征收运粮米的还是地主，当里长甲首的依然是地主，质正里中是非、词讼，执行法官职权的"耆宿"也是地主，当然，在地方和朝廷做官的更非地主不可。从上而下的重重地主统治，地主首先要照顾的是自己家族和亲友的利益，是决不会关心小自耕农和佃农的死活的。由于凭借职权的方便，剥削、舞弊都可以通过皇朝的统治权来进行，披上合法的外衣，农民的痛苦就越发无可申诉了。而且，只要是地主阶级的子弟，就有机会、权利受到教育，通过税户人才科举、学校等途径，成为官僚、绅士。官僚、绅士是享有合法的免役权的。洪武十年朱元璋告诉中书省官员："食禄之家与庶民贵贱有等，趋事执役以奉上者，庶民之事也。若贤人君子，既贵其身，而复役其家，则君子野人无所分别，非劝士待贤之道。自今百司见任官员之家有田土者，除租税外，悉免其徭役，著为令。"官员是贵人，庶民是贱人，贵人是不应该和贱人一样服徭役的。十二年又下令："自今内外官致仕还乡者，复其家终身无所与。"[42] 则连乡绅也享有免役权了。在学的学生除本身免役外，户内还优免二丁差役。[43] 一般贫苦农民连饭也吃不饱，哪能上学？上学的学生绝大部分还是地主子弟。这样，现任官、乡绅、学校生员都豁免差役，还有办法逃避租税，于是完粮当差的义务，便大部分落在自耕农和贫农身上了。自耕农、贫农不但要出自己的一份，官僚、绅士、生员、地主不交的一份，他们也得一并承担下来。因此，官僚、绅士、生员、地主越多的地方，农民的负担也就越重。

洪武一朝，长江以南农民起义的次数特别多，地区特别广；明朝二百几十年中，农民起义次数特别多，规模特别大，原因就在这里。

（原载《人民日报》，1964年4月29日。）

 **注释**

[1]《马克思恩格斯全集》第四卷《道德化的批评和批评化的道德》
　　342 页。

[2]《马克思恩格斯文选》第二卷《哥达纲领批判》32 页。

[3]《明太祖实录》卷六。

[4]《明太祖实录》卷一百七十九。

[5]《明太祖实录》卷四十九。

[6]《明太祖实录》卷二百五十二。

[7] 谈迁:《国榷》卷六。

[8]《明太祖实录》卷四十九。

[9] 吴宽《匏翁家藏集》卷七十五《施孝先墓表》。

[10] 吴宽《匏翁家藏集》卷四十三《尚书严公流芳录序》;《明史》
　　卷二百九十六《郑濂传》。

[11] 宋濂《朝京稿》卷五《上海夏君新圹铭》;吴宽《匏翁家藏
　　集》卷五十二《恭题粮长敕谕》。

[12]《明太祖实录》卷六十八。

[13]《明太祖实录》卷七十。

[14]《明太祖实录》卷八十五。

[15]《明太祖实录》卷一〇二。

[16]《明太祖实录》卷二百五十四。

[17]《明史》卷七十八《食货志》二,《赋役》;吴宽《匏翁家藏

集》卷四十三《尚书严公流芳录序》。

［18］《明太祖实录》卷六十八。

［19］《明太祖实录》卷一〇二。

［20］《大诰续诰》卷四十七。

［21］《大诰续诰》卷二十一。

［22］黄省曾《吴风录》。

［23］宋濂《朝京稿》卷五《上海夏君新圹铭》。

［24］《明太祖实录》卷二百一十。

［25］《明太祖实录》卷二百一十；《明史》卷七十七《食货志》一。

［26］赵翼《陔余丛考》卷四十一《凤阳丐者》。

［27］《明太祖实录》卷一百八十。

［28］《大诰续诰》第四十五《靠损小民》。

［29］《明太祖实录》卷一百八十。

［30］《贝清江集》卷十九《横塘农诗序》。

［31］方学孺《逊志斋集》卷二十二《采苓子郑处士墓碣》。

［32］吴宽《匏翁家藏集》卷五十八《莫处士传》。

［33］吴宽《匏翁家藏集》卷六十一《先考封儒林郎翰林院修撰府
　　君墓志》。

［34］吴宽《匏翁家藏集》卷五十七《先世事略》。

［35］吴宽《匏翁家藏集》卷五十七《先世事略》。

［36］吴宽《匏翁家藏集》卷七十三《恰隐处士墓表》。

［37］吴宽《匏翁家藏集》卷七十四《山西提刑按察司副使致仕朱
　　公墓表》。

［38］吴宽《匏翁家藏集》卷五十八《莫处士传》。

［39］《明太祖实录》卷二十九。

［40］《明太祖实录》卷一百七十四。

［41］《明太祖实录》卷一百三十五、卷一百八十。

［42］《明太祖实录》卷一百一十、卷一百二十六。

［43］张居正《太岳集》卷三十九《请申旧章饬学政以振兴人才疏》。

明成祖迁都北京

　　上一次讲了明太祖定都南京。到了第三代明成祖（十三陵长陵埋的那个皇帝）时，把朝廷搬到北京来了。这件事情在历史上有什么意义？他当时为什么非迁都不可？

　　前面讲到，明太祖的军队打到北京以后，元顺帝跑掉了，元朝失去了在长城以内地区的统治权。尽管如此，元顺帝的军事力量、政治机构都还存在。因此，他经常派遣军队往南打，要收复失地。他认为这个地方是他的，他们已经统治了八九十年。而当时明朝的都城是在南京。为了抵抗蒙古的进攻，明太祖只好把他的许多儿子封在长城一线做塞王。可是现在情况变了，明成祖自己跑到南京去了；此外，原来封在热河的亲王叫宁王，宁王部下有大量蒙古骑兵。明成祖南下争夺帝位之前，先到热河，见到宁王就绑票，把宁王部下的蒙古骑兵都带过来了。他利用这些蒙古骑兵作为自己的军事主力，向南进攻取得了胜利。从此之后，他就不放宁王回热河，而把他封到江西去。这样一来，在长城以北原来可以抵抗蒙古军进攻的力量便没有了。原来他自己在北京，现在自己到了南京，因而就削弱了明太祖时代防御蒙古军进攻的力量，防御线有了缺口，顶不住了。因此，他不能不自己跑到北京来指挥军队，部署防御战。因为他自己经常在北京，当然政府里的许多官员也都跟来北京，北京慢慢变成了政治中心。于是他开始修建北京，扩建北京城，大体上是根据元朝的都城来改建的。元朝时北京南边的城墙在哪里呢？在现在的东西长安街。明朝就更往南了，东西长安街以南这个地区是明朝发展起来的。德胜门外五里的土城是元朝的北城，明朝往南缩了五里。明成祖营建北京是有个通盘安排的，他吸取了过去多少朝代的经验。所以街道很整齐，几条干线、支线把整个市区划成许多四四方方的小块。有比较完整的下水道系统，有许多中心建筑。从明成祖到北京以后，前后三十多年，重新把北京建成了。和这个时期的世界其他各国比较，北京是当时世界各国首都中建筑比较合理的、有规划的、最先进的城市。没有哪一个国家的首都比得上它。有人问：北京还有外城，外城是什么时候建筑的？外城的修建比较晚，是在公元 1550 年蒙古军包围北京的紧急情况下，为了保卫首都才修建的。但是因为这个工程太大，只修好了南边这一部分，其他部分就没有修了。至于现在的故宫、天坛那些主要建筑，也都是在那个时代打下的基础。应该说明，现在的故宫并不是原来的故宫，认为明成祖修的宫殿一直原封未动地保留到现在是错误的。故宫曾经经过多次的扩建和改修。过去三大殿经常起火，烧掉了再修。起火原因很简单，就是太监放火。宫廷里有许多黑暗的事情，太监偷东西，偷到不可开交的时候，事情包不住了，就放火一烧了事。烧掉了再修，反正是老百姓出钱。明清两代宫廷里经常闹火灾就是这个道理。故宫的整个建筑面积有 17 万平方米左右，光修故宫就用了二十年的时间。我们人民大会堂的建筑面积是 17.4 多万平方米，比整个故宫的有效面

明朝的政治

积还大。明朝修了二十年，我们只修了不到一年的时间，这个比较是很有意思的。由于从明成祖一直到明英宗连续地营建北京，政治中心就由南京转到北京来了，北京成为国都了。

以北京作为一个政治、军事的中心，就近指挥长城一线的军事防御，抵抗蒙古族的军事进攻，保证国家的统一，从这一点来说，明成祖迁都北京是正确的。如果他不采取这个措施的话，历史情况将会怎样，就很难说了。

即使明成祖迁都北京，并集中了大量的军队在这里，但在明朝历史上还是发生了两次严重的军事危机。一次是在公元1449年，一是在1550年，中间只相隔一百零一年。

第一次危机叫"土木之役"。土木是什么意思呢？在今天官厅水库旁边的怀来县，有一个地方叫土木堡。当时蒙古有一个部族叫瓦剌，它的领袖叫也先。也先带兵来打明朝，他的军事力量很强大，从几方面进攻，一方进攻辽东，一方攻打山西大同。那时明朝的皇帝英宗是个年轻人，完全没有军事知识。他相信太监王振。王振也是完全没有军事知识的。王振劝他自己带兵去抵抗，他就糊里糊涂带了五十万大军往当时正被瓦剌部队包围的大同跑。还没有到那里，大同的镇守太监郭敬就派人来向皇帝报告，说那里情况很严重，不能去。于是就班师回朝。王振是河北蔚县人。他想要英宗带着五十万大军到他家乡去玩玩，显显自己的威风。刚出发，他又一想，五十万大军所过之处，庄稼不就全踩完了！对自己的利益有损害，又不愿去了。这样来回一折腾，走到土木堡那个地方，敌人就追上来了。当时正确的办法应该是进入怀来城内坚守。下面的将军也要求进城。王振不干，命令部队就地扎营。但是这个地方附近没有水源，不宜于坚守。结果五十万大军一下子被敌人全部包围了，造成了必败的形势。在这个高地上待了两天，五十万人没吃没喝。到第三天他让部队改变营地。部队一改变营地，敌人就趁机冲锋。结果全军覆没，皇帝被俘虏了，王振也死于乱军之中，造成了很严重的军事危机。这是历史上最不光彩、最丢人的一次战争。

这时候北京怎么办呢？没有皇帝，五十万大军全部被消灭了，北京只剩下一些老弱残兵，情况很紧张。许多官员纷纷准备逃难，家在南方的主张迁都南京，认为北京反正守不住了。在这种情况下，比较有见解的兵部侍郎（相当于现在的国防部副部长）于谦反对迁都，他认为北京能够守住。如果迁都到南京去的话，北方没有一个政治中心，那么整个黄河以北的地区便都完了。他坚决主张抵抗，反对逃跑。他的主张得到了人民的支持，也得到了明英宗的兄弟郕王（不久即帝位，就是明景帝）的支持。于是就由于谦负责组织北京的保卫战。于谦组织了军事力量，安排了防御工作，跟人民一起保卫北京；并且在政治上提出了一套办法，他告诉所有的军事将领：我们现在已经有了皇帝，要坚守地方。这样，加强了全城军民保卫北京的决心。果然，也先把俘虏去的明英宗带到城外诱降，说：你们的皇帝回来了，赶快开门。他以为这样可以不战而取得北京城。但是守城的官兵们依照于谦的指示，坚决地回答说：我们有了新的皇帝了。各地方都是坚决抵抗，没有一个受骗的。结果明英宗在也先手里成了废物，不能起欺骗作用了。由于依靠了人民群众，北京的保卫战取得了胜利。这时，各地的援军也不断前来。也先见占不到便宜，便只好退兵。这样，北京保卫住了，整个黄河以北的地区保卫住了。

明英宗在也先手里起不了作用，有人就替也先出主意：明朝的皇帝留在这里没有用，还要养他。不如把他送回去，在明朝中央政权内制造弟兄俩之间的矛盾。这样，也先就把明英宗送了回来。明英宗回来后不能再做皇帝，被关起来了。八年之后，明景帝生了病，政府里有一派反对明景帝和于谦的人，还有一些不得志的军人、政客，他们把景帝害死，把英宗放出来重新做了皇帝。英宗出来之后，就把于谦杀害了。

明景帝和于谦对于保卫北京立下了很大的功劳，对人民是有功的。景帝是个好皇帝，他的坟墓不在十三陵。七八年以前，我和郑振铎同志一起在颐和园后面把他的坟墓找到了，并重新修理了一下，作为一个公园。因为他是值得我们纪念的。

从以上说的情况可以看出，如果不是建都在北京，那么1449年也先军队的进攻是很难抵抗的。

过了一百零一年，即1550年，蒙古的另外一个军事领袖俺答又率兵包围了北京。情况也非常严重。也是因为北京是一个首都，是一个政治和军事中心，经过艰苦的斗争，俺答也像也先一样，由于占不到便宜而退回去了。

北京在明朝历史上经受住了这样两次考验。由此可以说明明成祖迁都北京是必要的和正确的，无论从军事上和政治上来说，他都做对了。

但是，仅仅只把政治、军事中心建立在北京还是不够的。

当时东边从辽东起，西边到嘉峪关止，敌人从任何地方都可以进来。当然，从山海关往西有一道万里长城。可是城墙是死的，没有人守还是不能起作用。所以，必须要在适当的军事要点布置强大的军事力量。因此，明朝政府在北方沿边一线设立了所谓"九边"。"九边"是逐步发展起来的。开始只建立了四个镇，即辽东、宣府、大同、延绥。跟着又增加了三个镇：宁夏、甘肃、蓟州。以后又加上太原、固原二镇。这九个军事要塞，在明朝合称"九边"，是专门对付蒙古族的。每一个军事中心都有很多军队，譬如明朝后期，光在蓟州这个地方就有十多万军队。

九边有大量的军队，北京也有大量的军队。这些军队吃什么呢？光依靠河北、山东、山西这几个地区的粮食是不够供应的，必须要从南边运粮食来。要运粮食，就要有一条运输线。当时没有公路、铁路，只能通过运河水运，把东南地区的粮食集中在南京，通过运河北上。一年要运三四百万石粮食来北京养活这些人。所以运河在当时是一条经济命脉。这种运输方法，当时叫作漕运。为了保护这条运输线的安全，明朝政府专门建立一个机构，派了十几万军队保护运河沿线。明朝是如此，清朝也是如此。

把军事、政治中心放在北京，北方的问题解决了。可是发生了另外一个问题：南方发生了事情怎么办？于是就把南京改为陪都。陪都也和首都一样，除了没有皇帝之外，其他各种组织机构，北京有一套，南京也有一套。北京有六部，南京也有六部。因为南京没有皇帝，便派一个皇帝亲信的人做守备。当时的大学叫国子监，国子监也有两个：一个叫"北监"，一个叫

"南监"。北监在北京，就在孔庙的旁边。北监、南监都刻了很多书，叫北监本和南监本。当然，陪都和首都也有区别，首都的六部（吏、户、礼、兵、刑、工，六部的部长叫尚书，副部长叫侍郎）有实权，而陪都的六部没有实权。所有的事情都集中在首都办。南京的这些官清闲得很，没有什么事情可做。这些人大都是些政治上不得志的人，在北京站不住脚，有的年纪大了，做不了什么事，就要他到南京去做一个闲官，有饭吃，有地位，可是没有什么事情可做。我们研究这个时代的历史要了解这一点。那么，他在南方搞一套机构的目的是什么呢？第一，以南京为中心来保护运河交通线；第二，以南京为中心，加强对南方人民的统治。南方各个地区发生了人民的反抗斗争，就可以就近处理、镇压。

明成祖迁都北京，这不但是抵抗蒙古族南下的一个最重要的措施，同时也为北京附近地区生产的发展、文化水平的提高、都市的繁荣创造了有利的条件。有了这个基础，清朝入关后才能继续建都北京。我们在全国解放之后，才有条件继续建都北京。这是一个历史发展的过程。我们国家建都北京，是经过了慎重、周密的考虑的。当时在讨论这个问题时，也有人提出不同的意见，他们认为北京是一个学术中心，首都最好建在别的地方，不要建在北京。北京一建都，就成为政治中心了。这些人认为政治是很不干净的东西，所以反对建都北京。甚至在我们建都北京之后，还有不同的论调。一些人认为旧北京城不能适应我们今天的政治要求，因此应该在复兴门外建一个新北京。把旧北京甩开。他们举了很多条理由。但是我们有一条：北京在 1949 年有一百几十万人口，你要把国家的中央机关放在复兴门外，孤孤单单地和人民脱离了，这在政治上是错误的。过去十几年以来，不断有这样的争论。现在事实证明：第一，今天建都北京是正确的；第二，在北京的旧基础上来扩建新北京也是正确的。中央机关——无产阶级的最高政权机关脱离人民行不行呢？当然不行，那是原则性的错误。当然还有其他方面的争论，今天不能多讲了。这是从明成祖迁都北京，顺便讲到我们今天的北京。

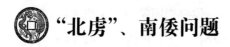# "北虏"、南倭问题

　　这里谈谈另外一个问题，就是如何对待明朝和蒙古族的关系问题。明朝和蒙古族的关系始终是敌对的。从1368年之后，一直到明朝灭亡，几百年间始终是敌对的关系。我们今天来研究过去的历史，应该实事求是地处理这个问题。在历史上是敌对的关系，你就不能说那个时候我们已经贯彻了民族政策，汉族和兄弟民族都是友好相处的。这是一方面。另一方面，今天我们国家是各民族团结的大家庭，实行民族团结的政策，各民族互相尊重，友好相处。在这样的情况下，我们怎么来看待历史上的民族关系？譬如明朝和蒙古族的关系，北宋和契丹的关系，清朝满族和汉族的关系，等等。对这些问题，有不少人感到难以处理。其实很简单，从今天学习历史的角度来说，从几千年各个民族发展的历史来说，我们应该把我们国家历史上的民族关系当作内部矛盾来处理。无论是蒙古族或者契丹，无论是西夏或者女真，都是这样。经过几年的研究，我们得出这样的看法：就是凡是今天在我们中华人民共和国的疆域之内的各民族，不论是哪一个民族，历史上的关系，都是我们自己内部的问题，不能当作敌我矛盾来处理，不能把它们当作外国。要是当作外国，那问题就严重了。我们不能继承解放以前那些历史书、教科书和某些论文中的带有民族偏见的错误观点。总之，

我们今天的看法可以分为两个方面：一方面必须实事求是，历史是怎么样就怎么样写。明朝和蒙古族是打了几百年的仗，这个历史事实不能改，在当时是敌对关系，这一点不能隐讳，也不能歪曲。另一方面，凡是我国疆域以内的各民族，不管它在历史上是什么关系，今天我们看都是内部问题，内部矛盾。两个兄弟吵架，不能作为侵略和被侵略来处理。今天，蒙古族是我们五十几个兄弟民族里面的一个，我们今天来讲这段历史的时候，就不能像当时那样对蒙古族采取诬蔑、谩骂、攻击的语言。要互相尊重。明朝是骂蒙古族的，蒙古族也骂明朝，这是历史事实。但这是他们在骂，不是我们在骂，我们应该实事求是地记录。如果我们也用自己的话来骂就不对了。你有什么道理骂蒙古族？你根据什么事情骂？所以要正确处理历史上的民族关系。

至于区别战争的性质问题，是正义战争还是非正义战争的问题，我们不能把少数民族打汉族的战争不加区别地都说成是正义的，也不能把汉族为了自卫而进行的战争都说成是非正义的。应该就事论事，就战争发生的原因、经过情况、是非来判断战争的性质。比如说，汉朝和匈奴的关系。匈奴来打汉朝，他抢人家的东西，屠杀人畜；汉朝为了自卫，就应该还击，这当然是正义的。唐朝和突厥的关系也是一样。突厥经常来打，唐朝为了自卫进行还击，也是正义的。明朝和蒙古族的关系。蒙古族要南下，明朝组织力量反抗，这同样也是正义的。但是，历史上汉族与少数民族之间的战争，也不是正义都在汉族的一边，这需要根据当时历史情况做出具体分析，不能一概而论。

汉族经常欺侮一些小民族，打人家，这是非正义的。少数民族中的一些统治阶级为了自己的阶级利益，闹分裂，闹割据，打汉族，也同样是非正义的。所以要具体分析，不能笼统地对待。不是哪个民族大、哪个民族小的问题，也不是简单的谁打谁的问题，而是要根据战争的情况、双方人民的利益来判断战争的正义性与非正义性。

　　明朝和蒙古族的关系始终是敌对的关系，这个问题以后到清朝才解决。清朝打明朝经过了长期的战争，在这个战争中清朝采取联合蒙古族的政策，取得了蒙古族的支持。在入关之后，清朝对待蒙古族的政策是通过婚姻关系来保持满、蒙两个民族之间的和平，清朝皇帝总是把自己的女儿嫁给蒙古族的酋长。乾隆过生日时，来拜寿的一些蒙古族酋长都是他的女婿、孙女婿、曾孙女婿。所以，万里长城在清朝失去了意义。秦始皇修筑万里长城在历史上是起了作用的。早在战国时代，北方一些国家，像燕国、赵国为了抗拒外族的侵略，已经修筑了一些城墙。秦始皇统一六国之后，把这些国家所修的城墙联结起来加以扩展，就成为万里长城。我们现在看到的长城是经过许多朝代修建的，特别是青龙桥八达岭这一段不是秦始皇修的，而是明朝后期修的。我们在评论历史上某一件事情的好坏时，应该用辩证的方法。秦始皇修万里长城花了很大的力量，死了不少人，这是坏的一方面；可是另一方面，长城在漫长的历史过程中也的确起了作用。虽然它不能完全堵住北方各民族向南发动战争，但是，无论如何，它起了一部分作用，至少因为有了这样一个防御工事，使得长城以南众多的人口可以从事和平的生产。把长城的作用估计过高，认为有了这一条防线，北方的少数民族就进不来了，这是错误的。他们还是进来了，而且进来不止一次。但是，由于有了这个防御工事，使得北方一些少数民族的军事进攻受到阻碍，这种作用，直到明朝还是存在的。所以明朝还继续修缮长城。只有到了清朝，这样的作用才不再存在了。当然，清朝和蒙古族也有几次战争，不过跟明朝的情况比较起来就不同了。明朝和蒙古族始终是敌对的关系。清朝不是这样，清朝和蒙古族只是个别时候发生过战争。今天情况就更不同了，国家性质改变了，我们采取民族团结、民族区域自治的政策，内蒙古自治区是我们中华人民共和国组成部分之一，现在长城只是作为一个历史文物而保留着。世界上有七大奇迹，长城是其中之一，是世界上最伟大、最古老的工程之一。

明朝和蒙古的关系，是明朝历史上的一个特征，跟过去的情况不一样，跟以后的情况也不一样。此外，明朝和倭寇的关系，即所谓南倭问题，也是这个时代很突出的一个问题。明朝以前没有这样的情况，明朝以后也没有这样的情况。

研究明朝和倭寇的关系，光从中国的情况、中国的材料出发，还不可能得到全面的理解。还必须研究日本的历史。不研究日本的历史就很难理解当时为什么会有那么一些人专门从事抢劫，进行海盗活动，而且时间是如此之长，破坏是如此之严重。但是看看当时日本国内的情况，问题就很容易理解了。所以我们先讲讲日本的情况。

明朝的历史是从 1368 年开始的。而日本从 1336 年起，内部分裂为南朝、北朝。京都是北朝的政治中心，吉野是南朝的政治中心。这个分裂的局面，长达六十年之久。一直到1392年南朝站不住了，才投降了北朝。分裂期间，日本有两个天皇：京都有一个天皇，吉野有一个天皇。正当日本南北朝分裂的时候（1336—1392），明朝建立起来了。明朝建立初年，正是日本南北朝分裂的后期。

当时日本的政治形势怎么样呢？日本有天皇，可是那个天皇是虚的、无权的，是一个傀儡。不只是那个时候的天皇是傀儡，凡是明治维新以前的天皇都是傀儡，地位很高，可是政治上没有实际权力。掌握实权的是谁呢？是将军。当时的将军称为征夷大将军。将军有幕府，当时的幕府叫室町幕府，也叫足利幕府。那时日本处在封建社会，有很多封建领主，这些封建领主有很多庄园，占有很多土地，有自己的军事力量，他们不完全服从幕府的命令，各自在自己的势力范围内实行封建割据。足利幕府建立之后，由于他的经济基础很薄弱，不能完全控制他们。所以，在足利幕府时代，由于地方经济的发展，封建领主势力强大，在幕府控制下的中央财政发生了困难。怎么办呢？它就要求和明朝通商，做买卖。足利幕府的第三代叫足利义满，他派人到明朝来，要求和明朝通商。明朝政府当然欢迎，但是对日本的情况不了解，对国际形势缺乏知识，不知道日本国内已经有了天皇，糊里糊涂地就封足利义满为日本国王。足利义满希望通过和明朝通商来加强自己的经济地位，减少财政困难。但是，由于当时日本是处在一种分裂割据的状态，那些大封建领主并不听他的话。而在那些大封建领主下面有一批武士，由于得不到土地，生活困难，于是他们就到海上去抢劫，成为倭寇。这就是倭寇的来源。所以当时的情况是，一方面幕府和明朝有交往；另一方面幕府下面那些封建领主一批批地来破坏这种交往，到处抢劫。幕府不能控制那些诸侯、封建领主，最后发生了内战。从1467年到1573年这个时期，是日本历史上的"战国时期"。这个时期延续了一百多年，日本国内到处打来打去，战争频繁，人民不能正常地进行生产，因而土地荒废，粮食不够。这样，就使更多的人参加到倭寇的队伍中来。这就是日本在"战国时代"，也就是明朝中期（1467—1573）之后，倭寇侵略更加严重的原因。

从中国的情况来说，中国遭受倭寇的侵犯从明朝一开始就发生了。在明朝建国以前，倭寇已经侵略高丽。那时候，高丽王朝的政治很腐败，没有能力抵抗。接着倭寇南下骚扰我国沿海各地，从辽东半岛到山东半岛，到江苏、浙江、福建、广东，到处侵犯。洪武二年（1369年）明朝政府派海军去抵抗倭寇。1384年之后又派了一个大将在山东、江苏、浙江沿海地区修了五十九个军事据点防御倭寇。1387年又在福建沿海地区修建了十六个军事据点。所以，从洪武时代起，倭寇就已在危害中国。在永乐时代，1419年倭寇大举进攻山东沿海地区。明朝军队狠狠地打了它一下，把这一股倭寇全部消灭了。倭寇的侵扰引起了明朝政府内部在政治上的争论。当时明朝政府专门设立了三个对外贸易机构，叫做"市舶司"。这三个市舶司设在广州、宁波和泉州。这些地方是当时的对外通商口岸，外国人可以到这里来做买卖。当倭寇侵略发生之后，有的人认为，倭寇之起是由于对外通商的缘故，因为你要做买卖，所以日本海盗就来了。

最好的办法就是把市舶司封闭掉，对一切国家一概不做买卖。这种论调在明朝政府中占了优势，结果在1523年把三个市舶司撤销了。

撤销市舶司之后发生了另外一个问题。浙江、福建、广东等东南沿海地区，人口密度高，人多耕地少，不少人没有生产资料。这些人做什么呢？在通商的时候他们借一点资本出去做买卖，买一些外国货到中国来卖；把中国的土产卖出去。因此，这些人是依靠通商来维持生活的。这是一种情况。另外还有一种情况，就是东南沿海的一些大地主，他们看到对外通商的收入比在农业生产上进行剥削要多好几倍，因此从事对外贸易。他们自己搞了很多海船载运中国土产出国；同时把外国商品带回来卖。沿海大地主依靠通商发财，这在当时叫做"通蕃"。"通蕃"的历史已经很久了，宋朝后期就有许多大地主组织船队出海通商的事。宋代关于这一类事情的记载很多。元朝也有。民间有这样一个传说，说明朝有一个大富翁叫沈万三，他家里有一个聚宝盆，这个盆里可以出很多宝贝。这是传说，事实并不是这样。事实是他搞对外贸易发了财。有人说他富到这样的程度，明太祖修建南京城时，有一半是他出的钱；此外，每年还要他出很多钱。因为在明朝和元朝作斗争的时候，他曾经站在元朝这一边。所以后来明太祖干脆把他的家产全部没收了，把他充了军。有的说是充军到云南，也有的说是充军到东北。这个故事说明，当时是有这么一部分人是依靠通商和对外贸易来发财的。所以，当时东南沿海地区的情况是，一方面许多贫民依靠对外通商来维持生活，其中有一些穷苦的人长期停留在国外，这一批人就成为华侨，现在南洋各个地方都有华侨，大体上以广东、福建人为多；另一方面，沿海一些大地主依靠通商来发财。因此，当1523年，由于倭寇不断骚扰沿海，明朝政府封闭了市舶司，断绝了对外通商关系时，就发生了新的问题：一方面很多穷苦人失去了生活来源；另一方面，沿海大地主失去了发财机会。他们要求恢复通商。在这种情况下，某些地主集团便采取反抗手段。你禁止通商，他就秘密通商。他们自己组织船队出去，其中有一些照样发了财，有一些就遭到倭寇的抢劫；而另外一些则采取和倭寇合作的办法，他们也变成了倭寇。他们组织船队出去，能够做买卖就做买卖，不能做买卖就抢。因此，倭寇主要是日本海盗，但其中也有一部分是中国人。

除了倭寇之外，当时还有一种情况，即在16世纪初年（1513年），葡萄牙人到东方来了。这些葡萄牙人一方面进行通商活动；另一方面也进行海盗活动。不但进行海盗活动，而且占据了我国福建沿海的一些岛屿。

1546年，也就是日本的"战国时代"，倭寇对沿海的侵略更加严重了，浙江宁波一带受到严重的损害。明朝政府派了一个官员总管浙江、福建两省的军事，防御倭寇。这个官员叫朱纨，他坚决执行禁海方针，任何人都不许出去。坚决用军事力量打击倭寇，打击葡萄牙海盗。把抓到的九十多个海盗头目——有日本人，有葡萄牙人，也有中国人——都杀掉了。这样一来引起政治上的一场轩然大波。因为被杀的这些人里面，有一些是沿海的大地主派出去的，把这些人杀了，就损害了沿海大地主阶级的利益。这些大地主集团在北京中央政权机构里的代言人

明朝的政治

（主要是一些福建人）大叫起来了，他们向皇帝控告朱纨，说他在消灭海盗时，错杀了良民和好百姓。这样就展开了政治斗争。在政府里和地方上形成两派：一派要求对外通商；一派反对通商。大体上沿海一些大地主坚决主张通商，而内地一些大地主反对。为什么内地的大地主反对呢？因为他们不但得不到通商的好处，而且海盗扰乱的时候，还要出钱，他们吃了亏。通商派和反通商派的斗争很激烈，代表闽浙沿海大地主利益的许多官员都起来反对朱纨。朱纨也向皇帝上疏为自己辩护，并且很愤慨地说："去外国盗易，去中国盗难；去中国濒海之盗易，去中国衣冠之盗尤难。"这样，浙江、福建沿海的大地主集团更加恨他，对他的攻击更厉害了。结果明朝政府就把他负责的浙江、福建两省的军事指挥权撤销了，并且派了一个官员来查办这件事。最后朱纨在"纵天子不欲死我，闽浙人必杀我"的情况下自杀了。

朱纨失败了，倭寇问题没有解决。1552年之后，情况更加严重。在浙江沿海一带，倭寇长驱直入。一直到1563年的十一年中间，不但江苏、浙江、福建的许多城市、农村受到倭寇的烧杀、抢劫，倭寇甚至还打到南京城下，打到苏州、扬州一带。

这个时候，明朝的军事力量已经腐化了。明朝在地方的军事制度是卫所制，一个卫有五千六百人，一个千户所有一千一百二十人，一个百户所有一百二十人。军队和老百姓分开，军户和民户分开。军人是世袭的，父亲死了以后，儿子接着当兵。明朝初年的军事力量是相当强大的，因为它有经济作基础。那时，明朝实行屯田政策，军队要参加生产。办法是国家拨一部分土地给军队，军队里抽一部分人，参加农业生产。自己生产粮食供应军队的需要，国家再补贴一部分。所以，尽管军队的数量很大，最多时达到二百多万人，可是国家的财政开支并不大。以后由于许多地主官僚把屯田吞没了，把军队的钱贪污了，所以屯田的面积愈来愈小，粮食收入愈来愈少。同时，有些军官把士兵拉来替他搞私人劳动，在家里服役。此外，由于军队和老百姓是分开的，军户和民户是分开的，军人的服装、武器要自备；把河北人派到云南去，山东人派到浙江去，世世代代当兵，结果部队中逃亡的比例愈来愈大。从明朝初年一直发生军队减员的现象，以后愈来愈严重，往往一个单位的逃亡比例达到十分之七八，一百人当中只剩下二三十人。怎么办呢？明朝政府就采取这样的办法：张三如果逃跑了，就把他的弟弟、侄子抓去顶替。如果他家里没有人可以顶替，就抓他的邻居去代替。但是这些被抓去顶替的人又逃跑了。所以军队数量愈来愈少，质量愈来愈低。军官也腐化了。

从明太祖到明成祖，在沿海建立了许多军事据点，组织了海军，建造了一些战船。到这时这些战船因为用的时间太久了，破破烂烂，不能再用了。按照规定，船过一定时期要修一次。可是由于修船的钱也被军官贪污了，没办法修，所以战船愈来愈少。

由于上面这几方面的原因，明朝的军事力量腐化了，军队不能打仗了。在1552年之后，往往是数量不多的倭寇登陆之后，一抢就是几十个城市，抢了就跑。各地方尽管有很多军队，但是不能抵抗。人民遭受到深重的灾难。特别应该指出的是，倭寇所侵犯的这些地区都是粮食产区，是最富庶的地方。像江苏（包括长江三角洲）、浙江及福建沿海地区，都是最富庶的地区，经济最发达的地区。这些地方长期遭到抢劫一直到什么时候呢？一直到1564年才改变这种局面。这时，出现了戚继光、俞大猷等有名的军事将领。戚继光看到原来的军队不能作战了，就自己练兵。他了解浙江义乌县的农民很勇敢，便招募了义乌县的农民三千人，成立了一支新军，进行严格的军事训练。他根据东南地区的地形，组织了一个新的阵法，叫做"鸳鸯阵法"。这个阵法的主要特点是各个兵种互相配合，长武器和短武器结合使用。更重要的是他有严格的军事纪律，对兵士进行严格的军事训练。经过二三年之后，他的这支军队便成了最有战斗力的军队。当倭寇侵入浙江的时候，在台州地区，戚继光的军队九战九胜，把浙江地区的倭寇消灭光了。以后把福建地区的倭寇也消灭了。他和俞大猷及其他地区的军事将领经过十年左右的努力，彻底解决了倭寇问题。

可是，在倭寇问题解决之后，又发生了新的问题。这时日本国内的情况发生了变化，原来的幕府被推翻了，新的军阀起来了。这就是丰臣秀吉。丰臣秀吉用军事力量统一了国内。不过这是表面上的统一，实际上国内各地还是一些封建领主在统治着。这些封建领主拥有强大的军事力量，他不能完全控制。为了把尚未完全控制的封建领主（大名）的目标转向国外，并消耗他们的实力，以稳固自己的统治，于是丰臣秀吉就发动一次侵朝战争，派军队去打朝鲜。他写信给朝鲜国王，说他要去打明朝，要朝鲜让路，让他通过朝鲜进入我国东北，他的军事野心非常狂妄，准备征服整个中国，然后把他的天皇带到中国来，以宁波为中心，建立一个庞大的帝国。步骤是：第一步占领朝鲜；第二步占领中国；第三步以中国为中心，向南洋群岛扩张。面临着这样的形势，明朝政府怎么办？有两种主张：一种认为日本打朝鲜与中国无关；另一些人看到了唇亡齿寒的关系，认为朝鲜是我们友好的邻国，丰臣秀吉占领朝鲜以后就会向中国进攻，因此授助朝鲜也就是保卫自己。经过一番争论，后一种意见占了优势，明朝派了军队出去援助朝鲜。这时候，朝鲜已经很混乱，大部分地区被日本军队占领，国王逃跑。明朝政府动员全国的力量来帮助朝鲜，前后打了七年（1592—1598）。由于中国人民的援助，朝鲜军队的奋勇抗战，特别是朝鲜海军名将李舜臣使用一种叫"龟船"的战舰，发挥了很大的作用，最后把日本侵略军打败了。1598年，丰臣秀吉病死。日本侵略朝鲜的军队跑掉了，战争结束了。

所以，我们和朝鲜的历史关系很深远，在甲午战争前三百年，中国就出兵援助过朝鲜，共同反抗外来的侵略。在中华人民共和国建立之后，我们的经济还没有恢复，美帝国主义就越过"三八线"，向朝鲜民主主义人民共和国进攻。情况很严重。我们又进行了抗美授朝运动，派出了志愿军支援了朝鲜人民。

这一段历史使我们得到这样的认识：日本军国主义者不是这个时代才有，而是有其长远的历史原因。它总是要侵略别人的，从倭寇起，以后不断地向外侵略，1598年侵略朝鲜，甲午战争时期占领我国东北，1937年以后占领了我国大部分地方。我们进行了抗日战争才取得了胜利。要了解和熟悉日本的情况，必须要了解和熟悉我们自己的历史情况，这样才能对我们很接近的国家有正确的看法。当然，说日本的军国主义有长远的历史原因，绝对不等于说日本人民都是侵略者。如果得出这样的结论，那就是错误的。但是日本的统治者，不管是过去的封建主，或者是近代的军国主义者，都是侵略成性的。中国与日本是一衣带水的邻邦，两国之间有着悠久的历史文化联系。但是在近代的半个多世纪中，由于日本军国主义的侵略，给中日两国人民带来了灾难。现在中日两国人民，都要从惨痛的历史中吸取有益的经验教训，使惨痛的历史永不重演，建立和巩固两国人民的友好关系。

明朝的历史情况与过去不同。与倭寇的斗争，与蒙古贵族的斗争贯穿着这个时代。明朝以前没有这样的情况，明朝以后也没有这样的情况，这是明朝历史的特征。要抓住这个特征才能够了解明朝人民的负担为什么那么重。因为北边有蒙古问题，沿海有倭寇问题，就要有军队打仗。军队要吃饭，要花钱，这些负担都落在人民身上。所以明朝的农民受着无比深重的苦难。在这样的情况下，从明朝开国一直到灭亡，都不断发生农民战争。农民战争次数之多，规模之大，时间之久，分布地区之广，在历史上没有任何一个时期可以和明朝相比。

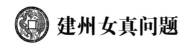 建州女真问题

　　建州女真的历史和明朝一样长。在明朝初期和中期的时候，建州女真是服从明朝的。从明朝初年起一直到努尔哈赤的时候都是这样，努尔哈赤曾经被明朝封为"龙虎将军"。但是清军入关以后，清朝皇帝忌讳这段历史，他们不愿意让人们知道他们的祖先和明朝有关系。因此，清朝写的一些历史书把这几百年间建州女真和明朝的关系整个取消了，把这段历史的真实情况隐瞒起来，说他们的祖先从来就是独立的，跟明朝没有关系。凡是记载他们的祖先与明朝的关系的历史书，他们都想办法搜来毁掉。《四库全书总目提要》里有一部分禁毁书目，大体上有两类：一类是书里面有某些文章对清朝表示不满的；另一类就是牵涉到清朝的祖先的。这也是一种地方民族主义思想在作怪。因此这一段历史很长时间被埋没了。最近二三十年才有人进行研究。

　　现在讲讲建州女真这个部族的发展变化。建州在过去叫女真，金朝就是女真族建立的。建州女真就是金的后代。为什么叫建州呢？因为他们居住的地区长白山一带就叫建州。后来努尔哈赤统治了东北，建立了政权，国号仍称为"后金"。到了他儿子的时候才改国号为"清"。建州女真在明朝初年的时候，还没有进入农业社会，还不知道种地，生产很落后，文化当然也

明朝的政治

很落后。那时他们靠什么生活呢？靠打猎、采人参过活。把兽皮、人参一些特别的物产跟汉人、朝鲜人交换他们所需要的布匹、铁锅一类的东西。所以建州人的经济生活跟汉人、朝鲜人分不开。后来由于人口的增加，对粮食的生产感到很迫切了。但是他们自己不会种，怎么办呢？找汉人、朝鲜人替他们种。于是通过战争把汉人、朝鲜人俘虏过去做他们的奴隶。有大量的汉文和朝鲜文资料说明建州族的农业生产是农奴生产。建州贵族自己是不参加农业劳动的。农奴也不是他们本族人，而是俘虏来的汉人和朝鲜人。

他们通过以物换物的方法从汉人那里取得铁器。到了15世纪后期，他们俘虏了一些汉人铁匠，自己开始开矿、炼铁。有了铁器，生产水平提高了。到了努尔哈赤的时候，通过战争把原来的许多小部族统一起来，定居在辽阳以南一个叫赫图阿拉的地方。努尔哈赤一方面统一了东北的许多部族，另一方面他又用很大的力量来接受汉人的文化。在他左右有一批汉族的知识分子。他和过去的封建帝王一样，注意研究历史，接受历史上的经验教训，来制定他的政策方针和军事斗争方针。

上面简单地谈了一下建州女真的社会发展过程。现在我们来讲讲建州女真跟明朝的关系。在明朝初期，建州女真分为三种：分布在现在的松花江一带的叫海西女真，因为松花江原来的名字叫海西江。分布在长白山一带的叫建州女真，因为这些人主要居住在现在的依兰县。这个地方在历史上曾建立过一个国家，叫作"渤海国"。渤海国人把依兰县称为建州，因此住在这个地方的女真人称为建州女真。住在东方沿海一带的叫"野人女真"。"野人女真"的文化最落后。海西和建州又称为熟女真。"野人女真"又称为生女真。"野人女真"经常活动在忽刺温江一带，因此野人女真又称为忽刺温女真，也叫"扈伦"。从历史发展来看，熟女真是金的后代，生女真可能是另外一个种族。这三种女真分布的地区大致是这样：东边靠海，西边和蒙古接近，南边是朝鲜，北边是奴儿干（现在的库页岛）。在明朝建国以后，西边就是明朝，南边是朝鲜，北边是蒙古。

在明朝几百年间，东北建州族的历史也就是跟蒙古、朝鲜、明朝三方面发生关系的历史。明朝初期，有一部分建州族住在朝鲜境内，他们和朝鲜的关系很深，有一些酋长还由朝鲜政府封他们的官。同时，这些酋长又和明朝发生关系，明朝也给他们封官号。明朝对这三种女真采取什么政策呢？采取分而治之的政策。所谓分而治之就是不让他们团结成为一个力量，老是保持若干个小的单位。所以从明太祖建国以后起，直到明成祖的几十年间，明朝经常派人到东北地区去，跟三种女真的各个地区的酋长联系，封他们的官，建立了一百多个卫所，用这些酋长充当卫所的指挥使。这样做对这些女真族的上层分子有没有好处呢？有好处，他们接受了明朝的官位以后，就得到了一种权力。明朝政府给他们一种许可证，当时叫做"勘合"。有了这种"勘合"就可以在每年一定的时侯到明朝边界来做买卖。没有这个东西就不行。对那些大头头，明朝政府就封他们为都督。历史上最早的建州族领袖有这么几个人，一个叫猛哥帖木儿（这是蒙古名字，当时受蒙古的影响），另一个叫阿哈出。这两个人是首先跟明朝来往、受明朝政府封官的。猛哥帖木儿后来成为明朝所建立的建州左卫的酋长，阿哈出是建州卫的指挥使。根据朝鲜的历史记载，阿哈出和明成祖有过亲戚关系（这点在汉文的记载中没有）。永乐时代，明朝又派了大批官员到东北库页岛地区建立了一个机构，叫"奴儿干都司"。至此，明朝前前后后在东北地区建立了一百八十四个卫所。这些卫所建立以后，明朝政府有什么军事行动，如跟蒙古打仗，这些建州酋长就派兵参加明朝的军队。这样，他们慢慢由原住的地方往西移，越来越靠近辽东（就是现在的辽东半岛）。他们一方面跟明朝的关系很好，另一方面也经常发生矛盾。矛盾表现在两个方面：一方面是前面所说的，他们为取得农业和手工业生产的劳动力，就俘虏汉人，这样就引起了冲突；另一个就是通商，物资上的交换得不到满足的时候，也发展成为军事冲突。同样，建州和朝鲜的关系也是如此，有和平时期，也有战争时期。

　　经过几十年以后，原来的一百八十四个单位发生了变化，有的小单位并到大单位里去了，单位的数目减少了，但是军事力量却强大起来。在这种情况下，建州族某些酋长有时就依靠朝鲜来抗拒明朝，有时又依靠明朝来抗拒朝鲜。结果，明朝政府便跟朝鲜政府商量，在1438年，两方面的军队合起来打建州，杀了一些建州领袖。建州因为遭受到这次损失，在原来的地方待不下去了，于是就搬到浑河流域，在赫图阿拉的地方住下来。原来左右卫是分开的，到了这里以后，两个卫所合在一起了。这样，它的力量反而比过去更强大了。到了万历时代，右卫酋长王杲和他的儿子阿台跟明朝发生了冲突。当时明朝在东北的军事总指挥叫李成梁。他是朝鲜族人，是一个很有名的军事将领。他把王杲、阿台包围起来。右卫被包围了，而左卫酋长觉昌安和他的儿子塔克世是依靠明朝的，他们给李成梁当向导。结果明朝的军队大举向右卫进攻，把王杲、阿台杀死了。同时把觉昌安、塔克世也杀死了。塔克世的儿子是谁呢？就是努尔哈赤。所以努尔哈赤以后起兵反对明朝时提出了七大恨，其中有一条就是明朝把他的父亲和祖父杀害了。

努尔哈赤在他父亲和祖父死时还很年轻，当时部族里剩下的人很少了，明朝后期的历史记载说李成梁把他收养下来。所以他从小就接受了汉族文化。长大以后，他就把自己部族的力量组织起来。他采取依靠明朝的方针，把建州族俘虏的汉人奴隶送回给明朝。这样便取得了明朝政府的信任。1587年，他以自己的军事力量把附近地区的部族吞并了。1589年被明朝封为都督，力量得到了发展。这个时候，建州部族里面另外两支强大的军事力量发生冲突和残杀，努尔哈赤就利用这次冲突来发展自己的实力。日本侵略朝鲜的时候，他表示愿意帮助明朝打日本。结果明朝和朝鲜都拒绝了他。1595年，明朝政府封努尔哈赤为龙虎将军，他成了东北地区军事实力最强大的领袖。

正当努尔哈赤的力量越来越强大的时候，明朝政府内部发生了许多问题。1589年，播州土司起兵反抗明朝，打了十几年的仗。1592年在现在的宁夏地区，少数民族的反抗又引起了战争。同一年丰臣秀吉侵入朝鲜，接连打了七年仗。在这样的情况下，明朝自己的问题很多，就顾不上努尔哈赤了。努尔哈赤利用这个机会更加积极地发展自己的力量，统一各个部族。他统一的方法有两个：一个办法是用军事力量征服；另一个办法是通婚，通过婚姻关系把许多部族组织起来。到了1615年，东北辽东半岛以东的大部分地区已经被努尔哈赤所统一了。军事力量壮大以后，他建立了自己的军事制度。1600年，他规定三百人组成一个牛录（大箭的意思）。1615年又进一步把五个牛录组成为一个甲喇，五个甲喇组成为一个固山。他一共有四个固山。每一个固山有一面旗。分为红、黄、蓝、白四个旗，共有三万兵力。后来军事力量更加强了，俘虏的人更多了，于是又增加了四个旗，就是镶红旗、镶黄旗、镶蓝旗、镶白旗。一共为八个旗。后来征服了蒙古族，组成为蒙古八旗。再后来又把俘虏的汉人组成为汉军八旗。他的军事组织跟生产组织是统一的，每一个牛录（三百人）要出十人四头牛来种地，每家要生产一些工艺品。1599年开始开金矿、银矿，并建立了冶铁手工业。这一年他创造了文字，用蒙古文字和建州语创造了一种新的文字。这种文字后来就成为老满文。加上标点就变成新满文。1616年（万历四十四年），努尔哈赤自称为皇帝，国号"后金"，年号"天命"，他认为他的一切都是上天的指示。他这个家族自己搞了一个姓，叫"爱新觉罗"。爱新觉罗是什么意思呢？在建州话里，爱新是金，觉罗是族，就是金族。用这个来团结组织东北女真族的力量。从他的国号和姓就说明他是继承金的。两年以后，他出兵攻打明朝。以上讲的就是努尔哈赤以前东北建州的具体情况。这些情况说明什么呢？

（1）建州这个部族并不是像清朝的史书上所记载的那样，是从努尔哈赤才开始的。而是从明朝初年起，建州族就在东北地区活动。

（2）建州和明朝、蒙古、朝鲜三方面都有关系。可以明显地看出，猛哥帖木儿就是蒙古名字。汉、蒙古、朝鲜的文化对它都有影响。它接受了这几方面的东西提高了自己。

（3）明朝对东北女真族的政策是分而治之，但这个政策后来失败了。女真各部要求团结，从生活和文化的提高来说，从加强军事力量来说，都需要团结在一起。尽管中间遭到一些挫折，但是并不能阻止三种女真的团结。努尔哈赤一生的活动主要是为了实现这个愿望，他统一了东北许多部族。统一是好事还是坏事呢？应该说是好事情，不是坏事。努尔哈赤统一东北的各个部族，在民族发展的历史上是有贡献的。

（4）东北建州部族社会发展的过程是：初期过着游牧生活，不善于耕种。后来俘虏汉人、朝鲜人去耕种，有了农业生产；同时也懂得了使用铁器、生产铁器，初步提高了自己的生活水平和生产水平。努尔哈赤取得了沈阳、辽阳以后，封建化的过程加快了，在很大的程度上接受了汉人的文化和生产方式。但是必须了解，建州族在其发展过程中是有自己的特点的。上面所说的八旗，表面上是军事组织，实际上是社会组织和生产组织，这三者是统一的。八旗军队在出去打仗的时候，明确规定俘虏到的人口和物资应该拿出一部分交给公家，剩下的才归自己。在努尔哈赤时代，八旗的头子还都有很大的权力，许多事情都要经过他们共同商量，取得他们的同意后才能作出决定。这种情况一直到努尔哈赤的儿子清太宗的时候才改变，才提高了皇帝的地位。而把八旗首领的地位降低了。

最后讲讲"满洲"这个名字的来源问题。这个名字到底是从什么地方来的？现在还没有完全解决。根据明朝的历史记载，在清太宗以前从来没有出现过"满洲"这个名字。一直到清太宗时才称"满洲"，后来又称为"满族"。在外国的地图上把中国的东北叫"满洲"，后来我们自己也跟着外国人这样叫。现在可能的解释是：建州族信仰佛教，佛教里有一个佛叫"文殊"，满族人把文殊念成"满住"。1348年明朝跟朝鲜合起来打建州，很多建州人被杀，其中有个领袖就叫李满住（女真族里有不少人叫满住，用宗教上的名词作为自己的名字）。可能"满洲"就是从"满住"演变而来的。从"文殊"演变为"满住"，又从"满住"演变为"满洲"。这是一个试探性的解释，还不能说是科学的结论。其他方面的材料还没有。因此究竟为什么叫"满洲"，现在还不能下最后的结论。

以上我们介绍了建州的一些情况。我们对待汉族和满族的关系，也应该像对待汉族和蒙古族的关系一样。在明朝，汉族和满族之间是打过仗，但是更多的时候是不打仗的。清太宗改国号为清，到清世祖顺治元年（1644年）入关，正式建立了清朝。清朝统治中国二百多年，它是中国历史上最后的一个王朝。清朝末年一些革命党人进行反满斗争，出了不少书，宣传清朝的黑暗统治，宣传反满。这在那个时期是必要的。可是经过几十年，到了现在我们如果还是这样来对待满族就不应该了。我们是多民族的国家，各个民族一律平等。一方面要承认清朝进行过多次非正义的战争，有过黑暗统治；另一方面也要承认清朝统治的二百多年并不都是黑暗时代，其中有一个时期的历史是很辉煌的。譬如像康熙、乾隆时代就是清朝的全盛时

　　　　　　　　　　　　　　　　　　　　　　　　　明朝简史

代，这个时代不但巩固了国家的统一，而且有所发展。我们中国今天的疆域是什么时候造成的？是康熙、乾隆时代奠定的，我们继承了他们的遗产。所以毛主席说："今天的中国是历史的中国的一个发展……我们不应当割断历史。"我们对清朝的历史必须要有足够的估价，对康熙、乾隆巩固国家的统一、发展国家的统一也要有足够的估价。应该给它以应有的尊重。不但对历史应该给予应有的尊重，今天在民族关系上也应该注意这点。解放以后，中央曾经发出过这样的指示，就是"满清"两个字不要连用。清朝就是清朝，满族就是满族。要把清朝统治者和广大的满族人民区别开，并不是所有的满族人都是清朝的统治者。满族人民在清朝统治下同样是受剥削，受压迫的。至于清朝统治者，他们做过坏事，但是在有些事情上也做过好事，而且做了很大的好事。应该从历史事实出发，好就是好，不好就是不好。

明朝的经济

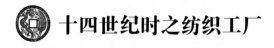 十四世纪时之纺织工厂

从蒙古人入主中国后，掳民之有艺业者为军匠及诸色工匠，箸籍为匠户。世世替国家服役。明朝也沿其遗制，法制且比前朝加密。直到建州人入关后，顺治二年（1645）才令各省俱除匠籍为民。

在《元文类》和《马可波罗游记》诸书中，我们知道从十三世纪后期以来国营工厂的盛况。从《元史》《明史》诸记载中，我们知道当时一部分匠户的数目就是三十万户[1]，同时在工作的军匠民匠人夫有过二十五万九千余人的记录[2]。

在这一长期的国营工厂时代中（约1280—1645），最使我们感觉兴味的是私人工厂的出现。在下文所引史料中，第一件可以看出从个人手工业的出产到集体手工业生产的过渡契机，明徐一夔《始丰稿》卷一《织工对》：

钱塘之相安里有饶于财者，率居工以织，每夜至二鼓。老屋将压，杼机四五具，南北向列工十数人，手提足蹴，皆苍然无神色。日佣为钱二百缗，吾衣食于主人，而以日之所入养吾父母妻子，虽食无甘美而亦不甚饥寒。于凡织作，咸极精致，为时所尚，故主之聚易以售，而佣之直亦易以入。

由资本家出房子、机械、原料、工资，工人则出卖劳力，这和近代的工厂毫无区别。所不同的是工作时间过长，一天要

作十三四小时工作，和衣食都由厂主供给，比近代工人稍被优遇而已。并且这一类小规模的工厂，在当时似乎很发达，厂和厂间也有竞争，肯出高价延揽技术熟练的工人。徐氏又记：

有同业者佣于他家，受直略相似。久之乃曰：吾艺固过于人，而受直与众工等，当求倍直者而为之佣。已而他家果倍其直佣之。主者阅其织，果异于人。他工见其艺精，亦颇推之。主者退自喜曰：得一工，胜十工，倍其直，不吝也。

徐氏是十四世纪中叶的著名学者，他曾以在野学者的地位，替明政府修过礼书，同时又对元史的修纂贡献过意见。根据他在社会上活动的时间，他的《织工对》一文大约写成于明兴以前。他所记的工厂至少是十四世纪中叶以前的情形。

除国营的、私人的工厂以外，第三种的工业生产方式是奴隶手工业，试举两例，元陆文圭《墙东类稿》卷一二《武节将军吕侯墓志铭》：

侯连岁出征，夫人躬自蚕织。家童数十人称工艺廪食之，无惰游者，以故资用丰裕。

明于慎行《穀山笔麈》卷四：

吴人以织作为业。即士大夫家多以纺织求利。其俗勤啬好殖，以故富庶。然而可议者，如华亭相在位，多蓄织妇，岁计所织，与市为贾，公仪休之所不为也。

前一例是十三世纪时事，后一例是十六世纪中叶时事。蒙古旧制，将士出征自备武器及给养，一切所须都取给于奴隶所生产。这种制度在几百年后仍被部分地保留着。徐阶是嘉靖后期的首相，家蓄奴隶千余人，以殖产为世所讥。在这两例中我们看出元明两代除利用奴隶于农业畜牧商业诸部门外，并且也利用到手工业方面。

国营工厂、资本家的工厂、官吏贵族的奴隶手工业，再加上个人的和副业的手工业者的活动，同时在发展着。这中间的消长和相互的影响，是值得我们详细研究的一个问题。

十一月十五日晚，病后试笔。

（原载《清华周刊》第四十五卷，第五期，1936年。）

 注释

[1]《元史》卷一三《世祖本纪》。
[2]《明宣宗实录》卷四五。

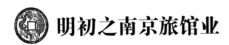

明初之南京旅馆业

宋濂《宋学士集》十《李疑传》："金陵之俗，以逆旅为利。旅至，授一室，仅可榻，俯以出入，晓钟动起治他事，遇夜始归，息盥濯水，皆自具；然月责钱数千，否必诋诮致讼，或疾病，辄遣出，病危气息尚属，自曰明未瞑，即舆弃之，而致其资；妇孕将产者，以为不祥，摈不舍：其少恩如此！非其性固然，地在辇毂下，四方人全者众，其势致尔也。"

（原载《文史杂志》第一卷第十二期，1941年12月。）

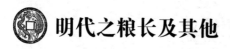

明代之粮长及其他

一、明代米价

刘辰《国初事迹》："市俗以铜钱一十二文易米一升，一百二十文易米一斗，一千二百文易米一石。"叶盛《水东日记》卷十一《洪武四年闰三月王轸父家书》："浙西米价极廉，白者十文一升，可见太平之时矣。"轸，德清人，其父家书全文见沈节甫《纪录汇编》。此洪武前期之米价也。《明太祖实录》卷一七六："洪武十八年十二月己丑，命户部凡天下有司官禄米，以钞代给之：每钞二贯五百文代米一石。"则以钞价低落，故钞数较钱数为多也。《明史·食货志》："洪武三十年定逋赋折色，银一两折米四石。"

《明英宗实录》卷五一："正统四年二月甲戌，山东按察司佥事薛瑄奏云，山东每银一两买米五石。"（至六年用兵麓川，转运劳费，军前米一石至费银四两。卷七十六："六年二月辛巳，麓川寇叛，道路险隘，挽运艰苦，米一石易银四两。"）卷六一："四年十一月乙巳，巡御宣府大同右佥都御史卢睿奏，山西上年拨送折粮银一十万两，每银一两准粮四石。今宣府米价腾踊，请每银一两准二石五斗。从之。"卷六三："五年正月辛酉，行在翰林院修撰邵弘誉言，比年辽东边境丰稔，银一两买米六石至十石。"卷八二："八年九月癸卯，南京守备丰城侯李贤、户部右侍郎张凤奏，南京米价腾踊。军民艰食，发锦衣等卫仓粮以济之，计粮八十万石，得银二十一万七千两，差官解京。"仍合银一两米四石。此土木之变以前之米价也。

郎瑛《七修类稿》卷五："嘉靖乙巳（公元1545）天下大荒八九，吾浙百物腾踊，米石一两五钱。时疫大行，饿莩横道。"

天启时吴中饥，守吏责饷急，米价突涨，叶绍袁《启祯记闻录》卷一："天启五年，是岁吴中饥荒，而国储告匮，责饷东南甚急。新漕院奉旨催粮甚峻，提责金坛管粮县丞三十板，立毙杖下，次及各县粮简，俱欲提责，太尊寇慎亲下仓征比，吴中大为驿骚，米价顿加至每一石一两二钱，盖自此始，从前所未有也。小民甚以为骇，从渐习而安之矣。"

崇祯末年兵灾、天灾交至并作，米价遂成倍上涨，《明史·左懋第传》："十四年督催漕运，道中驰疏言：'臣自静海抵临清，见人民饥死者三，疫死者三，为盗者四。米石银二十四两，人死取以食，惟圣明垂念。'……又言：'臣去冬抵宿迁，见督漕臣史可法言，山东米石二十两，而河南乃至百五十两'。"黄宗羲《吾悔集》卷四《熊公雨殷行状》："崇祯辛巳（十四年）江南荒疫，人死且半，米价（石）四两有余。"叶绍袁《启祯记闻录》卷二："崇祯十年……米价向来腾踊，冬粟每石一两二钱，白粟一两一钱，此荒岁之价，而吴民习为常矣……十三年，旧岁苏松皆有秋，今春二麦亦登，夏间禾稼盈畴，非荒岁也。只以邻郡水旱，客米不至，米价加至每石一两六钱，未几一两八钱，民心惶惶。七月中冬粟加每石二两之外，真异事也。崇祯十四年正月糙粟每石二两二钱，冬粟二两五钱。是岁田禾，夏苦亢旱，至秋复蝗，大约所收不及十之三四，十月中糙米价至二两八钱，白粟三两之外，凡中人之家，皆艰于食，吴中向推饶丽，今则饿莩在途，豆谷糠秕，皆以为食，贫民皆面无人色。十五年米值至每升九十文有零，人相食。"绍袁苏州人。

二、小地主之生活

艾南英《天傭子集》卷三《历年租借序》："天启改元辛酉（公元1621）乃借吾父所授产，通计一百十七亩，亩以一石计，自佃与佃人之所入，借而记之。至壬申（1632）乃增岁入十之一……食指五十余口，取给于百十七亩之入。每岁至十一月初，则告籴请贷，富人拒者半。而自戊辰至辛未（公元1628至1631）谷价腾踊，苦甚于昔。"南英字千子，江西东乡人。

三、佃户

黄溥《闲中今古录》："黄岩风俗，贵贱等分甚严。若农家种富室之田，名曰佃户，见田主不敢施揖，俟其过而后行。（方）谷珍父为佃户，过于恭主。谷珍兄弟四人，既长，谷珍谓父曰：田主亦人尔，何恭如此！父曰：我养赡汝等，由田主之田也，何可不恭！谷珍不悦。父卒；兄弟戮力，家遂渐裕，酿酒以伺田主之索租……（因杀之而反）。"《明史·方国珍传》记国珍世以贩盐浮海为业，以"怨家告其通寇"，因杀怨家入海反，所记与此不同。

杨维桢《东维子文集》卷二《代冯县尹送司农丞杭公还

京序》："浙地官民田土，夙有成籍，然佃人租额，岁为地主有增无减，阡陌日荒，庄佃日贫，至于今盖穷极无所措手足矣。"《明太祖实录》卷六十八："洪武四年十月甲辰，中书省奏公侯佃户名籍之数，六国公二十八侯，凡三万八千一百九十四户。"卷七三："五年五月，诏佃见佃主，不论齿序，并如少事长之礼。若在亲属，不拘佃主，则以亲属之礼行之。"《英宗实录》卷五："宣德十年五月乙未，行在刑科给事中年富言：江南小民，佃富人之田，岁输其租。今诏免灾伤税粮，所蠲特及富室，而小民输租如故。乞特命被灾之处，富人田租如例蠲免。从之。"

四、粮长

《明太祖实录》卷六八："洪武四年九月丁丑，上以郡县吏每遇征收赋税，辄侵渔于民，乃命户部令有司料民土田，以万石为率，其中田土多者为粮长，督其乡之赋税。且谓廷臣曰：此以良民治良民，必无侵渔之患矣。"于每粮万石中，选其田土多者为粮长，洪武六年九月又于粮长下设知数、斗级、运粮夫以佐之，《实录》卷八五："辛丑，诏松江、苏州等府，于旧定粮长下，各设知数一人，斗级二十人，送粮夫千人，俾每岁运纳，不致烦民。"并特令粮长有犯，许纳钞赎罪。《实录》卷一〇二："洪武八年十二月癸巳，上谕御史台臣曰：比设粮长，令其掌收民租，以总输纳，免有司科扰之弊，于民甚便。自今粮长有杂犯死罪及徒流者，止杖之，免其输作，使仍掌税粮。御史台臣言，粮长有犯许纳钞赎罪。制可。"洪武三十年又改设正副粮长，《实录》卷二五四："七月乙亥，命户部下郡县更置粮长，每区设正副粮长三名，以区内丁粮多者为之。编定次序，轮流应役，周而复始。"《明史·食货志二·赋役》："粮长者，太祖时，令田多者为之，督其乡赋税。岁七月，州县委官偕诣京，领勘合以行。粮万石，长、副各一人，输以时至，得召见，语合辄蒙擢用。末年更定，每区正、副二名轮充。宣德间，复永充。科敛横溢，民受其害，或私卖官粮以牟利。其罢者，亏损公赋，事觉，至殒身丧家。"英宗时又改永充为轮役，《英宗实录》卷九五："正统七年八月辛丑，命苏、松、常、嘉、湖、杭六府粮长，岁一更之，从监察御史柳寻奏也。"《明史·食货志二》："景泰中草粮长，未几又复。自官军兑运，粮长不复输京师，在州里间颇滋害。"嘉靖二年"谕德顾鼎臣条上钱粮积弊四事：一曰催办岁征钱粮：成、弘以前，里甲催征，粮户上纳，粮长收解，州县监收。粮长不敢多收斛面，粮户不敢搀杂水谷糠秕，兑粮官军不敢阻难多索，公私两便。近者，有司不复比较经催里甲负粮人户，但立限敲扑粮长，令下乡催征。豪强者则大斛倍收，多方索取，所至鸡犬为空。孱弱者为势豪所凌，耽延欺赖，不免变产补纳。至或旧役侵欠，责偿新佥，一人逋负，株连亲属，无辜之民死于棰楚囹圄者几数百人。且往时，每区粮长不过正、副二名，近多至十人以上。其实收掌管粮之数少，而科敛打点使用年例之数多。州县一年之间，辄破中人百家之产，害莫大焉。宜令户部议定事例，转行所司，审编粮长，务遵旧规。如州县官多佥粮长，纵容下乡，及不委里甲催办，辄酷刑限比粮长者，罪之，致人命多死者，以故勘论"。"疏下，户部言：'所陈俱切时弊，令所司举行。'迁延数载如故。"以上有明一代粮长制之沿革也。

粮长制之设，宋景濂曾原其立法之意为之说，《朝京稿》卷五《上海夏君新圹铭》："国朝有天下，患吏之病细民，公卿建议以为吏他郡人，与民情不孚，又多蔽于黠胥宿豪，民受其病固无怪。莫若立巨室之见信于民者为长，使主细民土田之税，而转输于官。于是以巨室为粮长，大者督粮万石，小者数千石。制定而弊复生，以法绳之，卒莫能禁。"吴宽《匏翁家藏稿》卷五二《恭题粮长敕谕》则以为粮长之制特重于东南，至颁以重其事："昔在高皇帝初定天下，以苏、松等府粮饷所资，择产厚之民，俾理其事，号曰粮长，每岁将征敛例赴阙下，而听宣谕而还。自鼎迁于北，累朝恪遵其制，率下敕词于南京户部，人给一道。"太祖所谓田土多者，景濂所谓巨室，匏翁所谓产厚之民，以今名释之，即大地主也。平居鱼肉兼并之不足，一旦假以事权，责之收纳，如虎傅翼，其恶乃愈肆，驯至富者愈富，贫者愈贫，而民生乃不可问。其弊胎于立法之际，炽于犯罪许赎之时，而极于永充之日。至中叶以后，朝政不纲，任役者家业立碎，则巨室产厚者又以贿去其籍，贫难下户一被佥发，率举室逃散，视为畏途矣。此制为明太祖所亲定，顾不廿年而弊端百出，太祖虽悔之而不能改，则以其立国之基，固凭借于厚产之巨室也。其弊之见于官书者，如太祖所亲颁之《大诰续编》第二十一：

嘉定县校长金仲芳等三名，巧立名色（虐民）凡一十有八：

一定舡钱，一包纳运头米钱，一临运钱，一造册钱，一车脚钱，一使用钱，一络麻钱，一铁炭钱，一申明旌善亭钱，一修理仓廒钱，一点缸钱，一馆驿房舍钱，一供状户口钱，一认役钱，一黄粮钱，一修墩钱，一盐票钱，一出曲子钱。

同书第四十七：

粮长郄阿乃起立名色，科扰粮户。其扰民之计，立名曰缸水脚米，斛面米，装粮饭米，车脚钱，脱夫米，造册钱，粮局知房钱，看米样中米，灯油钱，运黄粮脱夫米，均需钱，棕软篾钱一十二色，通计敛米三万二千石，钞一万一千一百贯，正米止该一万，便做加五收受，尚余二万二千石，钞一万一千一百贯。民无可纳者，以房屋准之者有之，揭屋瓦准者有之，变卖牲口准者有之，衣服段匹布帛之类准者亦有之，其锅灶、水车、农具尽皆准折。

宣宗时，南京监察御史李安上言粮长苛征之害，《宣宗实录》卷七四：

宣德五年闰十二月壬寅，南京监察御史李安言：各处粮长皆殷实之家以承充之，故习于豪横，威制小民，妄意征求，有折收金银段匹者，有每石征二三石者，有准折子女、畜产者；任情费用，或纵恣酒色，或辗转贩卖。营私有余，输官不足，稽其递年税粮完者无几。宜禁革以便民，命行在户部计议施行。

江西耆民则陈诉永充粮长之怙势害民，《宣宗实录》卷七四：

宣德五年闰十二月庚戌，江西庐陵、吉水二县耆民建言：永充粮长怙势害民，如征夏税，一图不及一石，而甲首十人各科棉布一匹，又折使用棉布五匹，至二十倍有余。若征收秋粮，每石加倍以上，又征用绵布十五匹。复以官府支费为名，每甲首一人别科银二两。甚至在乡强占灌田陂塘，阻遏水利，民多怨苦。皆因永充之故。

监察御史张政又痛陈粮长之作奸犯科，《宣宗实录》卷七八：

宣德六年四月癸亥，监察御史张政言：洪武间设粮长专办税粮。近见浙江嘉、湖、直隶、苏、松等府粮长，兼预有司诸务，徭役则纵富役贫，科征则以一取十，词讼则颠倒是非，粮税则征敛无度，甚至役使善良，奴视里甲，作奸犯科，民受其害，乞为禁治。命行在户部禁约。

仁、宣两代在明代号为极盛，吏治修明，民生乐业，史家多艳称之，顾粮长之弊，乃与《续诰》所言无异，甚且过之。小民困不聊生。国库输纳不足，损民蠹国，而粮长乃愈肥，大地主乃愈大。英宗时常熟知县郭南言粮长奸敝，负欠税粮，《英宗实录》卷五：

宣德十年五月辛卯，直隶苏州府常熟县知县郭南奏：各州县佥替粮长，多不循公，致奸弊不一，负欠税粮。乞遇佥替时，令州县官选丁多殷实为众所服者充投，仍具姓名，申达上司。奏下行在户部，请如其言，从之。

次年江南县民复奏粮长违诏科征，巧立名色，以致小民逋欠，《英宗实录》卷一四：

正统元年二月丁未，应天府江宁县民奏：本县抛荒官田，令民佃种，已有诏例准民田起科，而粮长不遵，一依官田全征，民受其害。又巧立过乡名色，每年夏税秋粮索取麦稻，以致小民逋欠。奏下行在户部，覆奏令巡抚侍郎体实具闻，以凭究问。

上恐累及平人，但令移交禁止之。

驯至剖理词讼，屈抑无辜，正统十一年特诏禁止，《英宗实录》卷一四一：

正统十一年五月甲戌，湖广布政使萧宽奏：近年民间户婚、田土、斗殴等讼，多以粮长剖理，甚至贪财坏法，是非莫辨，屈抑无辜。乞严加禁约，今后不许粮长理讼。从之。

黄省曾《吴风录》记粮长之兼并，及与地方官勾结之情形云：

自郭令信任巨万富粮长，纳其赃贿千万，以至粮长倍收人户，吞并乡民，莫之控诉，而粮长自用官银买田、造宅、置妾，百费则又开坐于小户，谬言其逋。至今粮长虎噬百姓，以奉县官。

政府以巨室为爪牙，巨室复假国家之威灵以遂其鱼肉兼并之计，而蚩蚩小民，乃无复有所告诉。农为民本，国本既穷，国斯不国，此太祖所遗之虐政，亦明室积贫积弱之主因也。

五、田价

钱泳《履园丛话·旧闻门》云："前明中叶田价甚昂，每亩直五十余两至百两，然亦视其田之肥瘠。崇祯末年，盗贼四起，年谷屡荒，咸以无田为幸，每亩止值银一二两，成田之稍下者，送人亦无有受诺者。至顺治初，良田不过二三两，康熙年间涨至四五两不等，雍正间仍复顺治初价值。至乾隆初年田价渐涨。然余五六岁时，亦不过七八两，上者十余两，今阅五十年，竟亦涨至五十余两矣。"

钱谦益《有学集》卷二七《扬州石塔寺复雷塘田记》："近寺有雷塘田一千二百五十余亩，寺僧开垦作常住田。乃者开荒清丈，寺僧奉甲令估纳价银一千四百五十九两。"

六、徙民垦田

自元末群雄兵起，至太祖统一区宇，前后历时凡二十年。农民转徙沟壑，田畴芜为蒿莱，旷土沃野，往往皆是。谋国者因议徙狭乡之民于宽乡，使田畴增辟，游民就农，足国富民，二利具举。于是有徙民垦田之举，移南实北，徙狭就宽，前后凡三十年。《明史·食货志》虽略记之，顾不详备，今采《明史·太祖本纪》《明太祖实录》徙民之文著于篇。

《明太祖实录》卷五三："洪武三年六月丁丑，济南府知府陈修及司农官上言：北方郡县近城之地多荒芜，宜召乡民无田者垦辟，户率十五亩，又给地二亩与之种蔬菜，有余力者不限顷亩，皆免三年租税。其马驿、巡检司、急递铺应役者，各于本处开垦，无牛者官给之。守御军屯远者，亦移近城。若王国所在，近城存留五里，以备练兵牧马，余处悉令开耕。从之。"《明史·太祖本纪》："洪武三年六月辛巳，徙苏州、松江、嘉兴、湖州、杭州民无业者田临濠，给资粮牛种，复三年。四年三月乙巳，徙山后民万七千户屯北平。六月徙山后民三万五千户于内地。又徙沙漠遗民三万二千户屯田北平。"《食货志》谓此举也，"置屯二百五十四，开地千三百四十三顷"。寻"复徙江南民十四万户于凤阳"。《本纪》："九年十一月戊子，徙山西及真定民无产者田凤阳。"《实录》卷一四八："十五年九月，晋府长史致仕桂彦良言：中原为天下腹心，号膏腴之地，因人力不至，久致荒芜。近虽令诸军屯种，垦辟未广。莫若于四方地瘠民贫、户口众多之处，令有司募民（移宽乡）开耕。愿应募者资以物力，宽其徭赋，使其乐于趋事。及凡犯罪者亦谪之屯田，使荒闲之田，无不农桑，三五年间，中州富庶，则财用丰足矣。"卷一九三："二十一年八月癸丑，户部郎中刘九皋言：古者狭乡之民，迁于宽乡，盖欲地不失利，民有恒业，今河北诸处，自兵后田多荒芜，居民鲜少。山东西之民，自入国朝，生齿日繁，宜令分丁徙居宽闲之地，开种田亩。如此，则国赋增而民生遂矣。上谕户部侍郎杨靖曰：山东地广，民不必迁，山西民众，宜如其言。于是迁山西泽、潞二州民之无田者，往彰德、真定、临清、归德、太康诸处闲旷之地，令自便置屯耕种，免其赋役三年，仍户给钞二十锭，以备农具。"卷一九六："二十二年四月乙亥朔，命杭、湖、温、台、苏、松诸郡民无田者，许命往淮河迤南滁、和等处就耕。官给钞户三十锭，使备农具，免其赋役三年。上谕户部尚书杨靖曰：朕思两浙民众地狭，故务本者少，而事末者多，苟遇岁歉，民即不给。其移无田者于有田处就耕，庶田不荒芜，民无游食……国家欲使百姓衣食足给，不过因其利而利之，然在处置得宜，毋使有司侵扰之也。"卷一九七："二十二年九月壬申，后军都督朱荣奏：山西贫民徙居大名、广平、东昌三府者，凡给田二万六千七十二顷。"卷二一六："二十五年二月庚辰，监察御史张式奏徙山东登、莱二府贫民无恒产者五千六百三十五户，就耕于东昌。"卷二三一："二十七年二月丁酉，迁苏州府崇明县无田民五百余户于昆山开种荒田。时昆山县民上言，其邑田多荒芜，而赋额不蠲，故有是命。"卷二三九："二十八年七月乙未，山东布政使杨镛奏，青、兖、登、莱、济南五府民五丁以上及小民无田可耕者，起赴东昌，编籍屯种，凡一千五十一户，四千六百六十六口。"综上所记，知太祖一朝之徙垦，初年山东地旷人稀，临濠（凤阳）帝乡，北平则北边重镇地，徙民垦辟，甫十数年而山东西之民生齿日繁。中原（河南北）则以人力不至，久致荒芜，洪武二十年以后始徙民垦辟河南北，二十二年始徙两浙民垦淮南。就宽狭论，则登、莱等五府就近徙东昌，山西泽、潞二府徙彰德、大名等四府，两浙垦淮南，崇明迁昆山，此其大较也。垦田总数及增收田租，仅东昌等三府彰德等四府著于史，《太祖实录》卷二四三："二十八年十一月戊寅，后军都督佥事朱荣言：东昌等三府屯田，迁民五万八千一百二十四户，租三百二十二万五千九百八十余石，棉花二百四十八万斤。右军都督佥事陈春言：彰德等四府屯田凡三百八十一，屯租二百三十三万三千三百一十九石，棉花五百二万五千五百余斤。"成祖即位后，又徙山西民实北平，《成祖实录》卷十二下："洪武三十五年九月乙未，命户部遣官核实山西太原、平阳二府泽、潞、辽、沁、汾五州丁多田少及无田之家，分其丁口以实北平各府州县，仍户给钞，使置牛具、种子，五年后征其税。"此洪武朝徙民之尾声也。盖自开国以来，经三十余年之休养生息，经数十次之迁徙垦辟，益以军屯、商屯，生齿日繁，沃土尽辟。成祖而后，盖已不复有事于徙民矣。

七、户帖

《明史·太祖本纪》:"洪武三年十一月辛亥,诏户部置户籍、户帖,岁计登耗以闻,著为令。"按《明史》此条史源,出《明太祖实录》卷五八。《实录》云:"洪武三年十一月辛亥,核民数给以户帖。户部制户籍、户帖,各书其户之乡贯、丁口、名、岁,合籍与帖,以字号编为勘合,识以部印,籍藏于部,帖给之民。仍令户部岁计其户口之登耗,类为籍册以进。著为令。"《明史·食货志·户口》:"太祖籍天下户口,置户籍、户帖,具书名、岁、居地,籍上户部,帖给之民。有司岁计其登耗以闻。"《明宣宗实录》卷六九:"宣德五年八月乙未,兼掌行在户部事兵部尚书张本言:天下人民,国初俱入版籍,给以户帖,父子相承,徭税以定。"则户帖盖洪武十四年编定全国赋役黄册以前之制度,户帖给之民,综户帖而为户籍,藏于户部,合籍与帖,又以字号编为勘合,以便稽校。丁产岁有增减,则又岁计登耗,类册以进也。

按户帖之制,先行于宁国,创行者为宁国知府陈灌,《明史》卷二八一《陈灌传》:"创户帖以便稽民。帝取为式,颁行天下。"《宁国府志》记:"知府庐陵陈灌作户帖以定版籍,民甚德之。后以其法诏行天下。"其规制则谈迁记之甚详,《枣林杂俎·逸典》:"洪武三年十一月辛亥,给民户帖。以户部半印勘合,令有司各户比对,不合者遣戍,隐匿者斩。男女田产备载于后。户部尚书邓德、左侍郎程进诚、侍郎某、员外郎某、主事某各押名,又本州县正、以官知印吏亦押名,部官押名俱刻本州县,押名细书。帖不满二尺。"

王鏊《王文恪公集》卷三五有邢丽文家藏洪武三年定户口勘合帖一文，亦记当时规制。

八、户口

明制户口以籍为定，《明律》卷四《户》一："凡军、民、驿、灶、医、卜、工、乐诸色人户，并以籍为定。若诈冒脱免、避重就轻者，杖八十；其官司妄准脱免及变乱版籍者，罪同。"《明史·食货志》记洪武二十六年、弘治四年、万历六年三次户口总数，计

时代	户数	口数
洪武二十六年（1393）	16052870	60545812
弘治四年（1491）	9113446	53281158
万历六年（1578）	10621436	60692856

《食货志》因谓："太祖当兵燹之后，户口顾极盛。其后承平日久，反不及焉。靖难兵起，淮以北鞠为茂草，其时民数反增于前。后乃递减，至天顺间为最衰。成、弘继盛，正德以后又减。"周忱推论户口之所以减削，谓一投倚于豪门，二冒匠窜两京，三冒引贾四方，四举家舟居，莫可踪迹。此殆笃论。

顾犹有进者，我国往昔官场，调查呈报，第为文具，下行上报，徒美观瞻，史籍所具数字，根本不可置信。就不可信之数字而推论其增减之由，直空中楼阁耳，试举二例，以实吾说。《明英宗实录》卷二七："正统二年（公元1437）二月辛酉，直隶凤阳府宿州知州王永隆奏：近制各处仓库储蓄及户口、田土，并岁入岁用之数，俱令岁终造册，送行在户部存照。州县

惟恐后期，预于八月臆度造册报。且八月至岁终尚有四月，人口岂无消息，费用岂无盈缩，以此数目不清，徒为虚文。请令有司今后岁终造册，期以次年二三月至部，则无臆度之患矣。从之。"由此知正统以前之岁终报部，率由臆度，徒为虚文也。部臣综州县之呈报，汇为户口总数，《实录》据之，编年排列，《明史》复据之以论明代户口升降。永隆所陈虽经报允，而绳以往者官场之颠顸，证以今日官场之等因奉此，则其效亦可睹矣，今试再以《明实录》所记之洪武二十四年户口总数，与《食货志》所记作一对比，《明太祖实录》卷二一四：

郡县更造赋役黄册成，计

人户 10684435

口 56774561

地名	户数	口数
直隶十四府四州	1876638	10061873
浙江布政司	2282704	8661640
山东布政司	720282	5672543
北平布政司	340523	1980895
河南布政司	330294	2106991
陕西布政司	294503	2489805
山西布政司	593065	4413437
广东布政司	607241	2581719
江西布政司	1566613	8105610
湖广布政司	739478	4091905
广西布政司	208047	1392248

福建布政司	816830	3293444
四川布政司	232864	1567654
云南布政司	75690	354797

各布政司之呈报非不详备也。浙江户多于直隶四十万，而口则少于直隶一百四十万，河南户多于陕西四万，而口则减于陕西三十八万。再与后二年之户口数对比：

洪武二十四年（1391） 户 10684435 口 56774561
洪武二十六年（1393） 户 16052860 口 60545812

则相隔甫二年而户增五百三十三万，口增三百七十七万，约一丁为二户，或一户而仅有半丁，此固事理之不可能，其为臆度报部之成果又无疑也。执此以论明代户口，则尽信书不如无书，执此以论明代户口升降之故，则直是痴人说梦矣。

九、明初之大地主

明祖起于侧微，定浙东后，礼聘宋濂、刘基、叶琛、章溢四人入幕室，参谋议。四人皆儒生，亦浙东之大地主也。刘、章尤魁杰，聚兵保乡里，一呼万人立集，苗军之变，刘基一言而定处州，章氏父子则以所部兵转战立功。其他各地之巨室输粮助饷，望风投顺以求庇佑者，盖不可以数计。明祖借其力以缔王业，然实深忌之。吴元年平张士诚，以苏民为张氏固守故，徙其富民于濠州[1]，此盖师秦政故智，所谓强干弱枝者也。建国后又次第徙各地富民实京师。事先经缜密之调查，《明太祖实录》卷四十九：

洪武三年二月庚午，先是上问户部，天下民孰富？产孰优？户部臣对曰：以田税之多寡较之，惟浙西多富民巨室。以苏州一府计之，民岁输粮一百石以上至四百石者四百九十户，五百石至千石者五十六户，千石至二千石者六户，二千石至三千八百石者二户，计五百五十四户，岁输粮十五万一百八十四石。

至洪武三十年（公元1397）遂徙东南富民田赢七顷以上者实京师，《明太祖实录》卷二五二：

洪武三十年四月癸巳，户部上富民籍名。奏云南、两广、四川不取，籍得浙江等九布政司、直隶应天十八府州田赢七顷者，万四千二百四十一户，列其户名以进。命藏于印绶监，以次召至，量才用之。

同年八月，又徙山东、河南、淮东富民实京师，《实录》卷二五四：

戊申，吏部尚书杜泽言：富民既名登天府，宜依次取用。上命先取山东、河南、淮东者至京选用之。

选用富民事别详下文。洪武、永乐二代之迁徙富民，亦详见《明史·食货志》：

（太祖）惩元末豪强侮贫弱，立法多右贫抑富。尝命户部籍浙江等九布政司、应天十八府州富民万四千三百余户，以次召见，徙其家以实京师，谓之富户。成祖时，复选应天、浙江富民三千户，充北京宛、大二县厢长，附籍京师，仍应本籍徭役。供给日久，贫乏逃窜，辄选其本籍殷实户佥补。宣德间定制，逃者发边充军，官司邻里有隐匿者俱坐罪。弘治五年，始免解在逃富户，每户征银三两，与厢民助役，嘉靖中减为二两，以充边饷。太祖立法之意，本仿汉徙富民实关中之制，其后事久弊生，遂为厉阶。

被徙者率破家，至贫困不能自存，《明史》卷一六一《黄润玉传》：

黄润玉，字孟清，鄞人。永乐初，徙南方富民实北京，润玉请代父行，官少之。对曰："父去，日益老，儿去，日益长。"官异其言，许之。

《明英宗实录》卷九：

宣德十年九月庚午，免得胜关富户原籍户丁徭役。时耆民翟原奏：本关富户毛永保等一千四百五十七户，俱系各布政司府州县取来填实京师，岁久贫乏，乞免原籍户丁徭役供给，奏下行在户部，议免二丁，从之。

其被徙实凤阳者，以潜回原籍有禁，率多托为游丐，回籍省视，习俗相沿，至今东南沿海一带，犹时见凤阳花鼓沿村卖唱。清赵翼《陔余丛考》卷四一《凤阳丐者》条：

江苏诸郡，每岁冬必有凤阳人来，老幼男妇成群逐队，散入村落间乞食，至明春二三月间始回，其唱歌则曰："家住庐州并凤阳，凤阳原是好地方，自从出了朱皇帝，十年倒有九年荒。"以为被荒而逐食也。然年不荒，亦来行乞如故。《蚓庵琐语》云："明太祖时徙苏、松、杭、嘉、湖富民十四万户以实凤阳，逃归者有禁。是以托丐潜回省墓探亲，遂习以成俗，至今不改。"理成然也。

江南巨室，以次被徙而日零落。其中魁桀豪长则特被宠召，任以中外要职。盖徙之使去乡土，所以弭其蟠结雄长之患，而官之则以科举之制未定，官司需人急，巨室子弟多通文，縻以爵禄，荣以衣冠，又坐收四方豪杰之用也。明祖之权略，大率类是。《明史·太祖本纪》：

洪武八年十月丁亥，诏举富民素行端洁达时务者。

所举者名人材亦曰税户人才，吴宽《匏翁家藏集》卷七五《施孝先墓表》：

国初科举法未定，诏选富民入官，有初命为方岳牧守者，号曰人材。

其著者如乌程严震直，《匏翁家藏集》卷四十三《尚书严公流芳录》序：

（震直）公湖之乌程人，世力田，为旧族。洪武初设粮长，郡县推择得公，每岁率先输粮，乡民素感公德，恐提期累公，无逋负者。时方征富民出仕，号税户人才。上察公朴直勤事，授布政司参议，而留治通政司事，累迁工部尚书。

浦江郑沂兄弟，《明史·郑濂传》：

濂受知于太祖，昆弟由是显。濂以赋长诣京师，帝欲官之，以老辞。弟湜，擢为左参议。二十六年，擢濂弟济与王勋为春坊左右庶子。后又征濂弟沂，自白衣擢礼部尚书。濂从子干官御史，棠官检讨。他得官者复数人。济、棠皆学于宋濂，有文行。

诛之使穷，官之使贵，而犹未能尽销巨室之势力，收魁杰之效用，则以党案株锄之，大肆屠戮，巨室死丧尽，其家产则籍没而收为国用。自洪武十三年后有胡惟庸之狱，李善长之狱，蓝玉之狱，郭桓之狱，空印之狱。前后十数年，其所诛夷无虑十数万，而东南之巨室无不破家荡产矣。方孝孺《逊志斋集》卷二十二《采苓子郑处士（濂）墓碣》：

妄人诬其家与权臣（胡惟庸）通财，时严通财党与之诛，犯者不问实不实，必死而覆其家。当是时，浙东西巨室故家，多以罪倾其宗，而处士家数千指特完，盖忠信之报云。

正学先生与郑济棠同出宋景濂之门，所记自得实，至云"犯者不问实不实，必死而覆其家"，当时之恐怖情形可以想见。抑由此可知明祖兴党狱之用意，不在实不实，而在必死巨室，必覆其家也。吴宽《匏翁家藏集》多为东南巨室作碑碣，其述明初事，有足与史印证者，如卷六十一《先考封儒林郎翰林院修撰府君（融）墓志》：

先祖生值元季，逮国初，能晦匿自全……所居城东，遭世多故，邻之死徙者殆尽，荒落不可居。

卷五十七《先世事略》：

先祖生元末……生平畏法，不入府县门，每戒家人闭门勿预外事。故历洪武之世，乡人多被谪徙或死于刑，邻里殆空，独能保全无事。

此匏翁记其父祖幸免之事迹也。此外如华亭朱氏以出居免，卷七十四《山西提刑按察司副使朱公墓表》：

国初其祖士清为邑乌溪（华亭）大姓赵惠卿赘婿，赵以富豪于一方。士清逆知其家必罹法禁，出居于外以避之。后竟保其家。

吴江莫氏以附尺籍免，卷五十八《莫处士（辕）传》：

时莫氏以赀产甲邑中，所与通姻，皆极一时富豪。处士窃忧之，每指同姓楝洱海卫者一人曰是吾族也，人莫测其意。后党祸起，芝翁（湜）与其子侍郎公（礼）相继死于法，余谪戍幽闭，一家无能免者，而处士卒以尝附尺籍免。

无锡华氏以散财免，卷七十三《怡隐处士墓表》：

家故多田，富甲邑中。至国初，尽散所积以免祸。

匏翁于《莫处士传》中更畅论三吴巨室所以致罪之由曰：

吴自唐以来，号称繁雄。延及五代，钱氏跨有浙东西之地，国俗奢靡，用度不足，则益赋于民，不胜其困。宋兴，钱氏纳土，赖其臣湛其藉于水，更定赋法，休养生息。至于有元，极矣。民既习见故俗，而元政更弛，赋更薄，得以其利自私，服食宫室，僭拟逾制，卒之徒足以资寇兵而已。皇明受命，政令一新，豪民巨室，划削殆尽，盖所以鉴往弊而矫之也。

《贝琼清江集》卷十九《横塘农诗》序二，记巨室尽倾其宗，而秦文刚侥幸独全，其述文刚言曰：

三吴巨姓，享农之利而不亲其劳。数年之中，既盈而覆，或死或徙，无一存者。吾以业农独全，岁于贡赋外，则击鲜酿酒，合族人乡党，酌而相劳，荣辱得丧，举不挠吾胸中矣。

前朝所遗之巨室，以徙，以诛夷而略尽，代之而起者则为帝室之皇庄，公侯勋戚宦寺之庄田，大官老吏之轻裘，举人进士乡宦所营之投献田土，一害去，四害增，统治者饱，小民哭。

（原载《云南大学学报》第一期，1938 年。）

 注释

[1]《明太祖实录》卷二十六。

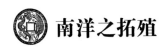

南洋之拓殖

一、14 世纪以前之中国与南洋

现代人所称的南洋，前人叫作东、西洋。西洋指中南半岛（Indo- China）、马来半岛（Malay Archipiélago）、苏门答腊（Sumatra）、爪哇（Java）及婆罗洲（Borneo）之西南海岸诸国。东洋则以菲律宾群岛（Philippinc Is.）为中心，包含马六甲（Malacca）诸岛及婆罗洲北岸之文莱国（Brunei），以文莱国为东、西洋之交点，谓为"东洋尽处，西洋所自起也"[1]。此种名词之构成，至晚亦在元代[2]，系基于航海路线之东西洋针路[3]而区分。[4]

公元前 3 世纪时，秦之国力已达于今日之越南河内及其南部诸地。其地土著已印度化。百年之后，汉武帝时，南海诸国皆来朝贡，汉亦遣译使航海到南海诸国。[5]目的第一是耀武海外，令诸国奉正朔，来贡献。第二是贸采珍异。绝对地不怀土地的侵略或干涉政治的野心。在后来的两千年历史中，这种传统政策始终未曾改变，保持我泱泱大国王道的风度。吴孙权时遣宣化从事朱应、中郎康泰通海南诸国，其所经及传闻则有百数十国。[6]晋义熙七年（411 年）求法僧人法显自多摩梨帝（Tamralipti，今 Calcutta）海口趁商人大舶泛海西南行至师子国

（Ceylon），二年后复附舶到耶婆提国（Yavadvipa，今 Java），再附商舶东北趣广州，被风飘到长广郡界。[7] 据其所撰《佛国记》，知在 5 世纪初年南洋商业已渐趋兴盛，有经十三昼夜大风而不沉没，与能储多人粮食水浆，经八十余日而不竭之大船，为交通上之利器。当时与南洋贸易，以广州为市场，商人往来频繁故深悉南洋地理及航路。[8] 商业发达及航海术进步之结果，使南洋诸国逐渐与我国发生政治关系。我国之求法僧人接踵出国，印度高僧亦陆续由海道来华，沟通两地之文化。

宋元嘉五年（428）师子国国王刹利摩诃南（Raja Mahanama）遣使奉表来献。[9] 诃罗陁国于元嘉七年（430）遣使请求保护及准许通商。[10] 诃罗单（Kari Tan，在今爪哇）、槃皇（Pahang，在柔佛 Johore 之北）、槃达（Battak）诸国并遣使来献，受中国策命，王其国中。阇婆婆达国（Java）表文有"虽隔巨海，常遥臣属"之语。[11]

至唐，对外贸易之中枢仍为广州，据僧鉴真所记："749 年（唐玄宗天宝八年）广州珠江之中，有婆罗门、波斯、昆仑舶无数。"[12] 当时往来南洋之商舶，较法显时代已大有进步，"舶大者长二十丈，载六七百人"[13]。以师子国舶为最大，梯而上下数丈，皆积宝货，豢养白鸽为通消息及搜索陆地之用。[14] 至十一二世纪之交，我国海舶航行已知利用指南针。[15] 外商之来广州，多乘中国船。[16] 中国船之往大食，则以形体重大，于波斯湾航行不便，必自故临（Kulam）易较小之波斯船以往。[17] 南洋航业为我国及波斯商人所垄断。至元世祖注意海外，至元二十一年（1284 年）由国家造船给本，选人入蕃贸易诸货。[18] 其构造设备及载量皆冠绝千古。[19] 百余年后遂有郑和下西洋之壮举。

海外贸易渐盛，我国商船之出口及外国商船之入口日多，于是政府不得不设官管理。唐开元（713—741）初期已设市舶使之官，专司市舶。[20] 广州、交州、扬州、泉州、福州、明州（今宁波）、温州、松江并为当时贸易要港，而以广州为最繁盛。[21] 宋初指定广州、明州、杭州为外国贸易港，各置市舶司以征关税，凡与外国贸易有关者，一切均由其主管，当时谓之三司。北宋末年，泉州之外国贸易渐盛，亦置市舶司。南渡后，以地近首都，贸易日盛，海舶辐辏，遂成为当时世界之最大贸易港。[22] 元至元十四年（1277年）于泉州、庆元（今宁波）、上海、澉浦立市舶司，每岁招集舶商，于蕃邦博易珠翠香货等物。[23]

我国历代对于南洋贸易，均甚注意。市舶司之职掌除"掌番货海舶征榷贸易之事，以来远人，通远物"[24] 之外，并负有买进政府专卖品及保护外商之责任。[25] 自宋太平兴国（977年）初置榷易院后，即诏"诸蕃国香药宝货至广州、交趾、泉州、两浙，非出于官库者不得私相市易"。[26] 因香药之需要广，得利厚，故政府专之以为利。[27] 甚至下令舶务监官抽买乳香每及一百万两转一官，蕃商有以贩香料多得官者。[28] 政府一意招徕蕃商，鼓励贸易，设蕃坊以居蕃商[29]，但蕃商亦有杂居民间者。[30] 在法律上也给予蕃商以特殊便利，"化外人同类自相犯者，各依本俗法"[31]。后来甚至蕃人和我国人的刑事案件，如非重罪，也只以送交蕃长依本国律处分了事。[32] 蕃坊置蕃长一人，除管理蕃坊公事外，其职务为"专理招邀蕃商"[33]。一面政府也特派人到海外去经营贸易，招揽商贾，宋太宗雍熙四年（987年）曾大规模派内侍八人"赍敕书金帛，分四纲，各往海南诸蕃国，勾招进奉，博买香药、犀牙、真珠、龙脑。每纲赍空名诏书三道于所至处赐之"[34]。高宗南渡后，经费困乏，更一切倚办海舶。[35]绍兴七年（1137年）特下诏奖励对外贸易，诏云：

> 市舶之利最厚，若措置得宜，所得动以百万计，岂不胜取之于民！朕所以留意于此，庶几可以少宽民力耳。[36]

结果市舶司岁入至占全国总收入二十分之一。[37]至元代亦积极招徕，至元十五年（1278年）诏行中书省唆都、蒲寿庚等令因蕃舶宣意蕃国来朝，往来互市，各从所欲。[38]以唆都为右丞，行省泉州，奉玺书十道招谕南夷诸国。[39]次年复遣广东招讨使达鲁花赤杨廷璧招俱蓝。十八年后命噶札尔哈雅、杨廷璧再往招谕马八儿（Maabar）等国。[40]使臣中最著者有亦黑迷失，曾四次奉使海外。至元二十九年（1292年）以爪哇黥朝使右丞孟琪面，大发兵征讨，以亦黑迷失领海军，发舟千艘往征。谕降南巫里（Lambri）、速木都剌（Sumatra）等国。[41]

海上交通频繁，香药、珠玉、象牙、犀角诸宝货输入日多，政府虽得巨额之税收以补岁入之不足，但输出额与输入额不能相抵，钱货遂如漏卮外溢，源源不绝。东至日本，南至南海诸国，均行用中国铜钱。[42]输入为奢侈品，输出则为正货，虽年年铸钱，而不能补其不足，遂发生"钱荒"之弊。[43]自唐宋以来，历朝均有极严厉之禁令，禁钱币出口。宋宁宗嘉定十二年（1219年）下令凡买外货，以绢帛锦绮瓷漆为代价，不以金银铜钱。[44]法令虽颁而钱币之流出仍有增无减。当时上流社会除喜用外货之习惯外，并有蓄养黑奴之风气，此风自南北朝以来，即已盛行。[45] 宋时则广中富人多蓄黑奴。[46] 至元代则显贵家有不蓄黑奴者至为人所笑。[47] 上行下效，外货之需要日增，我国与南洋诸国之贸易亦日盛。华人至海外贸易，特被敬礼，如爪哇则"中国贾人至者，待以宾馆，食丰洁"[48]。浡泥则"尤敬爱唐人，醉则扶之以归歇处"[49]。宋赵汝适曾记当时华商到浡泥时之贸易情形云：

> 番舶抵岸三日，其王与眷属率大人（王之左右号曰大人）到船问劳，船人用锦藉跳板迎肃，款以酒醴，用金银器皿祿席凉伞等分献有差。既泊舟登岸，皆未及博易之事，商贾日以中国饮食献其王，故舟往浡泥，必挟善庖者一二辈与俱。朔望并讲贺礼。几月余，方请其王与大人论定物价，价定然后鸣鼓以召远近之人，听其贸易。价未定而私贸者罚。俗重商贾，有罪抵死者罚而不杀。船回日其王亦酾酒椎牛祖席，酢以脑子番布等称其所施。[50]

风土既习，人复相亲，遂往往有侨居不归，至长子孙者。[51] 南洋诸国亦以华侨之聚居而渐染华风，如打板国（Taban）之建筑与中国同[52]，三佛齐（Samboja）至有中国文字，专用于朝贡中国时之章表。[53] 元人记龙牙门（Lingga，今 Singapore）有我国人侨居，勾栏山（Gelam）有唐人与蕃人杂居，马鲁涧国之酋长陈姓为元临漳人，威逼诸蕃。[54] 明初人记爪哇国有三等人"一等唐人，皆是广东、漳、泉等处人窜居此地，食用亦美洁，多有从回回教门受戒持斋者"。国中有杜板（Tuban），多有广东及漳州人流居。革儿昔（Gresik）原系沙滩之地，因中国之人来此定居，遂名新村，村主为广东人，约有千余家。苏鲁马益

（Surabaya）亦有中国人。[55] 满剌加国（Malacca）肤白者为唐人种。[56] 又据传说，14世纪间（约当元代），有闽人林旺者，航海到菲律宾，为菲人烈山泽，驱猛兽，教菲人以耕稼知识。菲人始由游牧生活而进入农耕生活。[57] 由此可知在14世纪以前，华侨已遍布南洋诸国，握有其地之经济权，筚路蓝缕，为其地之开发者。积千余年之经验，航舶往来，直同内地，政府极力鼓励南洋贸易，商人因之向外发展，辟土创业，返哺母国。我国在政治上为南洋诸国宗主，在文化上则更为其先驱。到明初更极意经营，郑和七下南洋，兵威远届，我国在南洋的势力遂达顶点。

二、明太祖的祖训——不征的十五夷国

明太祖承元而起，即位后一面继续用武力削平大陆上的割据者一面派使臣到南洋诸国，说明中朝已经易代，命令他们向新统治者表示臣服的仪节。这仪节的手续分为几部分，第一是缴还元代所颁的印绶册诰，表示他们已和元室脱离关系。第二是重新颁给新的印绶册诰，表示他们接受新朝的册封，成为藩国。第三是颁赐《大统历》，表示奉新朝正朔，永为藩臣。在受册封者一方面应表示的礼节，是派使称臣入贡，恢复正常的外交关系。所得的权利是得和中国通商，外交的使节同时也是商船上的领袖。

洪武初年出使南洋的使臣，洪武二年（1369年）有吴用、颜宗鲁使爪哇[58]，刘叔勉使西洋琐里（Chola）。洪武三年（1370年）有赵述使三佛齐（Palembang），张敬之、沈秩使

渤泥（Borneo），塔海帖木儿使琐里。明成祖即位后，永乐元年（1403年）中官尹庆使满剌加（Malacca）、古里（Calicut）、柯枝（Cochin）诸国，闻良辅、宁善使西洋琐里、苏门答腊（Atcheh）。[59] 足迹已遍南洋。洪武二十年（1387年）谕爪哇之诏书，纯为说明统治权之转移，书曰：

> 中国正统，胡人窃据百有余年，纲常既隳，冠履倒置。朕以是起兵讨之，垂二十年，海内悉定。朕奉天命以主中国，恐遐迩未闻，故专报王知之。颁去《大统历》一本，王其知正朔所在，必能奉若天道，使爪哇之民，安于生理，王亦永保禄位，福及子孙。其勉图之勿怠。[60]

次年其王昔里八达剌蒲[61] 遣使朝贡，纳前元所授宣敕二道，诏封为国王。[62] 其他使臣之出发，均负同样使命。

明太祖是个脚踏实地的保守者。在他在位的期中（1368—1398）用全力去削平割据势力，奠定统一规模。同时致力于沿海的海防，阻止倭寇的侵入，巩固北边的边防，防止蒙古人的南犯。又因内地诸蛮族叛乱纷起，自宁夏、凉州、洮州到湖南北、四川、两广、云南、贵州，三十年中，几乎没有一年不用兵。他审虑自己的国力，只够巩固国内和抵抗外来的侵略，绝无余力作对外发展之用。因此他就立定主意不再南迈。洪武二年（1369年）编定《皇明祖训·箴戒章》时，就特别指出不可倚中国富强，无故对外兴兵。他也看出元代征爪哇失败的教训，特别列出不征的十五夷国，叫后人遵守。他说：

> 四方诸夷皆限山隔海，僻在一隅，得其地不足以供给，得其民不足以使令。若其自不揣量，来扰我边，则彼为不祥。彼

既不为中国患，而我兴兵轻犯，亦不祥也。吾恐后世子孙倚中国富强，贪一时战功，无故兴兵，致伤人命，切记不可。但胡戎兴西北边境，互相密迩，累世战争，必选将练兵，时谨备之。

今将不征诸国名列后：

东北　朝鲜国。

正东偏北　日本国（虽朝实诈，暗通奸臣胡惟庸谋为不轨，故绝之）。[63]

正南偏东　大琉球国、小琉球国。

西南　安南国、真腊国、暹罗国、占城国、苏门答腊、西洋国、爪哇国、溢亨国、白花国、三弗齐国、淳泥国。[64]

虽富且强而决不用以对外侵略，如有来犯，则决不迟疑而立予以致命的还击。这是我国几千年来的立国精神，我国过去之为东亚领导者其理由在此，我国过去之所以无殖民地者其理由亦在此。我国今后必复兴，必富强，必重现汉、唐时代之国威者，其理由亦在此。

明太祖虽谆谆训谕其子孙，不可好大喜功，生事海外。但对和平的通商关系则仍遵前朝旧例，海外诸国入贡，许附载方物，与中国贸易。仍设市舶司，置提举官以领之。洪武初设市舶司于太仓、黄渡，寻罢。[65]复设于宁波、泉州、广州。[66]宁波通日本，泉州通琉球，广州通占城、暹罗、西洋诸国。永乐三年（1405年）以诸蕃贡使益多，乃置驿于福建、浙江、广东三市舶司以馆之，福建曰来远，浙江曰安远，广东曰怀远。寻设交趾、云南市舶提举司[67]，接西南诸国朝贡者。[68]凡贡使"附至蕃货，欲与中国贸易者，官抽六分，给价以赏之。仍除其税"。[69]

为招徕蕃商计，货舶亦有时得邀免税的特典。[70]

贡使之来，往往多挟蕃货，由官抽给价，国家所费不赀。其馆驿又依例由地方人民负责[71]，官民为之交病。洪武七年（1374年）以倭寇猖獗，罢三市舶司。又谕中书及礼部臣曰：

> 古者诸侯于天子，比年一小聘，三年一大聘，九州之外，则每世一朝，所贡方物，表诚敬而已。远国如占城、安南、西洋、琐里、爪哇、浡泥、三佛齐、暹罗斛、真腊诸国，入贡既频，劳费太甚。今不必复尔，其移牒诸国俾知之。[72]

但南洋诸国仍贪入贡之利，来者不止。

三市舶司罢后，倭寇仍未敛迹，洪武十四年（1381年）又下令禁濒海民私通海外诸国。[73]但沿海居民，迫于生计，仍私自出外贸易，禁令愈严，获利愈大，私出贸易者因之愈多，货币之流出亦愈不可问。洪武二十三年（1390年）再诏户部严申交通外蕃之禁："中国金银铜钱缎匹兵器，自前代以来，不许出番。今两广、浙江、福建愚民无知，往往交通外番，私易货物，以故严禁之。"沿海军民官司纵令私相交易者悉治以罪。[74]洪武二十七年（1394年）又下令禁民间用蕃香蕃货，使蕃商失去市场，为釜底抽薪之计。[75]洪武三十年（1397年）又申禁人民无得擅出海与外国互市。[76]

明成祖（1403—1424）于建文四年（1402年）六月入南京即帝位，在他的登基诏书中，又重申通蕃的禁例："沿海军民人等近年以来，往往私自下番，交通外国，今后不许，所司一遵洪武事例禁治。"[77]这命令仍是一纸虚文，不能禁遏这一股向南洋发展的洪流。政府没有法子，只好于次年八月重新恢复停罢已久的三处市舶提举司[78]，使蕃商蕃货源源而来，抵制私商和私货，使其无利可图，自然歇手。又于永乐二年（1404年）下令禁民间海船，不许出口。[79]这办法显然也毫无用处，私商照旧出海，蕃香蕃货照旧充斥市场。一千七百年来所造成的自北而南的发展，航海术的进步，中国与南洋诸国交通的频繁，商业的发达，国内市场的需要，尤其是沿海贫民生计的逼迫，都使政府无法阻止这自然的和平的海外拓殖。在南洋诸国方面，一千七百年来的自然发展，在经济上已与我国成为一体，他们迫切地需要锦绮瓷漆，正和我国的需要香药珠宝一样，在文化方面，在政治方面，也同样地不能离开我国。在这背景下，在这自然发展的趋势下，遂有郑和七下西洋的壮举。

三、郑和的七次航海

郑和出使南洋的任务，第一是经济的原因。

明初对南洋诸国的态度，从明太祖的消极的保境安民政策，突转而为明成祖的积极经营海外政策，实有其内在的原因。原来自太祖建国后，连年征战，北征蒙古，东南防倭，西南蕃蛮迭次叛乱，加以宫室城庙的营建，诸王就封的王府营造，国币空虚，民生凋敝。至建文帝（1399—1402）继位以后，靖难师起，转战四年，赤地千里。成祖继位后，遂突转而向南洋发展，以国产的锦绮瓷漆，易取南洋的香药宝货。[80]一以阻钱货的外流，一以补国家之府库，虽输入多属奢侈品，如黄省曾所记：

太宗皇帝入缵丕绪，将长驱远驾，通道于乖蛮革夷，乃大赍西洋，贸采琛异……由是明月之珠，鸦鹘之石，沈南龙速之香，麟狮孔翠之奇，梅脑薔露之珍，珊瑚瑶琨之美，皆充舶而归。[81]

而贫民博买，图之致富，国家府库，因之羡裕。严从简云：

> 自永乐改元，遣使四出，招谕海番，贡献迭至，奇货重宝，
> 前代所希，充溢府库。贫民承令博买，或多致富，而国用亦羡
> 裕矣。[82]

且"夷中百货，皆中国不可缺者，夷中欲售，中国必欲得
之"[83]。反之，国库的锦绮瓷漆，其于南洋诸国亦然。沿海居
民，多恃入海博易为生计，一旦禁断，无所资生，往往流为海
寇，张燮云：

> 海滨一带，田尽斥卤，耕者无所望岁，只有视渊若陵，久
> 成习惯。富家征货，固得捆载而归，贫者为佣，亦博升斗自给。
> 一旦戒严，不得下水，断其生活。若辈悉健有力，不肯搏手困
> 穷，于是所在连结为乱，溃裂而出。[84]

要解决沿海平民的生活，和消除海寇的来源，也不能不开
海通商，使公私都得其所。

第二是政治的原因。

郑和之出使，负有秘密使命，郑晓说：

> 高皇何以有海外之使也？更始也。成祖西洋之舣，不已劳
> 乎？郑和之泛海，胡濙之颁书也，国有大疑焉耳。[85]

所谓大疑，《明史》郑和传已明白指出：

> 成祖疑惠帝亡海外，欲踪迹之。且欲耀兵异域，示中国富
> 强。永乐三年六月命和及其侪王景弘等通使西洋。[86]

次之，自洪武末年以来，西南诸国久不通贡。[87]成祖是一
个好大喜功的英主，他要恢复洪武初年诸蕃朝贡的盛况，令海

南诸国，都稽首阙下，同为王臣。所以一即位便先派中官尹庆、马彬等遍使诸国，告以新帝的登基。接着便派郑和带武装舰队出去，有不听命朝贡者便用武力解决。

在郑和所率领的舰队未出发之前二年，政府已着手大造海船，以其为下西洋取宝之用，又称宝船，或称宝舡。其承造者或为军卫有司[88]，或为工部[89]，后又设大通关提举司，专造舟舰[90]，世称宝船厂[91]。所造船大船长四十四丈四尺，阔一十八丈；中船长三十七丈，阔一十五丈[92]。就第一次远征军之人数计之，每船平均可载四百五十人左右。远征军之组织除使臣外，有"官校、旗军、火长、舵工、斑碇手、通事、办事、书算手、医士、铁锚木艌搭枋等匠、水手、民梢人等"[93]。平均每次出发之人数，约为二万七八千人左右。[94]军士大抵由南京及直隶卫所运粮官军和水军右卫等卫官军中临时抽调[95]，将校亦由各卫军官中选用[96]。当时南洋诸国大抵多奉回教，故远征军中之通事多为回教徒，今可知者有会稽马欢、仁和郭崇礼[97]、西安羊市大清真寺掌教哈三[98]。郑和本人也是回教徒[99]；亦奉佛教，受菩萨戒[100]。其幕下书手有太仓费信[101]、应天巩珍[102]，都有纪行书传世。[103]南洋诸国也有奉佛教的，故在第四次出发时，有僧人胜慧同行。[104]前后同奉命出使的使臣有内官王景弘[105]、侯显[106]、杨庆、洪保[107]、杨敏、李恺[108]、李兴、朱良、杨真、周福、张达[109]、吴忠、用济[110]、王贵通[111]诸人。将校中在锡兰山（Ceylon）、苏门答腊（Atcheh）两次战役中有功者，有李实、何义宗、彭以胜、林全、唐敬、王衡、林子宣、胡复、哈只、陆通、马贵、张通、刘海[112]、朱真[113]诸人。

郑和，云南昆阳州人。本姓马，祖、父都是回教徒。[114] 其被阉入宫，当在洪武十五年（1382 年）傅友德、沐英定云南时，年约十岁。[115] 事燕王于藩邸，从起兵有功，永乐二年（1404 年）正月初一日御书郑字，赐以为姓，乃名郑和。[116] 累擢至内官监太监。[117] 身长七尺，腰大十围。[118] 公勤明敏，谦恭谨密。[119] 姿貌才智，内侍中无与比者。[120] 永乐三年（1405 年）六月受命出使西洋，带领空前绝后之远征军作第一次航海壮举。

第一次远征军航行印度洋，"多赍金币，遍历诸番国，宣天子诏，因给赐其君长"[121]。率领将士卒二万七千八百余人，分乘六十二艘长四十丈、宽十八丈的大舶，艨艟蔽天，金甲耀日，所到处有不服从的便用武力解决。[122] 当时印度洋上海盗纵横，剽掠商旅，各国入贡的使臣也被其邀劫，这次远征，也附有肃清海盗、开通航路的使命。

自唐、宋以来，三佛齐[123] 即为东西贸易之中心。[124] 至明代仍为"诸蕃要会"[125]。故我国人侨居者最多。在郑和未出使以前，有梁道明雄长其地。《明史》记：

有梁道明者，广州南海县人。久居其国，闽粤军民泛海从之者数千家，推道明为首，雄视一方。会指挥孙铉使海外，遇其子挟与俱来。永乐三年成祖以行人谭胜受与道明同邑，命偕千户杨信等赍诏招之。道明及其党郑伯可随入朝贡方物，受赐而还。[126]

又有陈祖义亦广东人，亦为旧港（Palembang）头目，远征军过苏门答腊时，祖义出降，遣使入贡。[127] 一面仍为盗海上[128]，远征军回帆时，复谋邀劫，被擒伏诛。[129] 梁道明的副手施进卿以助诛陈祖义有功入朝，授旧港宣慰使司宣慰使。[130] 这是我国在海外所设立的第一个正式保护侨民的官署。施进卿是侨民中第一个为政府所任命的保侨官吏。

第一次远征军于永乐五年（1407年）九月返国。在海上往返之三年中，曾至爪哇（Java）[131]、苏门答腊（Atcheh）[132]、南巫里（Lambri）[133]、古里（Calicut）[134]、锡兰（Ceylon）[135]、满刺加[136]诸地。经过爪哇时，遇爪哇内乱，官军登岸为爪哇兵所杀，爪哇王大惧，上表谢罪，次年遣使献黄金万两赎罪。[137]

郑和一行人之使命，第一次远航即得满意收获，海盗肃清，航路无阻。永乐六年（1408年）九月癸亥，复奉命统领官兵，驾使海舶四十八号[138]，赍敕[139]使古里、满刺加、苏门答腊、阿鲁（Aru）、加异勒（Cail）、爪哇、暹罗（Siam）、占城（Campa）、柯枝（Cochin）、阿拨把丹、小阿兰（Quilon）、南巫里、甘巴里（Koyampadi）诸国，赐其王锦绮纱罗。[140]

第二次远征军归来时，经过锡兰国，锡兰国王亚烈苦奈儿（Alagakkonara Nijaya Bahu Ⅵ）发兵拦劫，为郑和所败，生擒亚烈苦奈儿回国献俘。《明成祖实录》记：

永乐九年（1411年）六月乙巳，内官郑和等使西洋诸番国还。献所俘锡兰山国王亚烈苦奈儿并其家属。和等初使诸番，至锡兰山，亚烈苦奈儿悔慢不敬，欲害和，和觉而去。亚烈苦奈儿又不辑睦邻国，属邀劫其往来使臣，诸番皆苦之。及和归，复经锡兰山，遂诱至国中，令其子纳颜索金银宝物，不与。潜发番兵五万余劫和舟，而伐木拒险，绝和归路，使不得相援。和等觉之，即拥众回船，路已阻绝。和语其下曰："贼大众既出，国中必虚，且谓我客军孤怯，不能有为，出其不意攻之，可以得志。"乃潜令人由他道至船，俾官军尽死力拒之。而躬率所领兵二千余由间道急攻王城，破之，擒亚烈苦奈儿并其家属头目。番军复围城，交战数合大败之。遂以归。群臣请诛之，上悯其愚无知，命姑释之，给与衣服。命礼部议择其属之贤者，以承国祀。[141]

礼部询所俘锡兰国人，国人皆举耶巴乃那。永乐十年（1412 年）复遣郑和使西洋 [142] 封耶巴乃那为锡兰国王，号不剌葛麻巴忽剌查（Parakkama Bahu-Raia）[143]。

远征军至苏门答腊时，王子苏干剌（Sekander）以赏赐不及，举兵邀杀，又为郑和所擒，献俘阙下，国威大震。《实录》记：

十三年（1415 年）九月壬寅，郑和献所获苏门答腊贼酋苏干剌等。[144] 初和奉使至苏门答腊，赐其王宰奴里阿必丁（Zaynul-Abtidin）纸币。苏干剌乃前伪王弟，方谋弑宰阿必丁，以夺其位。且怒使赐不及己，领兵数万邀杀官军。和帅众及其国兵与战，苏干剌败走。追至淳利国，并其妻子俘以归。至是献于行在。兵部尚书方宾言："苏干剌大逆道，宜付法司正其罪。"遂命刑部按法诛之。[145]

此行据马欢所撰《纪行诗》及《明史·外国传》之记载，凡占城、阇婆、三佛齐、苏门答腊、锡兰、柯枝、古里、五屿（Malacca）、溜山（Maldives）、忽鲁谟斯（Hormuz）、加异勒、彭亨（Pahang）、急兰丹（Kelantan）、阿鲁（Aru）、南渤利（Lambri）诸国，均为航线所经，始越过印度南境，到波斯湾中。[146]

第三次航行返国时，诸蕃国使臣随同朝贡。永乐十四年（1416年）十二月郑和又奉命赍敕及锦绮纱罗等物，偕请蕃国使臣，赐各国王。[147] 作第四次之远征。此次航程除遍历前三次所经国家外，并曾到过阿丹（Aden）、不剌哇（Brawa）、麻林（Malinde）[148]、沙里湾泥（Sharwayn）[149]、木骨都束（Mogadishu）、剌撒[150]，横断印度洋而远至于非洲。于永乐十七年（1419年）七月返国。[151] 忽鲁谟斯、阿丹等十六国使臣随来朝贡。[152]

永乐十九年（1421年）正月郑和等又奉命作第五次之航行，就赐各国国王以锦绮纱罗，并送十六国使臣返国。[153] 这一次航行又到了非洲东岸的木骨都束和不剌哇，阿拉伯沿岸的祖法儿（Zufar）、阿丹。永乐二十年（1422年）八月壬寅还，暹罗、苏禄（Sulu）、苏门答腊、阿丹等国都遣使随贡方物。[154]

永乐二十二年（1424年）正月旧港（Palembang）酋长施济孙遣使请袭宣慰使职，三月郑和又奉命作第六次之航海。[155] 回国时明成祖已经晏驾，仁宗（1424—1425）继位，罢西洋宝船，洪熙元年（1425年）二月命和以下番诸军守备南京。[156]

仁宗宽宏仁厚，是一个守成的中主，在位不到一年便死了。宣宗（1426—1435）继位。这个青年皇帝从幼便为祖父所钟爱。在性格和魄力方面，也受了他祖父的遗传，很是精明强干。宣德五年（1430年）六月，帝以外蕃贡使多不至，遣和及王景弘遍历诸国[157]，又奉命仆仆作最后一次的远征。据祝允明所记此次航海里程，郑和所率领之舰队，以宣德五年（1430年）闰十二月六日于南京龙湾开舡 [158]，然据《实录》则宣德六年二月中，曾令满剌加使臣附郑和舟返国。[159] 由是可知历次舰队均系分别出发，故满剌加使臣得附后发宝船还国。主队出发时，并曾派分队到古里，由古里再派人带货物到天方（Mekka）贸易。[160] 全队于宣德八年（1432 年）七月六日回京。[161]

第七次远征军返国后的第三年，宣宗崩，英宗（1436—1449，1457—1464）冲龄继位，杨士奇、杨荣、杨溥诸老臣当国，主少国疑，于是又回到了太祖时代的保守政策，不再想再向海外发展。同时郑和也是六十几岁的老头子了，不能再作远行，三十年来的海外活动于此告一结束。《明史》说：

和经事三朝，先后七奉使，所历占城（Campa）、爪哇（Java）、真腊（Kemboja）、旧港（Palembang）、暹罗（Siam）、古里（Calicut）、满剌加（Malacca）、渤泥（Borneo）、苏门答腊（Atcbeb）、阿鲁（Aru）、柯枝（Cochin）、大葛兰、小葛兰（Quilon）、西洋琐里（Chola）、加异勒（Cail）、阿揆把丹、南巫里（Lambri）、甘把里（Koyampadi）、锡兰山（Ceylon）、喃浡利（即南巫里）、彭亨（Pahang）、急兰丹（Kelantan）、忽鲁谟斯（Hormuz）、比剌（Brawa）、溜山（Maldives）、孙剌（Sofala）、木骨都束（Mogadishu）、麻林（Malinde）、剌撒、祖法儿（Djofar）、沙里湾泥（Sharwayn）、竹步（Juba）、榜葛剌（Bengala）、天方（Mekka）、黎代（Lide）、那孤儿（Battak）[162]，凡三十余国。所取无名宝物，不可胜计，而中国耗费亦不资。自宣德以还，远方时有至者，要不如永乐时，而和亦老且死。自和后凡将命海表者，莫不盛称和以夸外番，故俗传三保太监 [163] 下西洋，为明初盛事云。[164]

明初出使海外著劳绩的，还有太监杨敕（敏）、侯显、尹庆诸人。杨敕于永乐十年（1412年）奉使往榜葛剌等国，永乐十二年（1414年）还京。[165]侯显接着也出使榜葛剌、沼纳朴儿（Ganupur），令两国罢兵。[166]后又命周鼎等往使。[167]尹庆于永乐元年（1403年）九月使满剌加、柯枝诸国。[168]永乐三年（1405年）九月返国，苏门答腊酋长宰奴里阿仲丁、满剌加国酋长拜里迷苏剌、古里国酋长沙米的俱遣使随还朝见。诸俱封为国王，与印诰，并赐彩币袭衣。复命尹庆往使。[169]尹庆第一次出使满剌加时，内官马彬亦同时被命使爪哇、西洋、苏门答腊诸蕃。[170]后又数奉命使占城。[171]张谦于永乐八年（1410年）与行人周航使浡泥国，永乐十、十四、十八年（1412、1416、1420年）又奉使往使，永乐十五年（1417年）九月又出使古麻剌郎国。[172]杨庆于永乐十八年（1420年）奉命往西洋公干，洪保于次年奉命送各蕃国使臣回还。[173]吴宾于永乐初曾使爪哇。[174]永乐三年（1405年）朝使曾往招谕吕宋、麻叶瓮、番速儿、来囊葛卜、南巫里、娑罗六国。[175]朝臣奉使西洋者有闻良辅、宁善[176]、王复亨[177]、马贵[178]诸人。

四、南洋诸国之臣服与华侨之移殖

成宣间（1402—1435）努力向南洋发展之结果，第一为经济上之收获，用瓷漆丝茶诸货物到南洋博易香料染料，以有易无，政府人民两都得益。第二是政治上的成功，战胜攻取，国威远播，南洋诸国，稽首来庭，甘为臣属。第三是文化的传播，宝船迭出，信使往来，南洋诸国，因之深染华风。第四是华侨移殖之增加及势力之发展，因航路之开辟，及航海术的进步，加以郑和一行使人在南洋之成功，使中国侨民在南洋之地位陡然提高，在各方面都得便利，因之渡海博易及留居之人数顿增，以其灵敏耐劳的手腕，渐得当地人民之信仰，华侨遂取得南洋诸国经济上领袖之地位，同时进而参与当地政治，有的做了当地的执政，有的甚至做了国王。

明人对于南洋通洋的见解，以为"舶之为利也，譬之矿然。封闭矿洞，驱斥矿徒，是为上策。度不能闭，则国收其利权而自操之，是为中策。不闭不收，利孔漏泄，以资奸萌，啸聚其中，斯无策矣"[179]。以矿洞喻市舶司，矿徒喻海商。上策指洪武时代，中策指永乐至正德时代，无策指因倭寇而罢市舶之嘉靖时代。所谓"国收其利权而自操之"，指的是永宣时代的郑和七下西洋。

明代政府对蕃货的处置是用抽分的办法，蕃货有贡蕃和私商之别，凡贡蕃，"朝贡附至番货欲与中国贸易者，实物六分，给价偿之，仍免其税"[180]。政府有权抽买全部货物十分之六，为表示外交礼貌，特免其税。旧例应入贡蕃先给以符簿。[181] 凡贡至，三司以合文视其表文方物无伪，乃送入京。若国王王妃陪臣等附至货物，抽其十分之五，其余官给之值。暹罗、爪哇二国免抽。[182] 其蕃商私赍货物入为易市者，"舟至水次，番封籍之，抽其十二，乃听贸易"[183]。永宣时代除市舶抽分以外，直接由国家派遣远征舰队去海外博易，输出国货，买进蕃货，所得利益更大。宣德以后，宝船不出，诸蕃贡使来市。"椒木铜鼓，戒指宝石，溢于库市。番货甚贱，贫民承令博买，多致富。"[184]

市舶和国计民生的关系，嘉靖中都御史林富曾上疏陈论。他说：

中国之利，盐铁为大，有司取办，仡仡终岁，仅充常额。一有水旱劝民纳粟，犹惧不充。旧规至广番舶，除贡物外，抽解私货，俱有则例，足供御用，此其利之大者一也。番货抽分，解京之外，悉充军饷，今两广用兵连年，库藏日耗，借此足以充羡而备不虞，此其利之大者二也。广西一省全仰给于广东，今小有征发，即措办不前，虽折俸椒木[185]，久已缺乏，科扰于民，计所不免。查得旧番舶通时，公私饶给，在库番货，旬月可得银两数万，此其为利之大者三也。货物旧例有司择其良者如价给直，其次资民买卖，故小民持一钱之货，即得握椒，辗转贸易，可以自肥，广东旧称富庶，良以此耳，此其为利之大者四也。助国给军，既有赖焉，而在官在民，又无不给，是因民之所利而利之者也，非所谓开利孔而为民罪梯也。[186]

计利一御用，利二给军，利三折俸，利四富民。在永宣时代，又加上大规模的政府主持的海外博易，其收入之浩大，当可推想而知。所以在郑和七下西洋后四十年，又有太监迎合宪宗（1465—1487）的意思，到兵部查索宣德时郑和出使的水程，预备再作远征海外的壮举，终为保守的言官所论谏而作罢论。[187]

在政治方面，南洋诸国经过郑和几次的卓越战功，和外交手腕的发挥，同时明成祖和宣宗六征蒙古，三定安南，国威远播，南洋诸国莫不来朝恐后，除循常例派使臣进贡外，诸国王中有亲自航海到京朝见，表示臣属者。永乐四年（1406年）拉布恩岛（Labuan）岛之中国河（Kina Benua River）[188]，都是著例。

华侨之移殖亦如雨后春笋，突然增加。据《明史·婆罗传》：

万历时为王者闽人也。或言郑和使婆罗，有闽人从之，因留居其地，其后人竟据其国而王之。

《苏禄史》亦记14世纪时有中国使臣黄森屏（Ong Sung ping）到浡泥，后任支那巴坦加总督。其女嫁文莱（Brunei）第二苏丹阿合曼（Ahmed），凡二十余传以迄今。其王统由女系递传。阿合曼之女嫁爱丽（Sherip Ali），后继王位，即今文莱王始祖也。[189]郑和部下留居南洋，确有史料可据。《明英宗实录》记前随郑和下蕃之太监洪保所属一船，由西洋发碇时船中凡三百人，后遭风漂泊，辗转流徙，经十八年后，得回国者仅府军卫卒赵旺等三人。[190]其余未能返国之二百余人，当然留居各地，从事于蛮荒之开发。又如商人下蕃者亦往往留居，如苏禄之留人为质，要约商舶再来。[191]美洛居（Malacca）有香山，雨后香堕，沿流满地，居民拾取不竭，其酋委积充栋，以待商舶之售。东洋不产丁香，独此地有之，可以辟邪，故华人多市易。以此侨居者亦众。万历时荷兰人与葡萄牙人因争美洛居构兵，华人流寓者，游说两国，令各罢兵。[192]吕宋尤多华侨，以去漳州近，故贾舶多往，往往久住不归，名为压冬，聚居涧内为生活，渐至数万，间有削发长子孙者。[193]华商久居南洋，占有势力。成化二十一年（1485年）至令东莞商人张宣率官军二千送占城王古来返国。[194] 有的做了当地的官吏或执政，如漳州人张姓之为浡泥那督（Datn），那督华言尊官也。[195] 汀州人谢文彬之为暹罗岳坤，岳坤犹华言学士之类。[196] 饶州人朱复、南安人蔡璟之为琉球国相。[197] 诸国来朝之译人及使臣亦多由华人充任，如万安人萧明举之为满刺加通事[198]，火者亚三之为葡萄牙人使者[199]，琉球使者则多为福建人[200]。

罪人及海盗以在国内不能立足，亦多避居南洋，如前文所引之梁道明、陈祖义、丘彦诚、施进卿父子诸人之雄长旧港，南海叛民何八观等之屯聚岛外。[201] 嘉靖末年，倭寇余党逋居吉兰丹，生聚至二千余人。[202] 广东大盗张琏逃居旧港，列肆为蕃舶长，漳、泉人多附之。犹中国市舶官。[203] 林凤（Limahong）、林道乾为官军所败，逃至海外，与西班牙争夺非律宾群岛。[204] 这一些人在国内虽然是为非作恶，一到了南洋，却便成为当地的英雄，受人崇拜。

从永宣时代积极经营南洋以后，南洋已成为中国之一部，无论在政治、经济或文化方面，均为中国之附庸。南洋之开拓及开化完全属于我国人努力之成绩。假如宣德以后，政府能继续经营，等不到欧洲人之东来，南洋诸国已成为中国版图之南境，和其母国合为一大帝国。或许世界史要全部改写了。可是宣德以后的历朝政府，放弃了这责任，并且不愿继承前人的伟绩，退婴自守，听其自然。这担子便又重新放到无数千万的无名英雄头上，他们不但没有国家的力量做后盾，并且冒着违犯国法的危险，凭着勇气和求生的欲望，空拳赤手，乘风破浪，到海外去开辟他们的新世界新事业，凭着优秀民族的智慧去征服环境，做当地人的领导者。

正统（1436—1449）以后，政府对南洋取放任政策，结果在商业方面由政府独占而恢复到以前的私人经营，在政治方面南洋诸国也由向心力而转变到离心力。八十年后，欧洲人为了找寻香料群岛（Spice Islands，Malacca）陆续东来，他们不但拥有武力，并且有国家的力量做后盾，得步进步，不到几十年便使南洋地图全部变色，自然而然地替代了以前我国人的地位。华侨寄居外人篱下，备受虐待，眼看着自己耕耘的土地，都被后来人享用。我国政府不能过问。这是中国史上一个大转变，也是世界史上的一个大关键。

 注释

[1] 张燮《东西洋考》卷五《文莱》。

[2] 汪大渊《岛夷志略·苏禄》："（珠）重者出于西洋之第三港。"《毗舍耶》："故东洋闻毗舍耶之名，皆畏而逃焉。"

[3] 参见《东西洋考》卷九，《舟师考二·洋针路》。

[4] 参见和田清《明代以前中国人所知之菲律宾群岛》，载《东洋学报》，第十二卷第三号。

[5] 《汉书·地理志》："自日南障塞、徐闻、合浦船行可五月，有

都元国……又船行可二十余日，有谌离国。步行可十余日，有
夫甘都卢国（蒲甘，Pagan）。自夫甘都卢船行可二月余，有黄
支国（Kana，今 Conjevraram，在 Madras 之西南），民俗略与
朱崖相类。其州广大，户口多，多异物。自武帝（前 140 年—
前 86 年）以来皆献见。有译长，属黄门，与应募者俱入海，
市明珠、璧流离、奇石异物，赍黄金、杂缯而往。所至国皆禀
食为耦，蛮夷买船转送致之。亦利交易，剽杀人。又苦逢风波
溺死，不者数年来还。大珠至围二寸以上。平帝元始中（1—
6）王莽辅政，欲耀威德，厚遗黄支王，令遣使献生犀甲。自
黄支船行可八月到皮宗（Pulau Pisang），船行可二月到日南、
象林界云。黄支之南有已程不国，汉之译使自此还矣。"参见
法人费琅（G. Ferrand）著，冯承钧译《昆仑及南海古代航行
考》，上海，商务印书馆，1933。

[6] 参见《梁书》卷五四《诸夷传序》。

[7] 参见法显《佛国记》;《高僧传》初集卷三《法显传》。

[8] 参见刘继宣《中华民族南洋拓殖史·隋以前南洋之归化》。

[9] 参见《宋书》卷九七。

[10][11] 参见《宋书》卷九七，其表文云："臣国先时人众殷盛，
不为诸国所见陵迫。今转衰弱，邻国竞侵。伏望圣王远
垂覆护，并市易往返，不为禁闭。若见哀念……愿敕广
州时遣舶还，不令所在有所陵夺。"

[12] 唐僧鉴真，赴日本传布戒律之始祖也。其弟子 Simi no matto
genkni 撰有《唐大和尚（鉴真）东征传》见（《群书类从》第
四辑第六十九册）。此据费琅《昆仑及南海古代航行考》引
文。昆仑一名据费琅考定，在 13 世纪以前，我国人以之统名

苏门答腊、爪哇、印度化之群岛人民，与大陆上印度化之占波（Campa）、吉蔑（Kemboja）、得楞诸种，同用昆仑语（古爪哇之 Kawi 语）之人民。

［13］玄应《一切经音义》卷一。

［14］参见李肇《国史补》卷下。

［15］参见朱彧《萍洲可谈》。

［16］参见周去非《岭外代答》卷三，《航海外夷》。

［17］参见《岭外代答》卷二，《故临国》；Reinaud, *Relation des voyages faits par les Arabes et les Persans dans l'inde et à la Chine I*。

［18］参见《元史》卷九四《巾舶》。

［19］参见 Hans von Mzik, *Die Reise des Arabers Ibn Batuta durch Indien und China.*pp.303-305。

［20］参见《新唐书》卷一一二《柳泽传》；《册府元龟》卷五四六。

［21］参见中山久四郎《唐代之广东》。

［22］参见桑原骘藏著，陈裕菁译《蒲寿庚考》，4—5 页，中华书局，1929 年。本节论列多取材此书，不备举。

［23］参见《元史》卷九四《食货志·市舶》。

［24］《宋史》卷一六七《职官志》。

［25］参看藤田丰八《宋代市舶司及市舶条例》，载《东洋学报》，1917 年 5 月。

［26］《宋会要辑稿》卷一八五《食货下》："宋之经费，茶、盐、矾之外，惟香之为利。"

［27］参见《宋史》卷一八五《食货志下》："宋经费、茶、盐、矾之外，惟香之为利博，故以官为市焉。"

明朝的经济

［28］参见《宋史》卷一八五《食货志下》："宋经费、茶、盐、矾之外，惟香之为利博，故以官为市焉。"

［29］《萍洲可谈》卷二："广州蕃坊海外诸国人聚居，置蕃长一人，管勾蕃坊公事。"

［30］参见岳珂《桯史》卷一一："番禺有海獠杂居，其最豪者蒲姓……定居城中。"同时泉州也有华夷杂居的现象，楼钥《攻愧集》卷八十八《赠特进汪公行状》："蕃商杂处民间。"

［31］《唐律疏议》卷六《名例》。

［32］参见《萍洲可谈》卷二;《宋史》卷三四七《涣之传》。

［33］《萍洲可谈》卷二。

［34］《宋会要辑稿》卷一〇九《职官四四》。

［35］参见顾炎武《天下郡国利病书》卷一二〇《海外诸番》。

［36］《宋会要辑稿》。

［37］参见《蒲寿庚考》200页。

［38］参见《元史》卷一〇《世祖本纪》。

［39］参见《元史》卷一二九《唆都传》；卷二一〇《马八儿等国》。

［40］参见《元史》卷二一〇《马八儿等国》。

［41］参见《元史》卷一三一《亦黑迷失传》；卷二一〇《爪哇传》。关于元代与南洋之交通可参看 Rockhill, *Notes on the Relations and Trade of China with the Eastern Archipelago and the Coast of Indian Ocean during the 14th Century*。

［42］参见《大日本史·食货志十五》；马欢《瀛涯胜览》:《爪哇国》《旧港》。

［43］参见《宋史》卷一八〇。

［44］参见《宋史》卷一八五《香条》。

［45］参见《资治通鉴·宋纪十一》大明七年条:"(帝)又宠一昆仑奴,令以杖击群臣。"唐人有《昆仑奴传》。

［46］参见《萍洲可谈》卷二。

［47］叶子奇《草木子》卷三下《杂制篇》:"北人女使得高丽女孩童,家僮必得黑厮。不如此谓之不成仕宦。"

［48］《文献通考》卷三三二《阇婆》。

［49］《岛夷志略·浡泥》。

［50］《诸蕃志》卷上《浡泥国》。

［51］《诸蕃志》卷上《麻逸》。阿拉伯人 Masudi 于 934 年(石晋天福八年)至苏门答腊,见其地有华人甚多,从事耕植,而巴邻旁(Palembang)尤为荟萃之区。见其所著《黄金牧地》。

［52］参见《诸蕃志》卷上《苏吉丹》。

［53］参见《诸蕃志》卷上《三佛齐》。

［54］参见《岛夷志略》:《龙牙门》《勾栏山》《马鲁涧》。

［55］参见马欢《瀛涯胜览·爪哇》。

［56］参见费信《星槎胜览》前集《满剌加国》。

［57］郑民《菲律宾》,据刘继宣、束世澂《中华民族拓殖南洋史》引文。

［58］参见《明史》卷三二四《爪哇传》;严从简:《殊域周咨录》卷八,《爪哇》。

［59］参见《明史》卷三二四至三二五《外国传》。

［60］《殊域周咨录》卷八《爪哇》。

［61］此据《明史》:《殊域周咨录》作昔里八达,《东西洋考》作昔里八达剌八剌蒲。

［62］参见《殊域周咨录》卷八,《爪哇》。《明史》作洪武二年太祖

明朝的经济

遣使以即位诏谕其国，洪武三年以平定沙漠颁诏。九月其王昔里八达剌蒲遣使奉金叶表来朝贡方物，宴赏如礼。洪武五年又遣使随朝使常克敬来朝，上元所授宣敕三道。

[63] 按此条为洪武十三年以后胡案发后所加入。

[64]《皇明祖训》首章页五。

[65]《明太祖实录》卷二八："吴元年（1367年）十二月庚午，置市舶提举司，以浙东按察司陈宁等为提举。"卷四九："洪武三年二月甲戌，罢太仓、黄渡市舶司。凡番舶至太仓者，令军卫有司封籍其数，送赴京师。"

[66] 洪武中曾一度废止。《明太祖实录》卷九三："洪武七年九月辛未，罢福建泉州、浙江明州、广东广州三市舶司。"永乐初复设。《明成祖实录》卷二三："元年八月丁巳，上以海外番国朝贡之使，附带货物前来交易者，须有官专主之。遂命吏部依洪武初制，于浙江、福建、广东设市舶提举司，隶布政司。每司置提举司一员，从五品；副提举二员，从六品；吏目一员，从九品。"寻命内臣提督之。嘉靖元年给事中夏言奏，倭祸起于市舶。遂革浙江、福建二市舶司，唯存广东市舶司。市舶提举司之职掌为"掌海外诸蕃朝贡市易之事，辨其使人表文、勘合之真伪，禁通蕃，征私货，平交易，闲其出入而慎馆谷之。"（见《明史》卷七五《职官志》）。

[67]《明成祖实录》卷七五："永乐六年正月戊辰，设交趾、云南市舶提举司，置提举、副提举各一员。"

[68] 参见《明史》卷八一《食货志·市舶》。

[69]《明太祖实录》卷四五。

[70]《明史》卷三二四《三佛齐》："洪武四年，户部言其货舶至泉

州宜征税，命勿征。"

[71]《明成祖实录》卷二三六永乐十九年四月条："连年四方蛮夷朝贡之使，相望于道，实罢中国。"《明宣宗实录》卷五八宣德四年八月条："琉球国往来使臣，俱于福州停住，馆谷之需，所费不赀。通事林惠、郑长所带番梢从人二百余人，除日给廪米之外，其茶盐醯酱等物出于里甲，相沿已有常例。乃故行刁蹬，勒折铜钱，及今未半年，已用铜钱七十九万六千九百有余，按数取足，稍或稽缓，辄肆詈殴。"卷六七宣德五年六月条："庚午上谕行在礼部臣曰：闻西南诸蕃进贡海舶初到，有司封识，遣人入奏，俟有命然后开封启运。使人留彼，动经数月，供给皆出于民，所费多矣。其令广东、福建、浙江三司，今后番舡至，有司遣人驰奏，不必待报，三司官即令市舶司称盘明注文籍，遣官同使人运送，庶省民间供馈。"此虽永、宣时事，但俱为常例，则此种情形沿自洪武时明甚。

[72]《明史》卷三二四《暹罗传》。

[73] 参见《明太祖实录》卷一三九。

[74] 参见《明太祖实录》卷二〇五。

[75]《明太祖实录》卷二三一："先是上以海外诸夷多诈，绝其往来，唯琉球、真腊、暹罗许入贡。而沿海之人，往往私下诸番，贸易香货，因诱蛮夷为盗。命礼部严禁绝之。敢有私下诸番互市者，必置之重法。凡番香番货皆不许贩鬻，其见有者限以三月销尽，民间祷祀止用松柏枫桃诸香，违者罚之。其两广所产香木听土人自用，亦不许越岭货卖，盖虑其杂市番香，故并及之。"

［76］参见《明太祖实录》卷二五二。

［77］《明成祖实录》卷一〇。

［78］参见《明成祖实录》卷二三。

［79］参见《明成祖实录》卷二七："正月，时福建濒海居民，私载海船，交通外国，因而为寇，郡县以闻。遂下令禁民间海船，原有海船者悉改为平头船，所在有司防其出入。"

［80］马欢《瀛涯胜览·古里》："其二大头目受朝廷升赏。若宝船到彼，全凭二人主为买卖，王差头目并哲地、未讷儿计书算于官府，牙人来会，领船大人议择某日打价。至日，先将带去锦绮等物，逐一议价已定，随写合同价数，彼此收执。其头目哲地即与内官大人众手相拿。其牙人则言某月某日于众手中拍一掌已定，或贵或贱，再不悔改。然后哲地富户才将宝石、珍珠、珊瑚等物来看，议价非一日能定，快则一月，缓则二三月。若价钱较议已定，如买一主珍珠等物，该价若干，是原经手头目未讷儿计算该还纻丝等物若干，照原打手之货交还，毫厘无改。"《溜山》："中国宝船一二只亦到彼处，收买龙涎香、椰子等物。"《祖法儿国》："中国宝船到彼，开读赏赐毕。其王差头目遍谕国人，皆将乳香、血竭、芦荟、没药、安息香、苏合油、木别子之类，来换易纻丝磁器等物。"《阿丹国》："分腙内官周□领驾宝船数只到彼，王闻其至，即率大小头目至海滨迎接诏敕赏赐。至王府行礼甚恭敬感服。开读毕，即谕其国人，但有珍宝，许令卖易。在彼买得重二钱许大块猫晴石，各色雅姑（Yagut）等异宝。大颗珍珠，珊瑚树高二尺者数株。又买得珊瑚枝五柜，金珀、蔷薇露、麒麟（Giraffe）、狮子、花福鹿（Zebra）、金钱豹、驼鸡、

白鸠之类而还。"《柯枝国》:"第三等人名哲地,系有钱财主。专一收买下宝石珍珠香货之类,候中国宝船或别国番船客人来买。"《暹罗》:"国之西北去二百余里,有一市镇名上水。中国宝船到暹罗,亦用小船去做买卖。"《满剌加》:"中国宝船到彼,则立排栅如城垣,设四门更鼓楼,夜则提铃巡警。内又立重栅如小城,盖造库藏仓廒,一应钱粮顿在其内。去各国船只回到此处取齐,打整番货,装载船内。等候南风正顺,于五月中开洋回还。"

[81]《西洋朝贡典录·序》。

[82]《殊域周咨录》卷九《佛郎机》。

[83]《殊域周咨录》卷八《暹罗》。

[84]《东西洋考》卷七《饷税考》。

[85]《皇明四夷考·序》。

[86]《明史》卷三四〇;卷一六九《胡濙传》亦云:"传言建文帝蹈海去,帝分遣内臣郑和数辈,浮海下西洋。"

[87]《明史》卷三二四《三佛齐传》:"洪武三十年,礼官以诸蕃久缺贡奏闻。帝曰:洪武初诸蕃贡使不绝。通者安南、占城、真腊、暹罗、爪哇、大琉球、三佛齐、浡泥、彭亨、百花、苏门答腊、西洋等三十国,以胡惟庸作乱,三佛齐乃生间谍,绐我使臣至彼,爪哇王闻知,遣人戒饬,礼送还朝。自是商旅阻遏,诸国之意不通。惟安南、占城、真腊、暹罗、大琉球朝贡如故。"

[88]《明成祖实录》卷二七:"永乐二年正月癸亥,将遣使西洋诸国,命福建造海船五艘。"卷七一:"五年九月乙卯,命都指挥汪浩改造海运船二百四十九艘,备使西洋诸国。"

[89]《明成祖实录》卷七五："永乐六年正月丁卯,命工部造宝船四十八艘。"卷二一五："十七年八月己卯,造宝船四十一艘。"

[90]《明成祖实录》卷二二八："永乐十八年八月,始置大通关提举司,置官如南京龙江提举司,专造舟舰。"

[91]参见顾起元《客座赘语》卷一《宝船厂》。

[92]参见顾起元《客座赘语》卷一《宝船厂》。

[93]祝允明《前闻记》,沈节甫《纪录汇编》本。

[94]第一次远征军二万七千八百余人,见《明史·郑和传》。第二次二万七千余人,见费信《星槎胜览》。第七次二万七千五百五十员名,见《前闻记》。据《郑和家谱》随敕奉差诸官员名,共二万七千四百一十一名。

[95]《明宣宗实录》卷六四："宣德五年三月己巳,平江伯陈瑄言:南京及直隶卫所运粮官军,递年选下西洋及征进交趾,分调北京,通计二万余人。又水军右卫等卫官军,今年选下西洋者亦多。"

[96]例如《明成祖实录》卷一一八："永乐九年十月壬辰,论锡兰山战功,升锦衣卫指挥佥事李实、何义宗俱为本卫指挥同知。正千户彭以胜、旗手卫正千户林全俱为本卫指挥同知佥事。"卷一六六："永乐十三年九月壬寅,命兵部录苏门答腊战功。于是水军右卫流官指挥使唐敬、流官指挥佥事王衡、金吾右卫流官指挥使林子宣、龙江左卫流官指挥佥事胡复、宽河卫流官指挥同知哈只皆命世袭。锦衣卫正千户陆通、马贵、张通、刘海俱升流官指挥佥事。"卷一七一："十三年二月,是月升千户徐政、汪海为府军右卫指挥佥事,小旗张通为锦衣卫指挥佥事,以使西洋有劳也。"

[97] 马欢、郭崇礼曾三次随使西洋（永乐十一年、十九年，宣德六年），欢撰有纪行书名《瀛涯胜览》。古朴《〈瀛涯胜览〉后序》："崇礼乃杭之仁和人，宗道乃越之会稽人，皆西域天方教，实奇迈之士也。昔太宗皇帝敕令太监郑和统率船队经西洋诸番开读赏劳，而二君善通译番语，遂膺斯选，三随轺辂，跋涉万里。"

[98] 西安羊市大清真寺嘉靖二年《重修清净寺记》："永乐十一年四月，太监郑和奉敕差往西域天方国，道出陕西，求所以通译国语，可佐信使者，乃得本市掌教哈三焉。"按和奉使七次均海行，无道出陕西事，碑记有误。

[99] 参见觉明《三宝太监下西洋的几种资料》，载《小说月报》第二十卷第一号；李至刚《故马公墓志铭》。

[100] 参见冯承钧《〈瀛涯胜览〉校注序》。

[101] 字公晓。《星槎胜览·序》："永乐至宣德间，选往西洋，四次随征正使太监郑和等至诸海外。"

[102] 钱曾《读书敏求记》："永乐敕遣中外重臣循西海诸国。宣宗嗣位，复命正使太监郑和、王景弘等往海外遍谕诸蕃。时金陵巩珍从事总制之幕往还三年，所至番邦二十余处。"

[103] 费信所撰有《星槎胜览》（二卷），该书有陆楫《古今说海》本（四卷）、沈节甫《纪录汇编》本（一卷）、《学海类编》本（四卷）、《借月山房汇抄》本（四卷）、《百名家书》本（一卷）、《格致丛书》本（一卷）、《国朝典故》本（二卷）、罗以智校本（二卷）、广州中山大学复印天一阁本（二卷）、《历代小史》本（四卷）、《小方壶斋舆地丛书》本。巩珍所撰有《西洋番国志》（一卷），见《四库存目》及《读书敏求

记》，今未见传本。

[104] 参见永乐十八年刊本《太上说天妃救苦灵验经》本后题记（据冯承钧《〈郑和下西洋考〉序》）。

[105]《明史·郑和传》，七次远征中第一、二、七，三次均参加。

[106]《明史·郑和传》："五使绝域，劳绩与郑和亚。"郎瑛《七修类稿》卷十二《三保太监》："永乐丁亥（1407年）命太监郑和、王景弘、侯显三人往东南诸国赏赐宣谕。"伯希和《郑和下西洋考》以为丁亥（永乐五年）乃永乐七年之误。因郑和于永乐五年十月二日回京，是年所余之日无几也（冯承钧译本页 35）。

[107] 参见《读书敏求记·西洋番国志》。

[108] 参见冯承钧《〈瀛涯胜览〉校注序》，9 页。

[109] 参见《读书敏求记·西洋番国志》。

[110] 参见长乐《天妃灵应碑》。

[111] 锡兰永乐七年布施碑。

[112] 参见《明成祖实录》卷一一八、一六六、一七一。

[113] 参见长乐《天妃灵应碑》。

[114] 参见袁嘉谷《滇绎》卷三，李至刚《昆阳马公墓志铭》。

[115] 明初诸将用兵边境，有阉割俘虏幼童之习惯。例如叶盛《水东日记》所记："陈芜交趾人，以永乐丁亥侍太孙于潜邸。"《明史》金英传："范弘交趾人。初名安。永乐中英国公张辅以交童之美秀者还，选为奄。弘及王瑾、阮安、阮浪等与焉。"王瑾即《水东日记》之陈芜。永乐丁亥（1407年）张辅定安南，陈芜等盖即此役之俘虏。又沈德符《万历野获编补遗》阉幼童条："正统十四年（1449年）麓川之

役，靖远伯王骥、都督宫聚奏征思机发，擅用阉割之刑，以进御为名，实留自用。为四川卫训导詹英所奏。天顺四年（1460年）镇守湖广贵州太监阮让阉割东苗俘获童稚一千五百六十五人，既奏闻，病死者三百二十九人，复买之以足数，仍阉之"比附上举诸例，则郑和当即洪武十五年定云南时所俘被阉之幼童。初侍燕王时其年当在十岁左右，以如逾十岁，即不适于阉割也。据李至刚《昆阳马公墓志铭》和父马哈只卒于洪武十五年七月，年三十九岁。是年闰二月云南平定，则和父之死，或死于兵，或因幼子被俘，均属可能。以和父之存年推之，和为次子，其上尚有兄文铭。则和当生于于洪武六年或七年（1373、1374年）。至靖难兵起时，适为三十岁左右之壮年军官。是后七奉使海外，历成祖、仁宗、宣宗三朝，最后一次之出使为宣德六年（1431年），不久即老死。则其生卒年约为1373年至1435年，存年约六十三岁左右。

［116］参见《明史》卷三〇四《郑和传》。

［117］参见李至刚《昆阳马公墓志铭》；袁忠彻《古今识鉴》卷八。

［118］参见袁忠彻《古今识鉴》卷八。

［119］参见李至刚《昆阳马公墓志铭》。

［120］参见《古今识鉴》卷八。

［121］《明成祖实录》卷四二："永乐三年六月己卯，遣中官郑和等赍敕往谕西洋诸国，并赐诸国王金织文绮彩绢各有差。"

［122］参见《明史》卷三〇四《郑和传》。

［123］即今苏门答腊，古名室利佛逝（Crivijaya）。自904年始迄于宋、明，复有三佛齐或佛齐（Samboja，Semboja）之号。

冯承钧译费琅（G. Ferrand）《苏门答腊古国考》（L'empire Samatramais de Crivijaya）考证极详，可参看。

[124] 赵汝适《诸蕃志》上《三佛齐》："土地所产，玳瑁、脑子、沉速暂香、粗熟香、降真、丁香、檀香、豆蔻外，有真珠、乳香、蔷薇、水栀子花、腽肭脐、没药、芦荟、阿魏、木香、苏合油、象牙、珊瑚树、猫儿睛、琥珀、番布、番剑等，皆大食（Arabes）诸番所产，萃于本国。番商（指中国人）与贩，用金银磁器锦绮缬绢糖铁酒米良姜大黄樟脑等物博易。其国在海中，扼诸番舟车往来之咽喉，古用铁纤为限，以备他盗，操纵有机，若商舶至即纵之……苦商舶过不入，即出船合战，期以必死。故国之舟辐辏焉。"

[125]《明史》卷三二四《三佛齐传》。

[126]《明史》卷三二四《三佛齐传》。《明成祖实录》卷三八："永乐三年正月戊午，遣行人谭胜受、千户杨信等往旧港招抚逃民梁道明等。"卷四八："三年十一月甲寅，行人谭胜受等使旧港还。以头目梁道明、郑伯可等来朝，贡马方物。赐道明等袭衣及钞百五十锭，文绮二十表里，绢七十匹。"

[127]《明成祖实录》卷五六："永乐四年七月壬子，旧港头目陈祖义遣子士良、梁道明遣侄观政来朝，赐钞币有差。"

[128] 参见《明史》卷三二四《三佛齐传》。

[129]《明成祖实录》卷七二："永乐五年九月壬子，太监郑和使西洋诸国还，械至海贼陈祖义等。初和至旧港，遇祖义等，遣人招谕之，祖义诈降，而潜谋要劫官军。和等觉之，整兵堤备。祖义率众来劫，和出兵与战，祖义大败，杀贼党五千余人，烧贼船十艘，及伪铜印二颗。生擒祖义等三人。既至京

师，命悉斩之。

[130] 参见《东西洋考》卷三《旧港》;《瀛涯胜览·旧港》。《明史·三佛齐传》:"祖义诈降，潜谋要劫。有施进卿者告于和。祖义来袭被擒，献于朝伏诛。"《明成祖实录》卷七一:"永乐五年九月戊午，旧港头目施进卿遣婿丘彦诚朝贡。设旧港宣慰使司，命进卿为宣慰使，赐印诰冠带文绮纱罗。"卷二六七:"永乐二十二年（1424 年）正月甲辰，旧港故宣慰使施进卿之子济孙遣使丘彦诚请袭父职，并言旧印为火所毁。上命济孙袭宣慰使，赐纱帽及花金带金织文绮袭衣银印，命中官郑和赍往给之。"《明宣宗实录》卷五:"洪熙元年（1425 年）七月丙午，爪哇国旧港守慰司遣正副使亚烈、张佛那马等奉表贡金银香象牙等物。"

[131] 参见《明史》卷三二四《爪哇传》。

[132] 参见《明史》卷三二五《苏门答腊传》。

[133] 参见《明史》卷三二六《南巫里传》。

[134] 参见《瀛涯胜览·古里》。何乔远《名山藏·王享记》卷三:"永乐元年酋长马那必加剌满遣使朝贡。三年复贡，诏封为国王。郑和下番自古里始。西洋诸番之会也。"是郑和于永乐三年曾至古里封王。伯希和于《郑和下西洋考》中以为《瀛涯胜览》所记之永乐五年是永乐三年之误，与何氏所记正合。

[135] 伯希和:《郑和下西洋考》，31 页注。

[136]《明成祖实录》卷七一:"永乐五年九月戊午，新建龙江天妃庙成。遣太常少卿朱焯祭告。时太监郑和使古里、满剌加诸番国还，言神多感应，故有是命。"关于海神之封典，均

出于下番官军之请求，而以天妃为尤著。《明成祖实录》卷
八七："永乐七年正月己酉，封天妃为护国庇民妙灵昭应弘
仁普济天妃，赐庙额曰弘仁普济天妃之宫。岁月以正月十五
及三月二十三日遣官致祭，著为令。"又"二月甲戌，封南
海神为宁番伯，时遣使往诸番国，屡著灵应，故封之。"

[137]《明成祖实录》卷七一："永乐五年九月癸酉，爪哇国西王都
马板遣使亚列加恩等来朝谢罪。先是爪哇国西王与东王相攻
杀，遂灭东王。时朝廷遣使往诸番国，经过东王治所，官军
登岸市易，为西王兵所杀者百七十人。西王闻之惧，至是遣
人谢罪，命输黄金六万两偿死者。"卷八六："永乐六年十二
月庚辰，爪哇国西王遣使献黄金万两谢罪。"

[138] 参见《星槎胜览》前集《占城国》；陆容《菽园杂记》。

[139]《郑和家谱》记有第二次奉使之二敕，一敕南京守备："敕
书：大明皇帝敕谕南京守备驸马都尉宋彪、襄城伯李隆：今
遣太监郑和往西域、忽鲁谟斯等国公干，合用杠抬搬运钱粮
官军，尔等即便照数差拨，勿得稽延，故谕。永乐七年三
月日。"一敕海外诸番："皇帝敕谕四方海外诸番王及头目人
等：朕奉天命君主天下，一体上帝之心，施恩布德。凡覆载
之内，日月所照，霜露所濡之处，其人民老少，皆欲使之
遂其生业，不致失所。今遣郑和赍敕普谕朕意。尔等只顺天
道，恪守朕言，循理安分，勿得违越，不可欺寡，不可凌
弱，庶几共享太平之福。若有撛诚来朝，咸锡赏赍。故兹敕
谕，悉使闻知。永乐七年三月日。"案成祖五女，安成公主，
文皇后生，成祖即位，下嫁宋琥，西宁侯晟子也。咸宁公
主，安成公主同母妹，永乐九年下嫁宋瑛，琥弟也。《明史》

明朝简史

卷一五五《宋晟传》，晟三子瑄、琥、瑛，瑄建文中战死云璧。琥尚主嗣侯，永乐八年佩前将军印，镇甘肃。敕中之驸马都尉宋彪当是宋琥之误。然《明史·职官志五·驸马都尉》："仁宗时沐昕，宣宗时宋琥并守备南京。"是琥守备南京在宣德时。且据《明史》李隆传："既迁都，以南京根本地，命隆留守。"《职官志·南京守备》："永乐十九年迁都北京，命中府掌府事官守备南京。"是则南京守备之置始于永乐十九年，李隆为第一任守备。在永乐十九年以前，南京犹是京师，固无守备之官也。宋琥与李隆同任守备在宣德朝。二敕记宋彪、李隆任南京守备在永乐七年，与史不合。永乐或为宣德之误，然郑和第七次出使以宣德五年六月，敕书之颁，不能迟至宣德二年，疑此二敕均伪撰，不可据。且谱言和以永乐七年三月第二次出使，亦与长乐《天妃碑》通蕃事迹记不合（碑言第二次永乐五年出，永乐七年回；第三次永乐七年出，永乐九年回），今不取其说。

[140] 参见《明成祖实录》卷八三。按钱谷《吴都文粹续集》卷二十八郑和《娄东刘家港天妃宫石刻通番事迹记》记第二次航行以永乐五年往，永乐七年还："永乐五年统领舟师往爪哇、古里、柯枝、暹罗诸国。其国王各以方物珍禽贡献，至七年回还。"长乐《天妃灵应碑》文同。《郑和家谱》则作永乐七年三月。按《实录》为当时史官凭借档册所成，所记时日不应有误。其所以与石刻及纪行诸书歧异者，《实录》所纪为颁敕出使之日，石刻纪行诸书所记则为扬帆启行之时，自颁敕至启行，中间筹备须时，相差半年十月，固属自然，其实俱不误也。《明史》郑和传全据《明实录》，而不如《实

录》之详。今一以《实录》所记为准，有异同处并以他说附
录于注文中，以备参证。

[141]《明成祖实录》卷一一六。此次远征还国，政府曾大规模宴
劳。《实录》记："六月庚戌，上以奉使西洋官军航海劳苦，
且去家日久，其至京者命礼部引见赐劳，凡七百四十五人，
赐钞五千一百五十锭。""戊午上以官军从郑和自番国还者，
远涉艰苦，具有劳。遣内官赵惟善、礼部郎中李至刚宴劳于
太仓。"卷一一七："七月己巳，赏官军使番国还者，人钞十
锭，凡二十万锭。"卷一一八："八月乙未，使西洋官军刘海
等十六人回京，人赐钞五锭，钞币一表里。"按擒亚烈苦奈
儿，《通番事迹记》以为是第三次航行事："永乐七年统领舟
师前往各国，道经锡兰山国，其王亚列苦奈儿负固不恭，谋
害舟师，赖神灵显应知觉，遂生擒其王，至九年归献。寻蒙
恩宥，押复归国。"长乐《天妃灵应记》同。

[142]《明成祖实录》卷一三四："永乐十年十一月丙申，遣太监郑
和等赍敕往赐满刺加、爪哇、占城、苏门答腊、阿鲁、柯
枝、古里、南渤利、彭亨、急兰丹、加异勒、忽鲁谟斯、比
刺、溜山、孙刺诸国王锦绮纱罗彩绢等物有差。"

[143]参见郑晓《吾学编》卷六八；何乔远《名山藏·王享记》卷
三《锡兰》。

[144]《明成祖实录》卷一六〇："永乐十三年七月癸卯，太监郑和
等奉使西洋诸番国还。"

[145]《明成祖实录》卷一六八。《明史》郑和传同。按《瀛涯胜
览》及《明史·苏门答腊传》并云："其苏门答腊国王先被那
孤儿花面王（Battak）侵略战斗，身中毒箭而死。有一子幼

小，不能与父报仇。其王之妻与众誓曰：有能报夫死之仇，复全其地者，吾愿妻之。言讫，本处有一渔翁，奋志而言，我能报之。遂领兵众当先杀败花面王，复雪其仇。花面王被杀，其众退伏，不敢侵扰。王妻于是不负前盟，即与渔翁配合，称为老王，家室地赋之类，悉听老王裁制。永乐七年效职进贡而沐天恩，十年复至其国。其先王之子长成，阴与部领合谋弑义父渔翁，夺其位，管其国。渔翁有嫡子苏干剌领众挈家逃去邻山，自立一寨，不时率众侵复父仇。永乐十三年正使太监郑和等统领大航宝船到彼，发兵擒获苏干剌，赴阙明正其罪。其王子感荷圣恩，常贡方物于朝廷。"与《实录》不合。又擒苏干剌事《通番事迹记》以为是第四次航行时事："永乐十二年统领舟师往忽鲁谟斯等国，其苏门答腊国伪王苏干剌寇侵本国，其王遣使赴阙陈诉，就率官兵剿捕，遂生擒伪王，至十三年归献。"长乐《天妃碑》同。

［146］参见《郑和下西洋考》，34页。

［147］参见《明成祖实录》卷一八三。

［148］参见《明史》卷七《成祖本纪》。

［149］参见《明史》卷三二六;《郑和下西洋考》，46页。

［150］《明史》卷三二六;《武备志图》位置剌撒于阿拉伯半岛阿丹之西北。

［151］参见《明史》卷七《成祖本纪》。《明成祖实录》卷二一四："永乐十七年七月庚申，官军自西洋还。上谕行在礼部臣曰：'将士涉历海洋，逾十数载，行役万里，经数十国，盖亦劳矣。宜赏劳之。'"卷二二五："十八年五月辛未，命行在兵部，凡使西洋、忽鲁谟斯等国回还官旗二次至四次者，俱升

一级。于是升龙江左卫指挥朱真为大宁都指挥佥事，掌龙江左卫事。水军右卫指挥使唐敬为都指挥佥事……"

[152] 十六国除忽鲁谟斯、阿丹外，为祖法儿、刺撒、不剌哇、木骨都束、古里、柯枝、加异勒、锡兰山、溜山、喃哷利、苏门答腊、阿鲁、满剌加、甘巴里。见《明成祖实录》卷二三三。

[153] 参见《明成祖实录》卷二三三。按第五次航行，《通番事迹记》作永乐十五年事。记云："永乐十五年统领舟师往西域，其忽鲁谟斯国进狮子、金钱豹、西马；阿丹国进麒麟，番名祖剌法，并长角马哈兽；木骨都束国进花福禄并狮子，卜剌哇国进千里骆驼并驼鸡，爪哇国进縻里羔兽，各进方物，皆古所未闻者。及遣王男、王弟捧金叶表文朝贡。"

[154] 参见《明成祖实录》卷二五〇。

[155] 参见《明史》卷七《成祖本纪》。

[156] 参见《明史》卷八《仁宗本纪》。按第六次航行，《通番事迹记》作永乐十九年事："永乐十九年统领舟师，遣忽鲁谟斯等各国使臣久侍京师者悉还本国。其各国王贡献方物视前益加。"

[157] 参见《明史》卷三二五《苏门答腊传》。《明宣宗实录》卷六七："宣德五年六月戊寅，遣太监郑和等赍诏往谕诸番国，凡所历忽鲁谟斯、锡兰山、古里、满剌加、柯枝、卜剌哇、木骨都束、喃淳利、苏门答腊、剌撒、溜山、阿鲁、甘巴里、阿丹、佐法儿、竹步（Juba）、加异勒等二十国及旧港宣慰司，其君长皆赐彩币有差。"

[158] 参见《纪录汇编》卷二〇二《前闻记》。按《通番事迹记》：

"宣德五年冬复奉使诸番国，牺舟（娄东刘家港天妃宫）祠下。"又云："宣德五年仍往诸番开诏，舟师泊于祠下。"又云："明宣德六年岁次辛亥春朔正使太监郑和、王景弘，副使太监朱良、周福、洪保、杨真，左少监张达等。"则和等虽于五年六月奉命，十二月自龙湾开航。而自太仓启行，则为六年春初事也。前记六次航海往返时月、石刻及纪行书和《明实录》《明史》之不同，都即以奉敕与出海相距时日远，一据奉命时日，一记航海时日，故有歧异。

[159]《明宣宗实录》卷七六："六年二月壬寅，满刺加国头目巫宝赤纳等至京言：国王欲躬来朝贡，但为暹罗国王所阻。暹罗素欲侵害本国，本国欲奏，无能书者。今王令臣三人潜附苏门答腊舟来京，乞朝廷遣人谕暹罗王无肆欺凌，不胜感恩之至。上命行在礼部赐赍巫宝赤纳等。遣附太监郑和舟还国。令和赍敕谕暹罗国王。"

[160] 参见《明史》卷三三二《天方传》;《瀛涯胜览·天方国》。

[161] 祝允明《前闻记》。

[162] 冯承钧《〈瀛涯胜览〉校注序》："考阿丹（Aden）一国，名见马欢、费信、巩珍之书，亦系郑和所历之地，郑和本传漏举其名。《星槎胜览》之卜刺哇（Brawa）亦系宝船所至之地，亦不见于郑和本传，有人以为即是传中之比刺，然与对音未合，未敢以为是也。"

[163] 三保太监明人有谓为郑和旧名者，如郎瑛《七修类稿》卷十二《三保太监》："永乐丁亥命太监郑和、王景弘、侯显三人往东南诸国赏赐宣谕。今人以为三保太监下西洋。不知郑和旧名三保，皆靖难内臣有功者。"有谓为合郑和、王景弘、

侯显三人称为三保太监者，如严从简《殊域周咨录》卷七《占城传》："三保之称，不知系是郑和旧名，抑岂西洋私尊郑和、王景弘、侯显等为三太保故也。"有谓为三下西洋有功，故称三宝太监者，王世贞《弇山堂别集》卷九十《中官考》："永乐三年三月命太监郑和等率兵二万七千人行赏赐西洋、古里、满剌加诸国。按此内臣将兵之始也。和自是凡三下西洋皆有功。人谓之三宝太监。"按明初内官多有以三保为名者，如永乐八年五月初九日谕谭青诏："说与都督谭青、薛禄……内官王安、五彦、三保、脱脱尔等……"八年六月三十日敕王友、刘才："尔等启行之时，朕又遣内官三保说与尔等，但遇胡寇，务立奇功头功。"有内官三保。并见《弇山堂别集》卷八十八《诏令杂考四》。《明史》卷三三一《尼八剌传》有内官杨三保："永乐十一年命杨三保赍玺书银币赐其嗣王沙葛新的及地涌塔王可般。"又有王三保，陆树声《长水日抄》："国初尝遣王三保太监出使西洋，所致番中方物入贡。"由此可知明初内官除郑和外，名三保者甚多。三保为书普通人名，非尊称，其例正如内官狗儿之即为王彦。则三保似即是郑和旧名也。和之僧名福善已见上文。

[164]《明史》卷三〇四《郑和传》。

[165] 参见《星槎胜览》前集。

[166] 参见《明史》卷三〇四《郑和传》。

[167]《明史·郑和传附侯显传》："永乐十三年帝欲通榜葛剌（Bengala）诸国，复命显率舟师以行。其国即东印度之地，去中国绝远。其王赛佛丁（Saifu-d'-din）即遣使贡麒麟及诸方物。帝大悦，锡予有加。榜葛剌之西有国曰沼纳朴儿

（Ganupur）者地居西印度中，古佛国也。侵榜葛剌。赛佛丁告于朝。十八年九月命显往宣谕赐金币，遂罢兵。"《明成祖实录》卷一六六："十三年七月甲辰，使太监侯显等使榜葛剌诸番国。"卷二二八："十八年八月乙亥，遣中官侯显等使沼纳朴儿国。时榜葛剌国王言诏纳朴儿国王亦不剌金（Samraur'-d-din Ibvahim Sah）数以兵扰其境，故遣显等赍敕谕之，使相辑睦，各保境土。因赐之彩币。并赐所过金刚宝座之地酋长彩币。"《明成祖实录》卷二六三："永乐二十一年九月，江阴等卫都指挥佥事周鼎等九百九十二人奉使榜葛剌等国回。皇太子令礼部赏钞有差。"

[168] 参见《明成祖实录》卷二三。

[169] 参见《明成祖实录》卷四六。

[170] 参见《明成祖实录》卷二三。

[171] 参见《东西洋考》卷二《占城》。

[172] 参见《明成祖实录》卷一〇八、一九〇、二三〇；《明史》卷三二五《渤泥传》。

[173] 参见《读书敏求记·西洋番国志》。

[174] 参见《殊域周咨录》卷八《爪哇》。

[175] 参见《明成祖实录》卷四七；《明史》卷三二三《吕宋传》。

[176] 参见《明成祖实录》卷四六。

[177] 参见《明成祖实录》卷四三。

[178] 参见《明成祖实录》卷一一二。

[179] 唐顺之《荆川集》外集《条陈海防经略事疏》。

[180]《明太祖实录》洪武二年九月。

[181]《大明会典》卷一〇八《朝贡通例》："凡勘合号簿，洪武

十六年始给暹罗国，以后渐及诸国。每国勘合二百道，号簿四扇。如暹罗国暹字勘合一百道及罗字号底簿各一扇俱送内府。罗字号勘合一百道及暹字号底簿一扇发本国收填。罗字号簿一扇发广东布政司收比。余国亦如之。每改元则更造换给。计有勘合国分，暹罗、日本、占城、爪哇、满剌加、真腊、苏禄国东王、苏禄国西王、苏禄国峒王、柯支、渤泥、锡兰山、古里、苏门答腊、古麻剌。"

[182]《大明会典》卷———《给赐二·外夷上贡物给价》："琉球国，正贡外附来货物，官抽五分，买五分。暹罗，使臣人等进到货物，例不抽分，给与价钞。爪哇，贡物给价。渤泥国，正贡外附带货物俱给价。苏门答腊国，正贡外使臣人等自进物俱给价。苏禄国，货物例给价，免抽分。西洋琐里，永乐元年来朝，附载胡椒等物皆免税。满剌加国，正贡外，附来货物皆给价，其余货物许令贸易。榜葛剌国，使臣人等自进物俱给价。"

[183] 顾炎武《天下郡国利病书》卷一二〇《海外诸番》。

[184] 顾炎武《天下郡国利病书》卷一二〇《海外诸番》。

[185] 明代广州及东南沿海官吏，多以胡椒、苏木折俸。见《天下郡国利病书》卷一二〇。

[186]《殊域周咨录》卷九《佛郎机》。

[187] 参见《刘忠宣公（大夏）年谱》。《殊域周咨录》卷八《古里》："成化间（《刘忠宣公（大夏）年谱》列此事于成化九年）有中贵迎合上意者，举永乐故事以告，诏索郑和出使水程（《刘忠宣公（大夏）年谱》作上命中官至兵部查宣德间王三保出使西洋水程）。兵部尚书项忠命吏入库检旧案不得，

盖先为车驾郎中刘大夏所匿。忠笞吏，复命入检，终莫能得。大夏秘不言。会台谏论止其事。忠诘吏谓库中案卷宁能失去，大夏在旁对曰：'三保下西洋，费钱粮数十万，军民死且万计。纵得奇宝而回，于国家何益。此特一敝政，大臣所当切谏者也。旧案虽存，亦当毁之以拔其根，尚何追究其有无哉！'"

[188]参见温雄飞《南洋华侨通史》64页。

[189]Baring Gould《砂劳越史》。

[190]参见《明英宗实录》卷一六九。

[191]参见《明史》卷三二五《苏禄传》。

[192]参见《明史》卷三二三《美洛居传》。

[193]参见《东西洋考》卷五《吕宋传》。

[194]参见《东西洋考》卷五《占城传》。

[195]参见《明史》卷三二五《渤泥传》。

[196]参见《殊域周咨录》卷八《暹罗传》。

[197]参见《明史》卷三二三《琉球传》。

[198]参见《明史》卷三二五《满剌加传》。

[199]参见《明史》卷三二五《佛郎机传》。

[200]参见《明史》卷三二三《琉球传》。

[201]参见《东西洋考》卷二《暹罗》。

[202]参见《东西洋考》卷三《大泥传》。

[203]日人藤田丰八以为即西班牙史家 Fr.Juan de la Concepcion 所记之 Jehang Si Lao，见《东洋学报》第八卷第一号《葡萄牙人之占据澳门》文中。按《续文献通考》记万历时有大盗林朝曦亦在三佛齐列肆为蕃舶长，如中国市舶官。

[204] 参见《明史》卷二二二《凌云翼传》；卷三二三《吕宋传》；L.F.Fermandeg, *A Brief History of the Philippines*, pp.89-84；藤田丰八《葡萄牙人之占据澳门》，载《东洋学报》第八卷第一号；张星烺《菲律宾史上之李马奔（Limahong）真人考》，载《燕京学报》第八期；李长傅《〈菲律宾史上之李马奔真人考〉补遗》，载《燕京学报》第九期；黎光明《〈菲律宾史上之李马奔真人考〉补正》，载《燕京学报》第十期。

明朝简史

郑和（三宝太监）下西洋

首先说明西洋是指什么地方。明朝时候把现在的南洋地区统称为东洋和西洋。西洋指的是现在的印度半岛、马来半岛、印度尼西亚、婆罗洲等地区；东洋指的菲律宾、日本等地区。在元朝以前已经有了东、西洋之分，为什么有这样的分法呢？因为当时在海上航行要靠针路（指南针），针路分东洋指针和西洋指针，因此在地理名词上就有"东洋"和"西洋"。郑和下西洋指的是什么地方呢？主要是指现在的南洋群岛。

中国人到南洋去的历史很早，并不是从郑和开始的。远在公元以前，秦朝的政治力量已经达到现在的越南地区。到了汉武帝的时候，现在的南洋群岛许多地区已经同汉朝有很多往来。这种往来分两类：一类是官方的，即政府派遣的商船队；一类是民间的商人。可是像郑和这样由国家派遣的船队，一次出去几万人、几十条大船（这些船是当时世界上最大的船，也就是当时世界上最大的海军），不但到了现在南洋群岛的主要国家，而且一直到了非洲。其规模之大，人数之多，范围之广，那是历史上前所未有的，就是明朝以后也没有。这样大规模的航海，在当时世界历史上也没有过。郑和下西洋比哥伦布发现新大陆早八十七年，比迪亚士发现好望角早八十三年，比达·伽马发现新航路早九十三年，比麦哲伦到达菲律宾早一百一十六年。比

明朝的经济

世界上所有著名的航海家的航海活动都早。可以说郑和是历史上最早的、最伟大的、最有成绩的航海家。

问题是为什么在 15 世纪的前期中国能派出这样大规模的航海舰队，而不是别的时候？这个问题历史记载上有一种说法，说郑和下西洋仅仅是为了寻找建文帝的下落。这种说法是不正确的。上次我们讲到，明成祖从北京打到南京，夺取了他的侄子建文帝的帝位。建文帝是明太祖的孙子，他做了皇帝以后，听信了齐泰、黄子澄等人的意见，要把他的一些叔叔——明太祖封的亲王的力量消灭掉，以加强中央集权。他解除了一些亲王的军事权力，有的被关起来，有的被废为庶人。于是燕王便起兵反抗，打了几年，最后打到南京。历史记载说燕王军队打到南京后，"宫中火起，帝不知所终"。"帝不知所终"这句话是经过了认真研究的，因为当时宫里起了火，把宫里的人都烧死了，烧死的尸首分不清到底是谁。于是就发生了一个建文帝到底死了没有的疑案。假如没有死，他跑出去了的话，那么，他就有可能重新组织军队来推翻明成祖的统治。从当时全国的形势来看是存在这个问题的。因为建文帝是继承他祖父明太祖的，全国各个地方都服从他的指挥。明成祖虽然在军事上取得了胜利，但是并没有把建文帝的整个军事力量摧毁，他的军事力量只是在今天从北京到南京的铁路沿线上，其他地方还是建文帝原来的势力范围。因此明成祖就得考虑建文帝到底还在不在？如果是逃出去了，又逃到了什么地方？他得想办法把建文帝逮住。于是他派了礼部尚书（相当于现在的内务部长）胡濙，名义上是到全国各地去找神仙（当时传说有一个神仙叫张三丰），实际上是去寻找建文帝。前后找了二三十年。《明史·胡濙传》说胡濙每次找了回来都向明成祖报告。最后一次向皇帝报告时，成祖正在军中，胡濙讲的什么别人都听不到，只见他讲了以后明成祖很高兴。历史学家们认为，最后这一次报告可能是说建文帝已经死了。另外，明成祖又怕建文帝不在国内，跑到国外去了。所以他在派郑和下西洋的时候，要郑和在国外也留心这件事。这是可能的，但这不是郑和下西洋的主要目的。郑和下西洋主要是由于经济上的原因。

这里插一个问题，讲讲明成祖和建文帝之间的斗争说明什么问题。明成祖以后的各代对建文帝的下落一事也非常重视。万历皇帝就曾经同他的老师谈起这个问题，问建文帝到底到哪里去了，为什么经过一百多年还搞不清楚。当时出现了很多有关建文帝的书，这些书讲建文帝是怎么逃出南京的，经过些什么地方，逃到了什么地方。有的书说他到了云南，当了和尚，跟他一起逃走的那些人也都当了和尚。诸如此类的传说越来越多。此外，记载建文帝事迹的书也越来越多。这说明什么问题呢？说明一个政治问题。建文帝在位期间，改变了他祖父明太祖的一些做法。他认为明太祖所定下来的一些制度，现在经过了几十年，应该改变。当时建文帝周围的一些人都是些儒生，缺乏实际斗争经验，他们自己出的一些办法也并不高明。尽管如此，建文帝的这种举动还是得到了不少人的支持。但是明成祖起兵反对他。在明成祖看来，明太祖所规定的一切制度都是尽善尽美的。他不容许建文帝改变祖先的东西。因此，明成祖和建文帝之间的斗争就是保持还是改变明太祖所定的旧制度的斗争。在这个斗争中建文帝失败了。明成祖做了皇帝以后，把建文帝改变了的一些东西又全部恢复过来。一直到明朝灭亡，二百多年都没有变动。

在这种情况下，有不少的知识分子对明成祖的政治感到不满，不满意他的统治。他们通过什么方式来表达这种不满呢？公开反对不行，于是通过对建文帝的怀念来表达。他们肯定建文帝，赞扬建文帝。实际上就是反对明成祖。因此，关于建文帝的传说就越来越多了。现在我们到四川、云南这些地方旅行，到处可以发现所谓建文帝的遗址。这里有一个庙说是建文帝住过的；那里有一个寺院，里头有几棵树，说是建文帝栽的。有没有这样的事情呢？没有。明末清初有个文人叫钱谦益（这个人政治上很糟糕）写了文章专门研究这个问题。当时许多书上都说：当南京被燕兵包围时，城门打不开，建文帝便剃了头发，跟着几个随从的人从下水道的水门跑出去了。钱谦益说这靠不住，南京下水道的水门根本不能通出城去。他当时做南京礼部尚书，宫殿里的情况是很熟悉的。此外，还有很多不合事实的传说，他都逐条驳斥了。最后他做了这样的解释：假如建文帝真的跑出去了，当时明成祖所统治的地区只是从北京到南京的交通线附近，只要建文帝一号召，全国各地都会响应他，他还可以继续进行斗争。但结果没有这样。这就可以得出一个结论：建文帝是死在宫里了。但当时不能肯定，万一他跑了怎么办？所以就派人去找。我认为这样解释比较说得通。

现在我们继续讲郑和下西洋的问题。如果说郑和下西洋的主要目的是为了找建文帝，那是不合事实的；但也不能说完全没有这方面的动机。因为当时的怀疑不能解决，通过他出去访问，让他注意这个问题是可能的。那么，郑和下西洋的主要目的到底是什么呢？这就是上次所说的，是国内经济发展的必然结果。经过1348年到1368年二十年的战争，经济上受到了很大的破坏。但是经过洪武时期采取的恢复生产、发展生产的措施以后，人口增加了，耕地面积扩大了，粮食、棉花、油料的产量都提高了，人民的生活有了改善，政府的财政税收比以前多了。随之而来，对国外物资的需要也增加了。这种对国外物资需要的增加主要在两个方面：一方面是人民日常生活所需要的物资，主要是香料、染料。香料主要是用在饮食方面作调料，就是把菜做得更好一些，或者使某种菜能收藏得更久。像胡椒就是人民所需要的东西。胡椒从哪里来呢？是从印度来的，一直到现在还是如此。还有其他许多香料也大多是从南洋各岛来的。在南洋有个香料岛，专门出产香料。另一种是染料，为什么对染料的需要这样迫切呢？明朝以前，我们的祖先常用的染料都是草木染料，如蓝色是草蓝；或者是矿物染料。这样的染料一方面价钱贵，另一方面又容易褪色。进口染料就可以解决这些问题。朝鲜族喜欢穿白衣服，我们国内有些人也喜欢穿白衣服，为什么？原因很简单，因为买不起染料。封建社会里，皇帝穿黄衣服，最高级的官穿红衣服，再下一级的官穿紫衣服，穿蓝衣服，最下等的穿绿衣服。为什么用衣服的颜色来区别呢？也很简单，染料贵。老百姓买不起染料，只好穿白衣服。所以古人说"白衣""白丁"，指的是平民。这些封建礼节都是由物质基础决定的。因此就有向国外去寻找染料的要求。这一类，是人民的日常生活所需要的。另外一类是毫无意义的消费品，主要是珠宝。这是专门供贵族社会特别是宫廷里享受的。有一种宝石叫"猫儿眼"，还有一种叫"祖母绿"，过去谁也不知道是什么样子，只知道是宝石。最近我们在万历皇帝的定陵里发现了这两种东西。这些东西都是从外国买来的。除了珠宝以外，还有一些珍禽异兽。当时的人把一种兽叫作麒麟，实际上就是动物园里的长颈鹿。与对外物资需要增加的同时，由于国内经济的发展，一些可供出口的物资，如绸缎、瓷器（主要是江西瓷，其他地区也有一些）、铁器（主要生产工具）的产量也增加了。

除了经济上的条件以外，还有一个很重要的条件，就是当时中国对外的航海通商已有悠久的历史。从秦朝开始，经过唐朝、南宋到元朝，在这个漫长的时期内，政府的商船队、私人的商船队不断出去。有些私人商船队发了财。到了明朝，由于长期的积累，已经具备了丰富的航海知识和有经验的航海人员。有了这些条件，就出现了从明成祖永乐三年（1405年）到他的孙子明宣宗宣德五年（1430年）近三十年之间以郑和为首的七次下西洋的事迹。

郑和出去坐的船叫作"宝船"，政府专门设立了制造宝船的机构。这种船有多大呢？大船长四十丈，宽十八丈；中船长三十七丈，宽十五丈。当时在全世界再没有比这更大的船了。一条船可以载多少人呢？根据第一次派出的人数来计算，平均每条船可以坐四百五十人。每次出去多少人呢？有人数最多的军队，此外还有水手、翻译、会计、修船工人、医生等，平均每次出去二万七八千人。这样的规模是了不起的，后来的哥伦布、麦哲伦航海每次不过三四只船，百把人，是不能和这相比的。谁来带领这么多人的航海队呢？明朝政府选择了郑和。因为郑和很勇敢，很有能力。同时，当时南洋的许多国家都是信仰回教的，而郑和也是个回教徒（但他同时也信仰佛教），他的祖父和父亲都曾经朝拜过麦加。回教徒一生最大的愿望就是到麦加去磕一个头，凡是去过麦加的人就称为哈只。选派这样的回教徒到信仰回教的地方去就可以减少隔阂，好办事。在郑和带去的翻译里面也有一些人是回教徒，这些人后来写了一些书，把当时访问的一些国家的情况记载下来了。这些书有的流传到现在。有人问：郑和是云南人，他怎么成了明成祖部下的大官呢？这很简单，洪武十四年（1381年）的时候，明太祖派兵打云南，把元朝在云南的残余势力打败了，取得了云南。在战争中俘虏了一些人，郑和就是在这次战争中被俘虏的。他当时还是一个小孩，后来让他做太监，分给了明成祖。他跟明成祖出去打仗时，表现很勇敢，取得了明成祖的信任。因此明成祖让他担负了到南洋各国去访问的任务。

他们第一次出去坐了六十二艘大船，带了很多军队。这里发生了这样的问题：他们既然是到外国去通商，去访问，为什么要带这么多军队？这是因为当时从中国去南洋群岛的航线上有海盗，这些海盗不但抢劫中国商船，而且别的国家到我们这里来做买卖的商船也抢。郑和用强大的军事力量把海盗消灭了，这样就保证了航路的畅通。另外，为了防止外国来侵犯他们，也需要带足够的军事力量。郑和到锡兰的时候，锡兰国王看到中国商船队的物资很多，他就抢劫这些物资。结果郑和把他打败了，并把他俘虏到北京。后来明朝政府又把他放回去，告诉他，只要你今后不再当强盗就行了。可见为了航行的安全，郑和带军队去是必要的。郑和率领的军事力量虽然很强大，用现在的话来说，他带去了好几个师的军队，而当时南洋没有一个地区有这样强大的军事力量。但是郑和的军队只是用于防卫的。他所进行的是和平通商。尽管当时有这样的力量，这样的可能，但是没有占领别人的一寸土地。后来，比郑和晚一百年的西方人到东方来就不同了。他们一手拿商品，一手拿宝剑，把所到的地方都变成他们的殖民地。如葡萄牙人到了南洋以后就占领了南洋的一些岛屿。当然，在我们的历史上个别的时候也有占领别人的土地的事情。但总的来说，我们国家不是好侵略的国家，我们国家没有占领别国的领土，这和西方资本主义国家有本质的不同。根据当时保留下来的记载，可以看出郑和和南洋各国所进行的贸易是平等的，而不是强加于人的。交易双方公平议价，有些书上记载得很具体，说双方把手伸到袖子里摸手指头议价。现在我们国内有些地方还用这种办法。郑和所到的地区都有中国的侨民，有开矿的，有做工的，有做买卖的，各方面的人都有。有的地方甚至是以华侨为中心，华侨在经济上占主导地位。因此郑和每到一个地方都受到欢迎。

郑和每到一个国家，除了把自己带去的大量商品卖给他们外，也从这些国家带一些商品到中国来。从第一次出去以后，他就选择了南洋群岛的一个岛屿作为根据地，贮积很多货物，以此地为中心，分派商船到各地贸易，等各分遣船队都回到此地后，再一同回国。在前后不到三十年的时期中，印度洋沿岸

　　　　　　　　　　　　　　　明朝简史

地区他都走到了，最远到达了红海口的亚丁和非洲的木骨都束。木骨都束就是今索马里的首都，现在叫作摩加迪沙。前年摩加迪沙的市长访问北京的时候，我们对他讲：我们的国家五六百年前就有人访问过你们。他听了很高兴。

通过郑和七次下西洋，中国和南洋的航路畅通了，对外贸易大大地发展了，出国的华侨也就更多了。通过这几十年的对外接触，中国跟南洋这些地区的关系越来越深，来往也越来越多。由于华侨的活动，以及中国的先进的生产工具传入这些国家，这样，南洋地区的生产也越来越进步。所以，郑和下西洋的历史事实说明，我们这个国家有这样一个很好的传统：就是不去侵略人家。正因为这样，直到现在，尽管时间过去了五六百年，但是郑和到过的国家，很多地方都有纪念他的历史遗址。因为郑和叫三宝太监，所以很多地方都用三宝来命名。像郑和下西洋这样的事以往历史上是没有的，明朝以后也没有，这是明朝历史上一件很突出的事情。

现在要问：郑和第七次下西洋以后，为什么不去第八次呢？这里有客观的原因，也有主观的原因。客观原因是八十多年以后，欧洲人到东方来进行殖民活动，阻碍了中国和南洋诸国的往来。主观的原因有这几方面：第一，政治上的原因。明成祖死了以后，他的儿子做皇帝。这个短命皇帝很快又死了，再传给下一代，这就是宣宗。宣宗做皇帝时还是个八九岁的小孩，不懂事。于是宫廷里便由他的祖母当权；政府则由三杨（杨士奇、杨荣、杨溥）掌握。三杨在朝廷里当了二三十年的机要秘书。三个老头加上一个老太太掌握国家大权。这些人和明成祖不一样。明成祖有远大的眼光。他们却认为他多事，你派这么多人出去干什么？家里又不是没吃的、没喝的。不过明成祖在世时他们不敢反对，明成祖一死，他们当了家，就不准派人出去了。第二，组织这样的商队需要一个能代替郑和的人，因为郑和这时已经六十多岁，不能再出去了。第三，经济上的原因。从外国进口的物资都是消费物资，不能进行再生产。无论是香料还是染料，都是消费品，珠宝就更不用说了，更是毫无意义的东西。以我们的有用的丝绸、铁器、瓷器来换取珠宝，这样做划不来。虽然能解决沿海一些人的生活问题，但是好处不大，国家开支太多。所以，为了节约国家的财政开支，后来就不派遣商队出国了。正当明朝停止派船出国的时候，欧洲人占领了南洋的香料岛，葡萄牙人占领了我们的澳门。他们是用欺骗手段占领澳门的。开头他们向明朝的地方官说：他们的商船经常到这个地方来，遇到风浪把货物打湿了，要租个地方晒晒货物。最初还给租钱，后来就不给了，慢慢地侵占了这个地方，一直到现在还占领着。

从欧洲人到东方来占领殖民地以后，中国的形势就改变了。经过清朝几百年，特别是鸦片战争以后，许多帝国主义国家从几个方面包围中国：印度被英国占领了；缅甸被英国占领了；越南被法国占领了；菲律宾先被西班牙占领，后又被美国占领了；东方的日本走上了资本主义道路，向外进行侵略扩张活动。所以近百年的中国，四面被资本主义国家和帝国主义国家所包围，再加上清朝政府的日益腐败，就使中国逐步变成了半殖民地半封建的国家，进入了半封建半殖民地的社会。

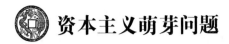# 资本主义萌芽问题

　　关于资本主义萌芽问题，现在学术界还在争论，有许多不同的意见。有的人认为资本主义萌芽很早，有的人认为很晚。所提供的史料的时间性都很不肯定，从八世纪到十六七世纪都有。特别是关于《红楼梦》的社会背景的讨论展开以后更是如此。是在什么情况下产生了《红楼梦》这部作品呢？它的社会基础是什么？《红楼梦》中的贾宝玉反对科举、尊重妇女的思想是从哪里来的？他骂念书人，骂那些举人、秀才都是禄蠹，说女孩子是水做的，男人是泥做的，这样的思想认识是在什么情况下发生的？对这一系列的问题提出了各种不同的看法，各有各的论据。而且关于"萌芽"这个词的意义也有不同的理解。比如种树，种子种下去以后，慢慢地露出了头，这叫萌芽；又如泡豆芽菜，把豆子放在水里，长出一点东西，这也叫萌芽。既然只是萌芽，它就不是已经成熟了的东西，还只是那么一点点。假如是整棵的菜，那就不是萌芽；至于开了花、结了果的东西就更不是萌芽了。所以要把这些情况区别开。可是现在某些讨论中存在有这样的问题：将萌芽看成是已经开花结果的东西。这实际上就不是资本主义萌芽，而是资本主义的成熟阶段了，还有人认为中国资本主义早已经成熟了，中国社会早已经进入了资本主义社会。这样一来就发生了一系列的大问题：中

国既然早已进入资本主义社会，那么，怎么解释1840年以后中国进入了半殖民地半封建的社会？一百年来我们反对封建主义、反对帝国主义的问题怎么解释？

关于这个问题，我自己有些看法，也不一定成熟，提出来大家讨论。我想，要说明某个时期有某个事物萌芽，必须要有一个界限。这个界限是什么呢？就是要具体地指出一些事实，这些事实是以往的时期所不可能发生和没有发生过的，只有到了这个时候才能发生的。没有这个界限就会把历史一般化了。试问：这个时期发生过，一百年以前发生过，五百年以前也发生过，这怎么能说明问题？而且这些新发生的东西不应该是个别的。仅仅只在某个时期、某个地区出现的个别的东西能不能说明问题呢？不能说明问题。因为我们的国家这样大，经济发展不平衡，有先进的，有落后的，沿海和内地不同，平原和山区也不同。不要说别的地方，就说北京吧，全市面积有一万七千平方公里，市内和郊区就不同，因此，个别时期所发生的个别的事情也会有所不同。所以作为一个事物的萌芽，必须是这个东西过去没有发生过；现在发生了，而且不是个别的。只有这样看才比较科学。现在我们根据这个精神来看资本主义萌芽问题。我想把问题局限在14世纪到16世纪所发生的主要事件上面，特别是16世纪中叶这个明朝人自己已感觉到发生巨大变化的时期，着重提出那些在这时期以前所没有发生，或虽已发生而很不显著，这个时期以后成为比较普遍、比较显著的一些问题。

明朝简史

第一，关于手工工场

在明朝初年的时候，有一个人叫徐一夔，他写了一本书叫《始丰稿》。这本书里面有一篇文章叫《织工对》。这篇文章讲到元末明初，在浙江杭州地方有许多手工业纺织工场。这些纺织工场的经营方式是怎样的呢？有若干间房子和若干部织机，工人都是雇工，他们不占有生产工具。生产工具是谁的呢？是工场老板的。老板出房子，出机器，出原料。工人出劳动力。工人在劳动以后可以取得若干计日工资，工资随着工人的技术熟练程度不同而有高有低，其中有一些技术水平比较高的，可以得到比一般工人加倍的工资，假如这家工场不能满足他的要求，别的工场可以拿更高的工资把他请去，劳动强度很高，把工人弄得面黄肌瘦。这是元末明初（14世纪）的情况，当时这样的工场在杭州不止一个。但是能不能说在14世纪时就已经普遍地有了资本主义萌芽呢？因为只有这一个地区的资料，我看不能。但是从这里可以看出，在14世纪中期，个别地区已经有了这样相当大的手工工场，老板通过这样的生产手段来剥削雇佣工人的历史事实。这说明当时已经有一部分农村劳动力转化为城市雇佣劳动者。这种情况在14世纪以前是没有的。

第二，新的商业城市兴起

在讨论中有不少文章笼统地提到明朝有南京、北京、苏州等33个新的商业城市，来说明这个时期商业的发展。有33个商业城市是不错的，但是时间有问题。因为并不是整个明朝都是这样的情况。事实上，这些城市成为商业城市是在明成祖以后。当明成祖建都北京以后，为了解决粮食的运输问题，把运河挖深、加宽了。这样，通过水运不仅保证了粮食的运输，其他商品的运输也畅通了，因而促进了南北物资的交流。这样，到了宣宗时期（15 世纪中期），沿运河一带的许多城市开始繁荣起来。这时候，由于农业、手工业的发展，国内市场扩大了。这是一方面。另一方面，当时为了保证货物的流通，沿长江、运河及布政使司所在地建立了 33 个钞关。明朝用的货币叫宝钞（纸币）。关于纸币的情况这里不能详细说了，只说明一条，明朝的纸币很不合理，它不兑现，开头拿一张钞票还能换到一些物资，后来就不行了。政府只发钞票，越发越多，超过了实际物资的几百倍。在这种情况下，钞票就贬值了。明朝政府为了提高钞票的信用，采取收回钞票的政策。怎样收回呢？其中一个办法就是增加税额。因此就在各个商业城市设立了一个机构，叫作"钞关"。一共设立了 33 个钞关。钞关干什么呢？就是向往来的货物收税。纳税时就用钞票交纳。钞关设在商业城市，有 33 个钞关就有 33 个商业城市，这是不错的。但有些人就根据这个数字说整个明朝只有 33 个商业城市，这就不确切了。因为设立钞关是明宣宗时候的事情，宣宗以前没有。而就商业城市来说，在明成祖的时候就不止 33 个，后来又有所增加。因此，不标明确切的时间，以一个时期的情况来概括整个明朝，是不符合当时存在的客观事实的。随着商业城市的增加，商人、手工业工人也增加了，这就形成了一个市民阶层（这个阶层主要是指手工业者、中小商人）。这些人为了保卫他们自己

　　　　　　　　　　　　　　　明朝简史

的利益，建立了很多行会，有事情共同商量，采取一致的行动。在这种情况下就发生了明朝末年的市民暴动。这里应该指出：所谓"市民"这个概念不能乱用。有些人把当时的进士、举人、秀才等官僚都算作市民，这就模糊了阶级界限。这些人都是当时的统治者，不是被统治者。把市民阶层扩大化，混淆统治者与被统治者之间的界限，这是不对的。

第三，倭寇、葡萄牙海盗和沿海通商问题

明朝中叶，以朱纨为中心的一派人反对对外通商，对海盗采取镇压的政策，因而引起沿海地主阶级的反对，形成一个政治上的斗争。在这个斗争中，朱纨最后失败了。这种性质的斗争在以往的历史上是从来没有过的。汉朝、唐朝、宋朝、元朝都有过对外通商，有时还很繁盛，大量的中国人到海外去经商；不但如此，国内有不少地方还住有许多外国商人。在唐朝的时候，广州就有数量众多的蕃商。其中主要是阿拉伯人，他们住的地方叫蕃坊。其他如扬州、长安等地方也住了不少的外国商人，对外通商也很频繁。但是像明朝那样，代表通商利益的官僚地主在政治上形成一种力量，和内地一些反对通商的地主进行斗争，这种斗争并影响到政府的政策，这种情况却是以往的历史上所没有的。为什么明朝会出现这种新的情况呢？因为明朝国内国外的市场日益扩大，商业资本日益发展，商人地主在政府里有了自己的代言人。商人地主在政治上有了地位，这在历史上是个新问题。关于这个问题，近年来也有人持不同的意

见。北京大学有个学生写了一篇文章，说朱纨镇压海盗是爱国的行为。朱纨是个爱国者，这观点是没有问题的，朱纨确实是爱国者，可是不能拿这个来否认当时在政治上存在着不同的意见。当时已经出现了代表沿海通商地主利益的政治活动家，这和朱纨是否爱国是两回事。我们并没有说朱纨不爱国。这点不必争论。问题在于这个时期出现了两种不同的意见，一种意见主张通商，一种意见反对通商，这是历史事实，是过去所没有的。

第四，内地的某些官僚地主也参加商业活动和经营手工工场

这方面的例子很多，大家所熟悉的《游龙戏凤》中的正德皇帝（明武宗），他就开了许多皇店。这是16世纪初期的事情。嘉靖时有个贵族叫郭勋（《三国演义》最早的刻本是他搞的），在北京开了许多店铺。另外有个外戚叫周瑛，在河西务开店肆做买卖。现在这个地方已经很萧条了。可是在明朝的时候，由于南方的粮食、物资运到北方来都要经过这里，因此是个很繁华的地方。这样的例子举不胜举。在地方上，明朝四品以上的官到处经商。四品有多大呢？知府就是四品。知县是七品。原来明朝有一条规定，禁止四品以上的官员做买卖。但是行不通。事实上官做得越大，买卖也做得越多越大。特别是像苏州这样的地方，很多退休官员开各种各样的铺子，有的发了大财，成了百万富翁。官员经商过去也有，但是在明初还多半是武官，到了明朝中叶这种情况就改变了，不但武官经商，文官也经商；

不但小官经商，大官也经商；不但经商，而且还经营手工工场。华亭人徐阶做宰相时，"家中多蓄织妇，岁计所织，与市为贾"。这种现象也是过去没有过的。过去的官僚认为做买卖有失身份，社会上看不起。士、农、工、商，商放在最后。孟子就骂商人是"垄断"，认为他们不劳动，出卖别人生产的东西从中取利，是不道德的事情，有身份的人不干这种事。汉朝以来，各个历史时期都曾不同程度地实行过重农抑商的政策。当时社会上一般是看不起商人的，当然也有个别地区有个别例外的情况。但是到 16 世纪以后，这种看法就改变了，不只武官，就连皇帝、贵族、官僚都抢着做买卖，商人的社会地位也提高了。

第五，当时的人对这个时期社会情况变化的总结

16 世纪中期社会经济情况发生的变化，明朝人看得很清楚，有不少人就各方面变化的情况做出了总结。

首先，从社会风俗方面来说。明朝人认为嘉靖以前和嘉靖以后是两个显著不同的时代。有不少著书的人指出了正德、嘉靖以后社会风俗的变化。在嘉靖以前，妇女的服装很朴素；嘉靖以后变了，很华丽，讲究漂亮了。宴会请客，原来一般是四碗菜一碗汤，后来变成六碗、八碗，以至十二碗、十六碗菜。山东《郓城县志》记载在嘉靖以前老百姓很朴素、很老实，嘉靖以后变了，讲排场了，普通老百姓穿衣服向官僚看齐，向知识分子看齐。穷人饭都吃不上，找人家借点钱也要讲排场。总之，从吃饭、娱乐到家庭用具都不像过去了。这个时候，看到

一些老实、朴素的人，大家认为不好，耻笑他。《博平县志》讲嘉靖以后过去好的风气没有了，过去乡村里没有酒店，也没有游民，嘉靖中期以后变了，到处都有酒店，二流子很多。当时有一种风气，一个人有名，有字，还要起别号。嘉靖皇帝就有很多别号。不但知识分子起别号，就连乞丐也有别号。

其次，在文化娱乐方面。嘉靖以前唱的歌曲主要是北曲，嘉靖以后南曲流行了，而且唱的歌词主要是讲男女恋爱的。嘉靖以前不大讲究园亭建筑；嘉靖以后，到处修假山，建花园，光南京就有园亭一百多所，苏州有好几十所，北方就更多了，清华园这些地方都是过去的园亭。明朝前期有一条规定，官员禁止嫖娼妓，嘉靖以后，这个纪律不生效了，文人捧妓女成为风气，为她们写诗，写文章，甚至选妓女为状元、榜眼、探花。戏剧方面，过去只有男戏，嘉靖以后就有女戏了。很多做过大官的人写剧本，像《牡丹亭》的作者汤显祖就是一个官。元曲的作者没有一个是高级官员，都是一些下层社会的人，有的在衙门里当一个小办事员，有的做医生；可是明朝戏曲的作者，大部分都是举人、进士，有些还是高级官员。明朝后期盛行赌博，官吏、士人以不会赌博、打纸牌为耻。

再次，从政治方面来看。《明史·循吏传序》提到嘉靖以前一百多年，一方面休养生息，发展生产；另一方面政治上比较清明，好官比较多。譬如大家知道的《十五贯》里面有个况钟，连做十几年的苏州知府，是个好官。另外一个周忱也是个好官，他做苏州巡抚二十一年，在《十五贯》里被刻画坏了，这是不对的。此外，像于谦连做河南、山西巡抚十九年。嘉靖以前，有好些巡抚连任几年甚至十几年的，这是明朝后期所没有的情况。明朝后期好官就少了。做官讲资格，一讲资格就坏事了，只要活得长就可以做大官；相反，真正能给老百姓做点事情的人就到处碰壁。像海瑞就是这样，到处遭到大地主阶级的反对，办不了好事情。明朝后期有个知识分子陈邦彦对吏治的这种变化做了总结，他说：在嘉靖以前，做官的人还讲个名节，做官回到家里，人家问他赚多少钱，他要生气；嘉靖以后发生了根本性的变化，做官等于做买卖，计较做这个官赚钱多还是赚钱少，在这个地方做官赚钱多，另外换一个赚钱少的地方就不愿意去。到富庶的地方去做官，亲友设宴庆贺；如果到穷地方去，大家就叹息。做官和发财联起来了，念书是为了做官，做官是为了发财。当时升官是凭什么呢？一个是凭资格，一个是凭贿赂。当时叫"送礼"。地方官三年期满要进京，朝廷要考核他的成绩。这时就是他"送礼"的时候了。送了礼就可以升官。所谓送上黄米、白米若干担，即指黄金、白银若干两。后来改为送书若干册，书的后面附上金子、银子，叫作"书帕"。所以明朝后期的地方官上任以后先刻书。但是他们又没有什么学问，于是粗制滥造，乱抄一气。

以上这些情况说明，由于整个社会经济的变化，即农业、手工业生产的发展，商业的繁荣，影响到了社会各方面。一些大地主把一部分从土地剥削所得的财产投资于手工业和商业，这样，过去被社会上所歧视的商人的地位就提高了。国家的高级官员有不少人变成了商人。经商成为社会风气。商人赚了钱就奢侈浪费，造成社会上的虚假繁荣现象。封建秩序、封建礼法开始受到冲击，从而在文学艺术方面也出现了反映这种社会生活的作品。

第六，货币经济的发展

在明朝以前，白银已经部分使用，但是还不普遍，还没有作为正式的货币。元朝使用钞票。明朝初年用铜钱，由于老百姓已经有了用钞票的习惯，反而不习惯用铜钱，只好仍然用钞票。但是由于明朝对钞票管理不善，无限制的发行，又不兑现，因而引起通货膨胀，钞价贬值，由一贯钞值银一两贬至只值一两个钱，钞票的经济意义逐渐没有了。钞票不能用，铜钱的重量又太大，短途进行交易还可以，像从南到北的远距离交易，带大量的铜钱就不行，几万、几十万铜钱很重，不方便。在这种情况下白银就日渐流通于市场。白银有它的优点：它的质量不会变，既能分割，化整为零；又能把一些分散的银子铸成一锭，化零为整。白银价值比较高，一两白银可以抵一千钱。因此社会上对白银的需要越来越迫切。

上次讲过，明朝建都北京，粮食主要要从南方运来。四五百万石粮食的运费要由农民负担，运费超过粮食价格的几倍，农民负担很重。所以到明英宗时，逐渐改变了这种办法。有些地方税收开始改折"金花银"，像这个地区应该送四石粮食，现在不要你交粮食了，改交一两银子。政府用一两银子同样可以买到四石粮食。由于国内市场的扩大和税收折银的结果，银子的需要量就大大增加了，原有的银子不够市场上的需要。因此在万历时期就出现了采银的高潮。政府征发许多人，到处开银矿，苛征暴敛，引起国内人民的反对。

通过对外贸易的入超，大量的白银输入了。西班牙人从墨西哥运白银到吕宋，由吕宋转运中国，以换取中国的丝织品和瓷器。到后期，墨西哥的银元也大量流入中国。这样，国内白银数量逐渐增加。所以到万历初年，赋役制度大改变，把原来的田赋制度改为"一条鞭法"，使赋役合一。从此大部分地区的赋税和徭役改折银两。

由于工业和商业的发展，商品流通的客观需要，远距离的大量的交易需要共同的货币作媒介，因而白银普通地应用起来了。这种情况也是以往历史上所没有发生过的。

第七，文学作品上的反映

唐朝、宋朝也有传奇小说，里面的主角是些什么人？主要是官僚、士大夫、文人等等，写市井人物的作品很少。到明代中叶以后出现了以市井人物为主人公的作品。例如《白蛇传》的故事。在《西湖三塔记》中的三怪是：乌鸡、水獭、白蛇，男主角是将门之后——奚宣赞（岳飞部下的将官奚统制之子）。而《洛阳三怪记》的三怪是：赤斑蛇、白猫精、白鸡精，男主角却是开金银铺的老板潘松了。流传到现在的《白蛇传》只剩下二怪：白蛇和青蛇，男主角则是开生药铺的许仙。故事的主角从将门之后的奚宣赞转变为生药铺的许仙，这一变化是值得我们注意的。

又如《金瓶梅》，是万历二十二年（1594年）以后的作品，写嘉靖、万历年间的事。主角西门庆也是开生药铺的。与西门庆来往的篾片、清客都是官僚地主的后人，原来的地位比西门庆高，后来没落了，成为西门庆的门客。以这样一些人物为中心的小说，在过去是没有的。

此外，在"三言""二拍"中，如《卖油郎独占花魁》《倒运汉巧遇洞庭红》等，主角是卖油小贩和偶然发财的穷汉，这也都是当时的社会现实在文艺作品中的具体反映。

第八，明朝后期有了一些替商人说话的政治家

譬如徐光启，他是上海人，是最早接受西洋科学，介绍和传播西洋科学，如物理学、化学、天文学的一个人。他家里原来是地主，后来兼营商业。他本人中了进士，做过宰相。在他的思想中，反映了保护商人特权的要求，他提出了维护商人利益的具体建议。当时国家财政困难，西北有许多荒地，他就主张政府允许各地的地主阶级招募农民来开垦荒地。开垦荒地多的，除了粮食给他外，还可以允许这个地主家里的子弟有多少人考秀才、多少人上学，给他以政治保证。从他这种主张来看，他是当时从地主转为商人的这一集团在政治上的代表人物。

总的来说，上面所讲的这些问题是明朝以前没有发生过的，或者虽然发生过，但并不显著。当时的人也认识到了嘉靖前和嘉靖后所发生的这种巨大变化。当然，他们还不能理解这叫作资本主义萌芽。从我们今天来看，这个变化是旧的东西改变

了，新的东西露出了头。这些例子都可以作为资本主义萌芽来看。但是这些萌芽并没有成长，以后又遭到了压力，因此到鸦片战争以前中国还不能进入资本主义社会。资本主义还处在萌芽状态。

这方面的材料直到现在还是不够完备的，还没有进行认真的研究。上面谈的只是个人的看法，不一定对，更不一定成熟，只供同志们参考。

明朝的军事

 **军与兵**

　　明初创卫所制度，划出一部分人为军，分配在各卫所，专负保卫边疆和镇压地方的责任。军和民完全分开。中叶以后，卫军废弛，又募民为兵，军和兵成为平行的两种制度。

　　军是一种特殊的制度，自有军籍。在明代户口中，军籍和民籍、匠籍平行，军籍属于都督府；民籍属于户部，匠籍属于工部。军不受普通行政官吏的管辖，在身份、法律和经济上的地位都和民不同。军和民是截然地分开的。兵恰好相反，任何人都可应募，在户籍上也无特殊的区别。军是世袭的，家族的，固定的，一经为军，他的一家系便永远世代充军，住在被指定的卫所。直系壮丁死亡或老病，便须由次丁或余丁替补。如在卫所的一家系已全部死亡，还须到原籍勾族人顶充。兵则只是本身自愿充当，和家族及子孙无关，也无固定的驻地，投充和退伍都无法律的强制。军是国家经制的，永久的组织，有一定的额数，一定的戍地。兵则是临时招募的，非经制的，无一定的额数，也不永远屯驻在同一地点。

　　在明代初期，军费基本上是自给自足的，军饷的大部分由军的屯田收入支给。在国家财政的收支上，军费的补助数量不大。虽然全国的额设卫军总数达到二百七十余万的庞大数字[1]，国家财政收支还能保持平衡。遇有边方屯田的收入不敷支给时，由政府制定"开中"的办法，让商人到边塞去开垦，用垦出的谷物来换政府所专利的盐引，取得买盐和卖盐的权利。商人和边军双方都得到好处。

兵是因特殊情势，临时招募的。招募时的费用和入伍后的月饷都是额外的支出。这种种费用原来没有列在国家预算上，只好临时设法，或加赋，或加税，或捐纳，大部由农民负担。因之兵的额数愈多，农民的负担便愈重。兵费重到超过农民的负担能力时，政府的勒索和官吏的剥削引起农民的武装反抗。政府要镇压农民，又只好增兵，这一笔费用还是出在农民身上。

卫所军经过长期的废弛而日趋崩溃，军屯和商屯的制度也日渐破坏，渐渐地不能自给，需要由国家财政开支。愈到后来，各方面的情形愈加变坏，需要国家的财政供给也愈多。这费用也同样地需由农民负担。同时又因为军力的损耗，国防脆弱，更容易引起外来的侵略。卫军不能作战，需要募兵的数量愈多。这两层新负担，年复一年地递加，国家全部的收入不够军兵费的一半，只好竭泽而渔，任意地无止境地增加农民的负担，终于引起历史上空前的农民暴动。政府正在用全力去镇压，新兴的建州却又乘机而入，在内外交逼的情势下，颠覆了明室的统治权。

除中央的军和兵以外，在地方的有民兵，民壮（弓兵、机兵、快手）、义勇种种地方警备兵。在边地的有土兵（土军）、达军（蒙古降卒）。在内地的有苗兵、狼兵（广西土司兵）、土兵等土司兵。将帅私人又有家丁、家兵、亲兵。各地职业团体又有由矿工所组织的矿兵，盐丁所组织的盐兵，僧徒所组织的少林兵、伏牛兵、五台兵。也有以特别技艺成兵的，如河南之毛葫芦兵、习短兵，长于走山；山东有长竿手，徐州有箭手，井陉有蚂螂手，善运石，远可及百步。福建闽漳泉之镖牌兵等等。[2]

从养军三百万基本上自给的卫兵制，到军兵费完全由农民负担，国库支出；从有定额的卫军，到无定额的募兵；从世袭的卫军，到雇用的募兵，这是明代历史上一件大事。

次之，军因历史的、地理的、经济的关系，集中地隶属于国家。在战时，才由政府派出统帅总兵，调各卫军出征。一到战事终了，统帅立刻被召回，所属军也各归原卫。军权不属于私人，将帅也无直属的部队。兵则由将帅私人所招募、训练，和国家的关系是间接的。兵费不在政府的岁出预算中，往往须由长官向政府力争，始能得到。同时兵是一种职业，在中央权重的时候，将帅虽有私兵，如嘉靖时戚继光之戚家军，俞大猷之俞家军，都还不能不听命于中央。到明朝末年，民穷财尽，内外交逼，在非常危逼的局面下，需要增加庞大的兵力，将帅到处募兵，兵饷都由将帅自行筹措，发生分地分饷的弊端，兵皆私兵，将皆藩镇，兵就成为扩充将帅个人权力和地位的工具了。

注释

[1]《明史》卷九一《兵志》，弘治十四年（公元 1501）兵部侍郎
李孟旸《请实军伍疏》："天下卫所官军原额二百七十余万。"

[2]《明史》卷九一《兵志》，弘治十四年（公元 1501）兵部侍郎
李孟旸《请实军伍疏》。

 卫所制度

明太祖即皇帝位后，刘基奏立军卫法。(《明史》卷一二八《刘基传》)《明史》卷八九《兵志序》说：

> 明以武功定天下，革元旧制，自京师达于郡县，皆立卫所。外统之都司，内统于五军都督府。而上十二卫为天子亲军者不与焉。征伐则命将充总兵官，调卫所军领之。既旋则将上所佩印，官军各回卫所，盖得唐府兵遗意。

这制度的特点是平时把军力分驻在各地方，战时才命将出师，将不专军，军不私将，军力全属于国家。卫所的组织，《兵志》二《卫所门》记：

> 天下既定，度要害地系一郡者设所，连郡者设卫。大率五千六百人为卫，千一百二十人为千户所，百十有二人为百户所。

> 所设总旗二，小旗十，大小联比以成军。

> 卫有指挥使，所有千户百户。总旗辖五十人，小旗辖十人。

各卫又分统于都指挥使司（简称都司），司有都指挥使，为地方最高军政长官，和治民事的布政使司，治刑事的按察使司，并称三司，洪武二十六年（公元1393）时定天下都司卫所，共计都司十七（北平、陕西、山西、浙江、江西、山东、四川、福建、湖广、广东、广西、辽东、河南、贵州、云南、北平三护

卫、山西三护卫）。行都司三（北平、江西、福建）。留守司一
（中都）。内外卫三百二十九，守御千户所六十五。成祖以后，
多所增改，都司增为二十一（浙江、辽东、山东、陕西、四
川、广西、云南、贵州、河南、湖广、福建、江西、广东、大
宁、万全、山西、四川行都司、陕西行都司、湖广行都司、福
建行都司、山西行都司）。留守司二（中都、兴都）内外卫增至
四百九十三，守御屯田群牧千户所三百五十九。[1]

　　全国卫军都属于中央的大都督府。大都督府掌军籍，是全
国的最高军事机关。洪武十三年（公元1380）分大都督府为中、
左、右、前、后五军都督府。洪武二十六年定分领在京各卫所
及在外各都司卫所。其组织如下：

五军都督府 {
　左军都督府 {
　　在京卫所
　　浙江都司
　　辽东都司
　　山东都司
　}
　右军都督府 {
　　在京卫所
　　云南都司
　　贵州都司
　　四川都司
　　陕西都司
　　广西都司
　}
　中军都督府 {
　　在京卫所
　　中都留守司
　　河南都司
　　在外直隶扬州卫等卫所
　}
　前军都督府 {
　　在京卫所
　　湖广都司
　　福建都司
　　福建行都司
　　江西都司
　　广东都司
　　在外直隶九江卫
　}
　后军都督府 {
　　在京卫所
　　北平都司
　　北平行都司
　　山西都司
　　山西行都司
　　北平三护卫
　　山西三护卫
　}
}

明朝简史

每府设左右都督各一，掌治府事。成祖以后，又改组如下：

五军都督府

左军都督府
- 在京卫所
- 浙江都司
- 辽东都司
- 山东都司

右军都督府
- 在京卫所
- 陕西都司
- 陕西行都司
- 四川都司及土官（天全六番招讨司、陇木头长官司等土司）
- 四川行都司及土官（昌州长官司等土司）
- 广西都司
- 云南都司及土官（茶山长官司等土司）
- 贵州都司及上官（新添长官司等土司）
- 在外直隶宣州卫

中军都督府
- 在京卫所
- 中都留守司
- 河南都司
- 在外直隶扬州卫等卫所

前军都督府
- 在京卫所
- 湖广都司及土官（永顺军民宣慰司等土司）
- 湖广行都司
- 兴都留守司
- 福建都司
- 福建行都司
- 江西都司
- 广东都司
- 在外直隶九江卫

后军都督府
- 在京卫所
- 大宁都司
- 万全都司
- 山西都司
- 山西行都司
- 在外直隶蓟州卫等卫所

明朝的军事

各地都司分隶于各都督府，其组织如下：

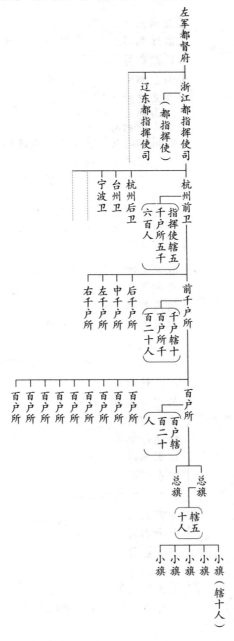

　　　　　　　　　　　明朝简史

和都督府相配合的机关是兵部，长官为兵部尚书，"掌天下武卫官军选授简练之政令"，其下设四清吏司，各设郎中一人，员外郎一人，主事二人：

	武选清吏司	掌卫所土官选授升调袭退功赏之事
兵部尚书一人	职方清吏司	掌舆图军制城隍镇戍简练征讨之事
	车驾清吏司	掌卤簿仪仗禁卫驿传厩牧之事
左右侍郎各一人	武库清吏司	掌戎器符勘尺籍武学薪隶之事

都督府是统军机关，各省各镇镇守总兵官副总兵都以三等[2]真署都督及公侯伯充任。有大征讨，则由政府指派挂诸号将军[3]或大将军前将军副将军印总兵出，事定缴印回任。明初开国时，武臣最重[4]，英国公张辅兄信，至以侍郎换授指挥同知。武臣出兵，多用文臣参赞，如永乐六年（公元1408）黔国公沐晟讨交阯简定，以尚书刘俊参军事。宣德元年（公元1426）成山侯王通讨交阯黎利，以尚书陈洽参赞军务。正统以后，文臣的地位渐高，出征时由文臣任总督或提督军务，经画一切，武臣只负领军作战的任务。如正统六年（公元1441）麓川之役，定西伯蒋贵充总兵官，以兵部尚书王骥总督军务，正统十四年讨福建邓茂七，宁阳侯陈懋为总兵官，以刑部尚书金濂提督军务。成化元年（公元1465）讨大藤峡瑶，都督同知赵辅为征夷将军，以左佥都御史韩雍赞理军务。同年出兵镇压荆、襄农民暴动，抚宁伯朱永充靖虏将军，以工部尚书白圭提督军务。三年讨建州，武靖伯赵辅充总兵官，以左都御史李秉提督军务。从此文臣统帅，武臣领兵，便成定制。在政府的用意是以文臣制武臣，防其跋扈。结果

是武臣的地位愈来愈低。正德以后幸臣戚里多用恩幸得武职，愈为世所轻。在内有部、科，在外有监军、总督、巡抚，重重弹压，五军都督府职权日轻，将弁大帅如走卒，总兵官到兵部领敕，必须长跪，"间为长揖，即谓非体"。到了末年，卫所军士，虽一诸生，都可任意役使了。

各省都指挥使是地方的最高军政长官，统辖省内各卫所军丁，威权最重。在对外或对内的战事中，政府照例派都督府官或公侯伯出为总兵官，事后还任。明初外患最频的是北边的蒙古，派出边地防御的总兵官渐渐地变成固定，冠以镇守的名义，接着在内地军事要害地区也派总兵官镇守，独任一方的军务。又于其下设分守，镇守一路；设守备，镇守一城或一堡。至和主将同城的则称为协守。总兵之下有副总兵、参将、游击将军、守备、把总等名号。总兵是由中央派出的，官爵较高，职权较专，都指挥使是地方长官，渐渐地就成为总兵官的下属了。后来居上，于是临时派遣的总兵官驻守在固定的地点，就代替了都指挥使原来的地位了。

总兵官变成镇守地方的军事统帅以后，在有战事时，政府又派中央大员到地方巡抚，事毕复命，后来巡抚也成固定的官名，驻在各地方。因为这官的职务是在抚安军民，弹压地方，所以以都御史或副金都御史派充。因为涉及军务，所以又加提督军务或赞理军务，参赞军务名义。巡抚兼治一方的民事和军务，不但原来的都、布、按三司成为巡抚的下属，即总兵官也须听其指挥。景泰以后因军事关系，在涉及数镇或数省的用兵地区，添设总督军务或总制、总理，派重臣大员出任。有的兵事终了后即废不设，有的却就成为长设的官。因为辖地涉及较广，地位和职权也就在巡抚之上。末年"流寇"和建州内外夹攻，情势危急，政府又特派枢臣（兵部尚书）外出经略，后来又派阁臣（大学士）出来督师，权力又在总督之上。这样层层叠叠地加上统辖的上官，原来的都指挥使和总兵官自然而然地每况愈下，权力日小、地位日低了。综合上述的情形，从下表（1）中我们可以看出明代地方军政长官地位的衍变。

卫所军丁的总数，在政府是军事秘密，绝对不许人知道。[5]甚至掌治军政的兵部尚书，和专司纠察的给事御史也不许预闻。[6]我们现在就《明太祖实录》卷二二三记载看，洪武二十五年的军数如下表（2）。

总数超过一百二十万。洪武二十六年以后的军数，按卫所添设的数量估计，应该在一百八十万以上。明成祖以后的军数，约在二百八十万左右。[7]万历时代的军数如各镇军马额数表[8]：

明初卫所军士的来源，大概可分四类，《明史》卷九〇《兵志》二记：

其取兵有从征，有归附，有谪发。从征者诸将所部兵，既定其地，因以留戍。归附则胜国及僭伪诸降卒。谪发以罪迁隶为兵者。其军皆世籍。

从征和归附两项军士都是建国前后的旧军。谪发一项则纯以罪人充军。名为恩军[9]，亦称长生军[10]。如永乐初屠杀建文诸臣，一人得罪，蔓连九族外亲姻连都充军役。[11]成化四年（公元1468）项忠平荆、襄农民暴动，俘获三万余人，户选一丁戍湖广边卫（《明史》卷一八七《项忠传》）。都是著例。

表（1）

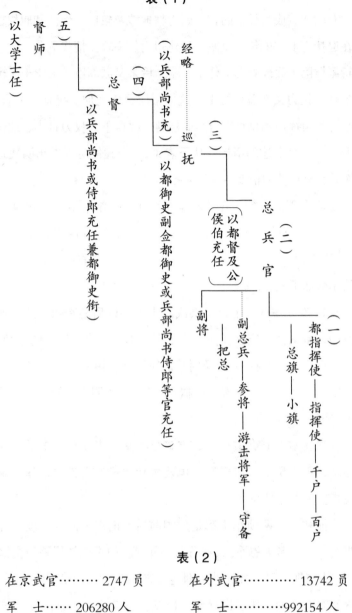

（五）督师（以大学士任）

（四）总督（以兵部尚书或侍郎充任兼都御史衔）

经略……巡抚（以兵部尚书充）（以都御史副佥都御史或兵部尚书侍郎等官充任）

（三）总兵官（以都督及公侯伯充任）

（二）副将……副总兵——参将——游击将军——守备——把总

（一）都指挥使——指挥使——千户——百户，总旗——小旗

表（2）

在京武官………2747 员	在外武官…………13742 员
军 士……206280 人	军 士…………992154 人
马…………… 4751 匹	马…………40329 匹

各镇军马额数表

各 镇	军 数		马 数	
	原 额 ★	现 额 ★	原 额 ★	现 额 ★
蓟镇：蓟 州	39 339	31 658	10 700	6 399
密 云	9 065	33 569	2 032	13 120 ▲
永 平	22 307	39 940	6 038	15 080 ▲
昌 平	14 295	19 039	3 015	5 625 ▲
辽 东	94 693	83 340	77 001	41 830 ▲
保 定	29 308	34 697	1 199	4 791 ▲
宣 府	151 452	79 258	55 274	33 147 ▲
大 同	135 778	85 311	51 654 ▲	35 870 ▲
山 西	25 287	55 295	6 551 ▲	24 764 ▲
延 绥	80 196	53 254	45 940	32 133 ▲
宁 夏	71 693	27 934	22 182	14 657 ▲
固 原	126 919	90 412	32 250 ▲	33 842
甘 肃	91 571	46 901	29 318	21 660 ▲
四 川	14 822	10 897		
云 南	63 923	62 593		
贵 州		28 355		
广 西	121 289	13 097		
		25 854		
湖 广		68 829		
广 东		29 947		
		35 268		
南直隶	102 167			
		7 149		
浙 江	130 188	78 062		
江 西	39 893	20 848		
南 赣		9 148		
		8 171		
		829		
		1 928		
福 建	125 381	38 475		
山 东	43 631			
	2 217			
	3 177			
河 南	20 020			
总 共	1 586 611	1 120 058	343 199	282 918

★原额：永乐以后 现额：万历初年

▲包括马驼牛骡在内

除以上三项外，第四类是垛集军，是卫军最大的来源。《明史》卷九二《兵志》四说：

> 明初垛集令行，民出一丁为军，卫所无缺伍，且有羡丁。……成祖即位，遣给事等官分阅天下军，重定垛集军更代法。初三丁已上垛正军一，别有贴户，正军死，贴户丁补。至是令正军贴户更代，贴户单丁者免，当军家蠲其一丁徭。

平民一被佥发充军，便世世子孙都入军籍，不许变易。民籍和军籍的区分极为严格。[12]民户有一丁被垛为军，政府优免他的原籍老家的一丁差徭，以为弥补。军士赴戍所时，宗族为其治装，名为封桩钱。[13]在卫军士除本身为正军外，其子弟称为余丁或军余，将校的子弟则称为舍人。宣德四年（公元1429）定例免在营余丁一丁差役，令其供给军士盘缠（《大明会典》卷一五五）。边军似乎较受优待，如辽东旧制，每一军佐以三余丁。[14]内地的余丁亦称帮丁，专供操守卒往来费用。[15]日常生活则概由政府就屯粮支给，按月发米，称为月粮。其多少以地位高下分等差。洪武时令在京在外各卫马军月支米二石，步军总旗一石五斗，小旗一石二斗，军一石。守城者如数给，屯田者半之。[16]恩军家四口以上一石，三口以下六斗，无家口者四斗。月盐有家口者二斤，无者一斤（《明史》卷八二《食货志》六《俸饷》）。衣服则岁给冬衣棉布棉花夏衣夏布，在出征时则例给胖袄鞋裤（同上书卷一七七《王复传》）。

 注释

[1] 按《明史·职官志》五："计天下内外卫，凡五百四十有七，所凡二千五百九十有三。"

[2] 左右都督，都督同知，都督佥事。

[3]《明史》卷六八《舆服志》四："武臣受重寄者，征西、镇朔、平蛮诸将军银印虎纽，方三寸三分，厚九分，柳叶篆文。洪武中尝用上公佩将军印，后以公侯伯及都督充总兵官，名曰挂印将军。有事征伐，则命总兵佩印以往，旋师则上所佩印于朝。"

卷七六《职官志》五："其总兵挂印称将军者，云南曰征南将军，大同曰征西前将军，湖广曰平蛮将军，两广曰征蛮将军，辽东曰征虏前将军，宣府曰镇朔将军，甘肃曰平羌将军，宁夏曰征西将军，交阯曰副将军，延绥曰镇西将军（诸印洪熙元年制颁）。其在蓟镇、贵州、湖广、四川及漕运淮安者，不得称将军挂印。"

[4]《明史》卷一四五《张玉传》："帝尝谓英国公辅有兄弟可加恩者乎？辅顿首言辄轼蒙上恩，借近侍，然皆奢侈。独从兄侍郎信贤可使也。帝召见信曰：是英国公兄耶？趣武冠冠之，改锦衣卫指挥同知世袭。时去开国未远，武阶重故也。"

[5] 敖英《东谷赘言》下："我国初都督府军数，太仆寺马数，有禁不许人知。"

[6] 陈衍《槎上老舌》："祖制五府军外人不得预闻，惟掌印都督司

其籍。前兵部尚书邝埜向恭顺侯吴某索名册稽考，吴按例上闻，邝惶惧疏谢。"《明史》卷六九《兵志》一："先是京师立神机营，南京亦增设，与大小二教场同练军士，常操不息，风雨方免，有逃籍者。宪宗命南给事御史时至二场点阅。成国公朱仪及太监安宁不便，诡言军机密务，御史诘问名数非宜。帝为罪御史，仍令守备参赞官阅视，著为令。"

[7]《明史》卷九一《兵志》，弘治十四年（公元1501）兵部侍郎李孟旸《请实军伍疏》："天下卫所官军原额二百七十余万。"

[8]《大明会典》卷一二九至一三〇各镇分例。

[9]《明太祖实录》卷二三二："洪武二十七年（公元1394）四月癸酉，诏兵部凡以罪谪充军者，名为恩军。"

[10]陆容《菽园杂记》八："本朝军伍皆谪发罪人充之，使子孙世世执役，谓之长生军。"

[11]黄佐《双槐岁钞》四："齐（泰）黄（子澄）奸恶九族外亲姻连亦皆编伍，有遍一县连蔓尽而及他邦者，人最苦之。"

[12]《明太祖实录》卷一三一："洪武十三年（公元1380）五月乙未，诏曰：军民已有定籍。敢有以民为军，乱籍以扰吾民者禁止之。"

[13]宋濂《宋学士文集》补遗三《棣州高氏先茔石表辞》："北兵戍南土者宗族给其衣费，谓之封桩钱。"这名称到明代也仍沿用。

[14]《明史》卷二三《潘埙传》："故事每海军一，佐以余丁三。"

[15]《明史》卷二〇五《李遂传》："嘉靖三十九年（公元1560）江北河池营卒以千户吴钦革其帮丁，驱而缚之竿。帮丁者操守卒给一丁资往来费也。"

[16]《明史》卷一七七《李秉传》:"景泰二年（公元1451）言：军以有妻者为有家，月饷一石。无妻者减其四。即有父母兄弟而无妻，概以无家论，非义，当一体增给。从之。"同书卷二〇五《李遂传》:"旧制南军有妻者月粮米一石，无者减其四。春秋二仲月米石折银五钱。"

# 京军

明初定都南京，集全国卫军精锐于京师。有事以京军为主力，抽调各地卫军为辅。又因蒙古人时图恢复，侵犯北边，命将于沿边安置重兵防守，分封诸子出王边境，大开屯田，且耕且守。靖难役后，明成祖迁都北京，以首都置于国防前线，成为全国的军事中心。定制立三大营，一曰五军，一曰三千，一曰神机，合称为京军。

五军营的组织，太祖时设大都督府，节制中外诸军，京城内外置大小二场，分教四十八卫卒。洪武四年（公元1371）士卒之数二十万七千八百有奇。洪武十三年分大都督府为前、后、中、左、右五军都督府。成祖北迁后，增为七十二卫。永乐八年（公元1410）亲征本雅失里，分步骑军为中军，左、右掖，左、右哨，称为五军。除在京卫所外，每年又分调中都、山东、河南、大宁各都司兵十六万人，轮番到京师操练，称为班军。

三千营以边外降丁三千人组成。

神机营专用火器，永乐时平交阯得到火器，立营肄习。后来又得到都督谭广进马五千，置营名"五千"，掌操演火器。

三大营在平时，五军肄营阵，三千肄巡哨，神机肄火器。在皇帝亲征时，大营居中，五军分驻，步内骑外，骑外为神机，神机外为长围，周二十里，樵采其中。

皇帝侍卫亲军有锦衣卫和十二卫亲军。御马监又有武骧，腾骧，左、右卫，称四卫军。

明初京军总数在八十万以上。[1]永乐时征安南，用兵至八十万（《明史》卷一五四《张辅传》）。正统中征麓川，用兵亦十五万（同上书卷一七一《王骥传》）。永乐宣德二朝六次对蒙古用兵，都以京军为主力。到正统十四年（公元1449）土木之变，丧没几尽。《明史》卷一七〇《于谦传》说：

> 时京师劲甲精骑皆陷没。所余疲卒不及十万。人心恐慌，上下无固志。

事后一面补充，一面着手改革。当时主持兵政的兵部尚书于谦以为三大营的缺点，是在分作三个独立组织，各为教令。临时调发，军士和将弁都不相习。乘机改革，在诸营中选出精兵十万，分作十营集中团练，名为团营。其余军归本营，称为老家。京军之制为之一变。到成化时又选出十四万军分十二营团练，称为选锋，余军仍称老家，专任役作。团营之法又稍变。到正德时因"流寇"之乱，调边军入卫，设东西官厅练兵，于是边军成为选锋，十二团营又成为老家了。嘉靖时经过几次严重的外患，几次改革，又恢复三大营旧制，改三千为神枢营，募兵四万充伍。形式上虽然似乎还原，可是以募兵代世军，实质上却已大不相同了。

京军内一部分由外卫番上京师者称为班军。在名义上是集中训练，巩卫京师。实际上却被政府和权贵役作苦工，《明史》卷九〇《兵志》二说：

> 成化间海内燕安，外卫卒在京只供营缮诸役，势家私占复

半之，卒多畏苦，往往愆期。

修建宫殿陵墓，浚理城池，一切大工程都以班军充役，使供役军士，财力交殚，每遇班操，宁死不赴。[2]甚至调发出征的也被扣留役使，《明史》卷一九九《郑晓传》记：

俺答围大同右卫急。……晓言：今兵事方棘，而所简听征京军三万五千人，乃令执役赴工，何以备战守，乞归之营伍。

结果使各地卫军以番上为畏途。有的私下纳银于所属将弁，求免入京。有事则招募充数，名为"折乾"。嘉靖二十九年（公元1550）职方主事沈朝焕在点发班军月饷时，发现有大部分是雇乞丐代替的。后来索性专以班军做工，也不营操了。班军不做工和不在工作期间的便改行做商贩工艺，按时给他们所属的班将一点钱。到末年边事日急，又把班军调到边方，做筑垣负米的劳役。从班军一变而为班工，从应役番上到折乾雇募，虽然名义上还仍旧贯，可是实质上却已经变质了。

在京卫军的情形，也和班军一样地困于役作。成化时以太监汪直总督团营，此后京军便专掌于内臣。其他管军将弁也照例由勋戚充任。在这一群贪婪的太监和纨绔的将弁统率之下，发生了种种弊端：第一是占役，军士名虽在籍，实际上却被权贵大官所隐占，替私人做工服役，却向政府领饷。第二是虚冒，军籍本来无名，却被权贵大官硬把家人苍头假冒选锋壮丁名色，月支厚饷。有人领饷，却无人应役（《明史》卷二六五《李邦华传》）。第三是军吏的舞弊，军士在交替时，军吏需索重贿，贫军不能应付，虽然老羸，也只好勉强干下去。精壮子弟反而不得收练。以此军多老弱。第四是富军的贿免，有钱的怕营操征

明朝简史

调，往往贿托将弁，把他搁在老家数中。贫军虽极疲老，也只能勉强挨命。积此四弊，再加上在营军士的终年劳作，没有受训练的机会，名虽军士，实则工徒。结果自然营伍日亏，军力衰耗，走上崩溃的途径（同上书卷八九《兵志》一）。成化末年京军缺伍至七万五千有奇。到武宗即位时，十二团营锐卒仅六万五百余人，稍弱者二万五千。武宗末年给事中王良佐奉敕选军，按军籍应当有三十八万余人，较明初时已经只剩十分之五，实存者不及十四万，较原额缺伍至六分之五，较现额也缺伍到五分之三强。可是中选者又只二万余人。世宗立，额兵止有十万七千余人，实存者仅半。嘉靖二十九年（公元1550）俺答围都城，兵部尚书丁汝夔核营伍不及五六万人，驱出都门，皆流涕不敢前。吏部侍郎王邦瑞摄兵部，疏言：

国初京营劲旅，不减七、八十万，元戎宿将，常不乏人。自三大营变为十二团营，又变为两官厅，虽浸不如初，然额军尚三十八万有奇。今武备积弛，见籍止十四万余，而操练者不过五、六万。支粮则有，调遣则无。比敌骑深入，战守俱称无军。即见在军率老弱疲惫市井游贩之徒，衣甲器械，取给临时。此其弊不在逃亡而在占役，不在军士而在将领。盖提督坐营号头把总诸官，多世胄纨绔，平时占役营军，以空名支饷，临操则肆集市人，呼舞博笑而已。（《明史》卷八九《兵志》一）

到崇祯末年简直无军可用。《明史》卷二六六《王章传》记：

十七年（公元1644）王章巡视京营，按籍额军十一万有奇。喜曰："兵至十万，犹可为也。"及阅视，半死者，余冒伍，愁

明朝的军事

219

甚，闻炮声掩耳，马未驰而堕，而司农缺饷，半岁未发。

即勉强调发出征，也是雇充游民，名为京军，实则招募。如崇祯十四年兵部侍郎吴甡所言：

> 京营承平日久，发兵剿贼，辄沿途雇充。将领利月饷，游民利剽掠，归营则本军复充伍。（同上书卷二五二《吴甡传》）

积弊之极，京军仅存空名。可是，相反地，军官却与日俱增，越后越多。洪武二十五年京军军官的总数是二千七百四十七员，六十几年后，到景泰七年（公元1456）突增三万余员，较原额加了十一倍。[3]再过十几年，到成化五年（公元1469）又增加到八万余员，较原额增加了三十倍（同上书卷二十《刘体乾传》）。正德时嬖幸以传奉得官，琐滥最甚。世宗即位，裁汰锦衣诸卫内监局旗校工役至十四万八千七百人。岁减漕粮百五十三万二千余石（同上书卷一九〇《杨廷和传》）。不久又汰去京卫及亲军冗员三千二百人（同上书卷一九六《夏言传》）。虽然经过这两次大刀阔斧的裁汰，可是不久又继续增加："边功升授，勋贵传请，曹局添设，大臣恩荫，加以厂卫监局勇士匠人之属，岁增月益，不可胜数"。（同上书卷二十《刘体乾传》）到万历时，神宗倦于政事，大小臣僚多缺而不补，可是武职仍达八万二千余员。到天启时魏忠贤乱政，武职之滥，打破了历朝的纪录，连当时人也说："不知又增几倍？"[4]军日减而官日增，军减而粮仍旧额，国家负担并不减轻，官增则冗费愈多，国库愈匮。并且养的是不能战的军，添的也是不能战的官。到崇祯末年，内外交逼，虽想整顿，也来不及了。

从京军军伍的减削情形看，明初到正统可说是京军的全盛时期。土木变后，经过于谦一番整顿，军力稍强，可是额数已大减于旧，可说是京军的衰落时期。从成化到明末，则如江河日下，一年不如一年，是京军的崩溃时期。在全盛时期，明成祖和宣宗六次打蒙古，三次打安南，京军是全军中最精锐的一部分。在衰落时期，军数虽少，还能打仗。到成化以后，京军虽仍四出征讨，却已没有作战能力了。《明史》卷一八〇《曹璘传》说：

弘治元年（公元 1488）言：诸边有警，辄命京军北征。此辈骄惰久，不足用。乞自今勿遣，而以出师之费赏边军。

《刘健传》也说：

弘治十七年夏，小王子谋犯大同。健言京军怯不任战，乞自今罢其役作，以养锐气。（《明史》卷一八一）

同时的倪岳则说京军之出，反使边军丧气，他说：

京军素号冗怯，留镇京师，犹恐未壮根本。顾乃轻于出御，用亵天威。临阵辄奔，反隳边军之功。为敌人所侮。（同上书卷一八三《倪岳传》）

这时离开国不过一百四十年，京军已以冗怯著称，政府中人异口同声地以为不可用了。

 **注释**

[1]《明史》卷一八五《吴世忠传》："弘治十一年（公元 1498）言：国初设七十二卫，军士不下百万。"同书卷八九《兵志》一："嘉靖二十九年（公元 1550）吏部侍郎王邦瑞摄兵部，因言：'国初京营劲旅不减七、八十万。'"

[2]《明史》卷一八一《李东阳传》，同书卷一九三《费宏传》："太仓无三年之积，而冗食日增，京营无十万之兵，而赴工不已。"卷一九四《梁材传》："嘉靖六年（公元 1527）时修建两宫七陵，役京军七万，大役频兴，役外卫班军四万六千人，郭勋籍其不至者，责输银雇役，廪食视班军。"

[3]《明史》卷一八〇《张宁传》："景泰七年言：京卫带俸武职，一卫至二千余人，通计三万余员，岁需银四十八万，米三十六万，他折俸物动经百万。耗损国储，莫甚于此。而其间多老弱不娴骑射之人。"

[4]《明史》卷二七五《解学龙传》："天启二年（公元 1622）疏言：国初文职五千四百有奇，武职二万八千有奇。神祖时文增至一万六千余，武增至八万二千余。今不知又增几倍？"

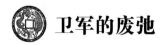

卫军的废弛

京外卫所军的废弛情形也和京军一样。

明代军士的生活，我们可用明太祖的话来说明，他说：

> 那小军每一个月只关得一担儿仓米。若是丈夫每不在家里，他妇人家自去关呵，除了几升做脚钱，那害人的仓官又斛面上打减了几升。待到家里衻（音伐）过来可，止有七、八斗儿米，他全家儿大大小小要饭吃，要衣裳穿，他那里再得闲钱与人。
> （《大诰》武臣科敛害军第九）

正军衣着虽由官库支给，家属的却须自己制备。一石米在人口多的家庭，连吃饭也还不够，如何还能顾到衣服！《明史》卷一八五《黄绂传》：

> 成化二十二年巡抚延绥，出见士卒妻衣不蔽体。叹曰：健儿家贫至是，何面目临其上。亟预给三月饷，亲为抚循。

黄绂所见的是卫军的普遍情形，延绥士卒的遭遇却是一个难得的例外。甚至病无医药，死无棺敛，《明史》卷一六〇《张鹏传》：

> 鹏景泰二年进士。……出按大同宣府，奏两镇军士敝衣菲食，病无药，死无棺。乞官给医药棺槨，设义冢，俾飨厉祭。死者蒙恩，则生者劝。帝立报可，且命诸边概行之。

经过张鹏的提议，才由官给医药棺槨，却仍只限于诸边，内地的不能享受这权利。卫军生活如此，再加以上官的剥削和虐待，假如有办法，他们是会不顾一切，秘密逃亡的。

除从征和归附的军士以外，谪发和垛集军是强逼从军的。他们被威令所逼，离开所习惯的土地和家族，到一个辽远的陌生的环境中去，替统治阶级服务。一代一代地下去，子子孙孙永远继承这同一的命运和生活。大部分的军士发生逃亡的现象，特别是谪发的逃亡最多。万历时章潢说：

国初卫军藉充垛集，大县至数千名，分发天下卫所，多至百余卫，数千里之远者。近来东南充军亦发西北，西北充军亦多发东南。然四方风土不同，南人病北方之苦寒，北人病南方之暑湿。逃亡故绝，莫不由斯。道里既远，勾解遂难。（章潢《图书编》卷一一七）

据正德时王琼的观察，逃亡者的比例竟占十之八九。他以为初期经大乱之后，民多流离失恒产，乐于从军。同时法令严密，卫军不敢逃亡。后来政府不能约束官吏，卫军苦于被虐待、剥削，和逼于乡土之思，遂逃亡相继（王琼《清军议》）。卫所的腐败情形，试举数例：

宣德九年（公元1434）二月壬申，行在兵部右侍郎王骥言：中外都司卫所官，惟知肥己，征差则卖富差贫，征办则以一科十，或占纳月钱，或私役买卖，或以科需扣其月粮，或指操备减其布絮。衣食既窘，遂致逃亡。（《明宣宗实录》卷一○八）

弘治时刘大夏《条列军伍利弊疏》也说：

在卫官军苦于出钱，其事不止一端：如包办秋青草价；给与勇士养马；比较逃亡军匠；责令包工雇役；或帮贴锦衣卫夷

　　　　　　　　　　　　明朝简史

人马匹；或加贴司苑局种菜军人；内外宫人造坟，皆用夫价；接应公差车辆，俱费租钱，其他使用，尚不止此。又管营内外官员，率于军伴额数之外，摘发在营操军役使，上下相袭，视为当然。又江南军士漕运，有修船盘削之费，有监收斛面之加，其他掊克，难以枚举。以致逃亡日多，则拨及全户，使富者贫，贫者终至于绝。江南官军每遇营操，虽给行粮，而往返之费，皆自营办。况至京即拨做工雇车运料，而杂按纳办，有难以尽言者。（《刘忠宣公集》卷一）

卫军一方面被卫官私家役使[1]，甚至被通为朝中权要种田[2]。月粮既被克扣[3]，又须交纳月钱，供上官挥霍。[4]隆庆三年（公元 1569）萧廪出核陕西四镇兵食，发现被隐占的卒伍至数万人（《明史》卷二二七《萧廪传》）军士无法生活，一部分改业为工人商贩，以所得缴纳上官。景帝即位时，刘定之上言十事，论当时情形：

天下农出粟，女出布，以养兵也。兵受粟于仓，受布于库，以卫国也。向者兵士受粟布于公门，纳月钱于私室，于是手不习击刺之法，足不习进退之宜，第转货为商，执技为工，而以工商所得，补纳月钱。民之膏血，兵之气力，皆变为金银，以惠奸宄。一旦率以临敌，如驱羊拒狼，几何其不败也。（《明史》卷一七六）

大部分不能忍受的，相率逃亡，有的秘密逃回原籍，如正统时李纯所言：

三年（公元 1438）十月辛未，巡按山东监察御史李纯言：辽东军士往往携家属潜从登州府运船，越海道逃还原籍。而守

把官军，受私故纵。(《明英宗实录》卷四七》

有的公开请假离伍：

正统十一年（公元1446）五月己卯，福建汀州府知府陆征言：天下卫所军往往假称欲往原籍取讨衣鞋，分析家赀，置备军装。其官旗人等贪图贿赂，从而给与文引遣之。及至本乡，私通官吏乡里，推称老病不行，转将户丁解补。到役未久，托故又去。以致军伍连年空缺。(《明英宗实录》卷一四一）

其因罪谪戍的，则预先布置，改换籍贯，到卫即逃，无从勾捕：

宣德八年（公元1433）十二月庚午，巡按山东监察御史张聪言：辽东军士多以罪谪戍，往往有亡匿者。皆因编发之初，奸顽之徒，改易籍贯，至卫即逃。比及勾追，有司谓无其人，军伍遂缺。(《明宣宗实录》卷一百七）

沈德符记隆万时戍军之亡匿情形，直如儿戏。他说：

吴江一叟号丁大伯者，家温而喜谈饮，久往来予家。一日忽至邸舍，问之，则解军来。其人乃捕役妄指平民为盗，发遣辽东三万卫充军，亦随在门外。先人语之曰：慎勿再来，倘此犯逸去，奈何！丁不顾，令之入叩头，自言姓王，受丁恩不逸也。去甫一月，则王姓者独至邸求见。先人骇问之，云已讫事，丁大伯亦旦夕至矣。先人细诘其故，第笑而不言。又匝月而丁来，则批回在手。其人到伍，先从间道逸归，不由山海关，故反早还。因与丁作伴南旋。近闻中途亦有逃者，则长解自充军犯，雇一二男女，一为军妻，一为解人，投批到卫收管，领批报命时竟还桑梓。彼处戍长，以入伍脱逃，罪当及己，不敢声

言。且利其遗下口粮，潜入囊橐。而荷戈之人，优游闾里，更无谁何之者。（《野获编补遗》）

卫所官旗对于卫军之逃亡缺额，非但毫不过问，并且引为利源。因为一方面他们可以干没逃亡者的月粮，一方面又可以向逃亡者需索贿赂。永乐十二年（公元1414）明成祖曾申说此弊：

十月辛巳上谕行在兵部臣曰：今天下军伍不整肃，多因官吏受赇，有纵壮丁而以罢弱充数者；有累岁缺伍不追补者；有伪作户绝及以幼小纪录者；有假公为名而私役于家者。遇有调遣，十无三四。又多是幼弱老疾，骑士或不能引弓，步卒或不能荷戈，缓急何以济事！（《明成祖实录》卷一五七）

五年后监察御史邓真上疏说军卫之弊，也说：

内外各卫所军士，皆有定数，如伍有缺，即当勾补。今各卫所官吏惟耽酒色货贿，军伍任其空虚。及至差人勾补，纵容卖放，百无一二到卫，或全无者；又有在外娶妻生子不回者。官吏徇私蒙蔽，不行举发。又有勾解到卫而官吏受赃放免；及以差使为由，纵其在外，不令服役。此军卫之弊也。（《明成祖实录》卷二一九）

在这情形下，《明史·兵志》记从吴元年十月到洪武三年十一月，三年中军士逃亡者四万七千九百余。到正统三年（公元1438）离开国才七十年，这数目就突增到一百二十万有奇，占全国军伍总数二分之一弱。[5]据同年巡按山东监察御史李纯的报告，他所视察的某一百户所，照理应有旗军一百十二人，可是逃亡所剩的结果，只留一人（《明英宗实录》卷四七）。

边防和海防情况：辽东的兵备在正德时已非常废弛，开原尤甚，士马才十二，墙堡墩台圮殆尽，将士依城堑自守，城外数百里，悉为诸部射猎地（《明史》卷一九九《李承勋传》）。蓟镇兵额到嘉靖时也十去其五，唐顺之《覆勘蓟镇边务首疏》：

从石塘岭起，东至古北口墙子岭马兰谷，又东过滦河，至于太平寨燕河营，尽石门寨而止，凡为区者七。查得原额兵共七万六百零四名，见在四万六千零三十七名。逃亡二万四千五百六十七名。又从黄花镇起，西至于居庸关，尽镇边城而止，凡为区者三，查得原额兵共二万三千二十五名，逃亡一万零一百九十五名。总两关十区之兵，原额共九万三千八百二十四名，见在五万九千六十二名，逃亡三万四千七百六十二名。……蓟兵称雄，由来久矣。比臣等至镇，则见其人物琐软，筋骨绵缓，靡靡然有暮气之惰，而无朝气之锐。就而阅之，力士健马，什才二三，钝戈弱弓，往往而是。其于方圆牝牡九阵分合之变，既所不讲，剑盾枪箭五兵之长，亦不能习。老羸未汰，纪律又疏，守尚不及，战则岂堪。（《荆川外集》卷二）

沿海海防，经积弛后，尤不可问。《明史》卷二○五《朱纨传》记嘉靖二十六年时闽浙情形说：

漳、泉巡检司弓兵旧额二千五百余，仅存千人。……浙中卫所四十一，战船四百三十九，尺籍尽耗。

海道副使谭纶述浙中沿海卫所积弊：

卫所官军既不能以杀贼，又不足以自守，往往归罪于行伍空虚，徒存尺籍，似矣。然浙中如宁、绍、温、台诸沿海卫所，环城之内，并无一民相杂，庐舍鳞集，岂非卫所之人乎？顾家道殷实者，往往赂充吏承，其次赂官出外为商，其次业艺，其次投兵，其次役占，其次搬演杂剧，其次识字，通同该伍放回附近原籍，岁收常例，其次舍人，皆不操守。即此八项，居十之半，且皆精锐。至于补伍食粮，则反为疲癃残疾，老弱不堪之辈，军伍不振，战守无资，弊皆坐此。至于逃亡故绝，此特其一节耳。（胡宗宪《筹海图编》卷一一《经略一·实军伍》）

以至一卫军士不满千余，一千户所不满百余（同上兵部尚书张时彻语）。一遇事变，便手足无措。倭寇起后，登陆屠杀，如入无人之境。充分证明了卫军的完全崩溃，于是有募兵之举，另外招募壮丁，加以训练，抵抗外来的侵略。

 注释

[1]《明成祖实录》卷六八："永乐五年（公元1407）六月辛卯，御史蒋彦禄言：国家养军士以备攻战。暇则教之，急则用之。今各卫所官夤缘为奸，私家役使，倍蓰常数。假名义以避正差，贿赂潜行，互相蔽隐。"

[2]《明史》卷一七七《年富传》："英国公张懋及郑宏各置庄田于边境，岁役军耕种。"

[3] 王鏊《王文恪公文集》卷一九《上边议八事》："今沿边之民，终年守障，辛苦万状。而上之人又百方诛求，虽有屯田而子粒不得入其口，虽有月粮而升斗不得入其家，虽有赏赐而或不得给，虽有首级而不得为己功。"《明史》卷一八二《刘大夏传》："弘治十七年召见大夏于便殿……问军，对曰：穷与民等。帝曰：居有月粮，出有行粮，何故穷？对曰：其帅侵克过半，安得不穷！"《明英宗实录》卷一二六："正统二年十月辛亥，直隶巡按御史李奎奏：沿海诸卫所官旗，多克减军粮入己，以致军士艰难，或相聚为盗贼，或兴贩私盐。"

[4]《明史》卷一六四《曹凯传》："景泰中擢浙江右参政。时诸卫武职役军办纳月钱，至四千五百余人。"同书卷一八〇《汪奎传》："成化二十一年言：内外座营监枪内官增置过多，皆私役军士，办月钱。多者至二三百人。武将亦多私役健丁，行伍惟存老弱。"甚至余军亦被私役，《明英宗实录》卷一八六："正统十四年十二月壬申，兵科给事中刘斌奏：近数十年典兵官员既私役正军，又私役余丁。甚至计取月钱，粮不全支。是致军士救饥寒之不暇，尚何操习训练之务哉！"

[5]《明英宗实录》卷四六："正统三年九月丙戌，行在兵部奏：天下都司卫所发册坐勾逃故军士一百二十万有奇。今所清出，十无二三。未几又有逃故，难以遽皆停止。"

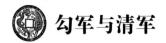

勾军与清军

卫所军士之不断地逃亡，使统治阶级感觉恐慌，努力想法挽救。把追捕逃军的法令订而又订，规定得非常严密，《明史》卷九二《兵志》四记：

大都督府言：起吴元年十月至洪武三年十一月，军士逃亡者四万七千九百余。于是下追捕之令，立法惩戒。小旗逃所隶三人降为军，上至总旗百户千户皆视逃军多寡，夺俸降革。其从征在外者罚尤严。

把逃军的责任交给卫所官旗，让他们为自己的利益约束军士，这办法显然毫无效果，因为在十年后又颁发了同样性质的法令：

洪武十三年五月庚戌，上谕都督府臣曰：近各卫士卒率多逋逃者，皆由统之者不能抚恤。宜量定千百户罚格。凡一千户所逃至百人者千户月减俸一石，逃至二百人减二石。一百户所逃及十人者月减俸一石，二十人者减二石，若所管军户不如数，及有病亡事故残疾事，不在此限。（《明太祖实录》卷一三一）

洪武十六年又命五军都督府檄外卫所，速逮缺伍士卒，名为勾军。特派给事中潘庸等分行清理，名为清军。洪武二十一年以勾军发生流弊，命卫所及郡县编造军籍：

九月庚戌，上以内外卫所军伍有缺，遣人追取户丁，往往鬻法，且又骚动于民。乃诏自今卫所以亡故军士姓名乡贯编成图籍送兵部，然后照籍移文取之，毋擅遣人，违者坐罪。寻又诏天下郡县，以军户类造为册，具载其丁口之数，如遇取丁补伍，有司按籍遣之，无丁者止。（同上书卷一九三）

军籍有三份，一份是清勾册（卫所的军士逃亡及死亡册），一份是郡县的军户原籍家属户口册。一份是收军册。卫所的军额是一定的，卫军规定必须有妻，不许独身不婚。[1]父死子继。如有逃亡缺伍或死绝，必须设法补足。补额的方法是到原籍追捕本身或其亲属。同年又置军籍勘合：

是岁命兵部置军籍勘合，遣人分给内外卫所军士，谓之勘合户由。其中间写从军来历，调补卫所年月，及在营丁口之数。遇点阅则以此为验。其底簿则藏于内府。（《明太祖实录》卷一九五）

这两种制度都为兵部侍郎沈溍所创。《明史》曾对这新设施的成效加以批评：

明初卫所世籍及军卒勾补之法，皆沈溍所定。然名目琐细，簿籍繁多，吏易为奸。终明之世，颇为民患，而军卫亦日益耗。（《明史》卷一三八《唐铎传》）

实际上不到四十年，这两种制度都已丧失效用了。不但不能足军，反而扰害农民。第一是官吏借此舞弊：

宣德八年二月庚戌，行在兵部请定稽考勾军之令。盖故事都司卫所军旗伍缺者，兵部预给勘合，从其自填，遣人取补。及所遣之人，事已还卫，亦从自销，兵部更无稽考。以故官吏夤缘为弊，或移易本军籍贯，或妄取平民为军，勘合或给而不销，限期或过而不罪。致所遣官旗，迁延在外，娶妻生子，或取便还乡，二三十年不回原卫所者，虽令所在官司执而罪之，然积弊已久，猝不能革。（《明宣宗实录》卷九九）

使奉命勾军的官旗，自身也成逃军。第二是军籍散失，无法勾补：

宣德八年八月壬午，河南南阳府知府陈正伦言：天下卫所军士，或从征，或屯守，或为事调发边卫。其乡贯姓名诈冒更改者多。洪武中二次勘实造册，经历年久，簿籍鲜存，致多埋没。有诈名冒勾者，官府无可考验虚实。（同上书卷一〇四）

政府虽然时派大臣出外清理军伍，宣德三年且特命给事中御史按期清军。清军条例也一增再增，规定得非常严密，军籍也愈来愈复杂。嘉靖三十一年（公元 1552）又增编兜底、类卫、类姓三册，合原有之军黄总册（即户口册）为四册。[2] 但是这一切的条例和繁复的手续，只是多给予官吏以舞弊的机会，卫军的缺伍情形，仍不因之稍减。

在明代前期，最为民害的是勾军。军士缺伍，勾捉正身者谓之跟捕，勾捕家丁者谓之勾捕。勾军的弊害，洪熙元年（公元 1425）兴州左屯卫军士范济曾上书说：

臣在行伍四十余年，谨陈勾军之弊：凡卫所勾军有差官六七员者，百户所差军旗二人或三人者，俱是有力少壮，及平日结交官长，畏避征差之徒，重贿贪饕官吏，得往勾军。及至州县，专以威势虐害里甲，既丰其馈饩，又需其财物，以合取之人及有丁者释之。乃诈为死亡，无丁可取，是以留宿不回。有违限二三年者，有在彼典雇妇女成家者。及还，则以所得财

物，贿其枉法官吏，原奉勘合，曚眬呈缴。较其所取之丁，不及差遣之官，欲求军不缺伍，难矣。（《明宣宗实录》卷五）

官校四出，扰乱得闾里不宁，却对军伍之缺，一无裨补。正统元年（公元1436）九月分遣监察御史轩𫐐等十七人清理军政，在赐敕中也指出当时的弊害，促令注意。敕书说：

武备立国之重事。历岁既久，弊日滋甚。军或脱籍以为民，民或枉指以为军。户本存而谓其为绝，籍本异而强以为同。变易姓名，改易乡贯，夤缘作弊，非止一端。推厥所由，皆以军卫有司及里甲人等贪略挟私，共为欺蔽，遂致妄冒者无所控诉，埋没者无从追究，军缺其伍，民受其殃。（《明英宗实录》卷二二）

在实际上，不但法外的弊害，使农民受尽苦痛，即本军本户的勾补，对农民也是极大灾难。试举数例说明。第一例要七十老翁和八岁孩子补伍：

洪武二十五年四月壬子，怀远县人王出家儿年七十余，二子俱为卒从征以死。一孙甫八岁，有司复追逮补伍。出家儿诉其事于朝，令除其役。（《明太祖实录》卷二七）

第二例单丁补役，田地无人耕种：

永乐八年四月戊戌，湖广彬州桂阳县知县梁善言：本县人民充军数多，户有一丁者发遣补役，则田地抛荒，税粮无征，累及里甲。（《明成祖实录》卷一〇二）

第三例地方邻里因勾军所受的损失。万历三年徐贞明疏言：

东南民素柔脆，莫任远戍。今数千里勾军，离其骨肉。军壮出于户丁，帮解出于里甲，每军不下百金。而军非土著，志

不久安，辄赂卫官求归。卫官利其赂且可以冒饷也，因而纵之。是困东南之民，而实无补于军政也。(《明史》卷二二三)

解除军籍的唯一途径，明初规定，必须做到兵部尚书才能脱籍为民。[3]《明史》卷一三八《唐铎传》记陈质许除军籍，称为特恩：

潮州陈质父在戍籍。父殁，质被勾补，请归卒业，帝命除其籍。(兵部尚书)沈溍以缺军伍持不可。帝曰：国家得一卒易，得一士难。遂除之。然此皆特恩云。[4]

后定制生员特许免勾，但要经考试合格：

凡开伍免勾，洪武二十三年令生员应补军役者，除豁遣归卒业。二十九年令生员应起解者，送翰林院考试，成效者开伍，发回读书。不成者照旧补役。(《大明会典》卷一五四)

永乐时又定例现任官吏免勾：

二年令生勾军有见任文武官及生员吏典等，户止三丁者免勾，四丁以上者勾一丁补伍。(同上)

从此官僚阶级得豁去当军的义务，军伍的勾取只限于无钱无势的平民了。

勾军之害，已如上述。一到大举清军时，其害更甚。清军官吏是以清出军伍的多少定考成的，因此肆意诛求，滥及民户，惟恐所勾太少。《明史》记宣德时清军情形：

(赵豫)官松江知府。清军御史李立至，专务益军，勾及亲戚同姓，稍辩则酷刑榜掠，人情大扰。诉枉者至一千一百余人。[5]

正德时武定清军，一州至万余人：

（郭侃）官武定知州。会清军籍，应发遣者至万二千人。侃曰：武定户口三万，是空半州也。力争之得寝。（《明史》卷二八一《郭侃传》）

王道论清军之弊有三：第一是清勾不明；第二是解补太拘；第三是军民并役。他说：

清勾之始，执事不得其人，上官不屑而委之有司，有司不屑而付之吏胥，贿赂公行，奸弊百出。正军以富而幸免，贫民无罪而干连，有一军缺而致数人之命，一户绝而破荡数家之产者矣，此清勾不明之弊一也。国初之制，垛集者不无远近之异，谪戍者多罹边卫之科，承平日久，四海一家，或因迁发，填实空旷，或因商宦，流寓他方，占籍既久，桑梓是怀。今也勾考一明，必欲还之原伍，远或万里，近亦数千，身膺桎梏，心恋庭闱，长号即路，永诀终天，人非木石，谁能堪此，此解补太拘之弊二也。迩年以来，地方多事，民间赋役，十倍曩时，鬻卖至于妻子，算计尽乎鸡豚，苦不聊生，日甚一日，而又忽加之以军伍之役，重之以馈送之繁，行赍居送，无地方可以息肩，死别生离，何时为之聚首？民差军需，交发互至，财殚力竭，非死即亡，此军民并役之弊三也。（《顺渠先生文集》卷四）

至嘉靖时，军伍更缺，法令愈严，有株累数十家，勾摄经数十年者，丁口已尽，犹移覆纷纭不已。万历中南直隶应勾之军至六万六千余，株连至二三十万人（《明史》卷九二《兵志四》）。卫军已逃亡的，"勾军无虚岁，而什伍日亏。"未逃亡或不能逃亡的，却"平居以壮仪卫，备国容犹不足"[6]。卫所制度到这时候，已经到了完全崩溃的阶段了。

注释

[1]《筹海图编》卷一一《实军伍》，兵部尚书张时彻云："（卫军）无妻者辄罢革。"《明史》卷九二《兵志》四："军士应起解者皆佥妻。"

[2]《大明会典》卷一五五《兵部三八·军政二·册单》："凡大造之年，除军黄总册照旧攒造外，又造兜底一册，细开各军名贯，充调来历，接补户丁，务将历年军册底查对明白，毋得脱漏差错。又别造类姓一册；不拘都图卫所，但系同姓者摘出类编。又别造类卫一册，以各卫隶各省，以各都隶各卫，务在编类详明，不许混乱。其节年问发永远新军亦要附入各册，前叶先查概县军户总数以递合图，以图合都，以都合县。不许户存户绝，有无勾单，务寻节年故牒，补足前数。每于造册之年，另造一次，有增无减，有收无除。每县每册各造一样四本，三本存各司府州县，一本送兵部备照。册高阔各止一尺二寸，不许宽大，以致吏书作弊。"按军黄《明史》及《明史稿·兵志》均作军贯，今从《会典》。

[3]《明史》卷九二《兵志》清理军伍。同书卷一三八《陈修传》："翟善迁吏部尚书，帝欲除其家戍籍。善曰：戍卒宜增，岂可以臣破例。帝益以为贤。"

[4]《明史》卷一四二《陈彦回传》："彦回莆田人。父立诚为归安丞，被诬论死，彦回谪戍云南，家人从者多道死，惟彦回与祖

母郭在。会赦又弗原，监送者怜而纵之，贫不能归，依乡人知县黄积良。……彦回后擢徽州知府。……当彦回之戍云南也，其弟彦囧亦戍辽东。至是诏除彦回籍。"按以罪谪戍者，如罪不至全家，经请求得由子弟代役，《明史》卷一四三《高巍传》："由太学生试前军都督府左断事，……寻以决事不称旨当罪，减死戍贵州关索岭。特许弟侄代役，曰旌孝子也。"《周缙传》："遣戍兴州，有司遂捕缙械送戍所，居数岁，子代还。"

[5]《明史》卷二八一《赵豫传》，同上《张宗琏传》："朝遣李立理江南军籍，檄宗琏自随。立受黠军词，多逮平民实伍。"吴宽《匏翁家藏集》卷三三《崔巡抚辩诬记》："宣德初所谓军政条例始行于天下。御史李立往理苏、常等府。立既刻薄，济以苏倅张徽之凶暴，专欲括民为军。民有与辩者，徽辄怒曰：汝欲为鬼耶？抑为军耶？一时被诬与死杖下者，多不可胜数。苏人恨入骨髓。然畏其威，莫敢与抗也。"

[6] 顾起元《客座赘语》二《勾军可罢》："南都各卫军在卫者，余尝于送表日见之。尪羸饥疲，色可怜，与老稚不胜衣甲者居大半。平居以壮仪卫，备国容犹不足，脱有事而责其效一臂力，何可得哉！其原隶尺籍，皆系祖军，死则其子孙或其族人充之，非盲瞽废疾，未有不编于伍者。又户绝必清勾，勾军多不乐轻去其乡，中道辄逃匿，比至又往往不习水土，而病且死。以故勾军无虚岁而什伍日亏。且勾军之害最大，一户而株累数十户不止。比勾者至卫所，官卫又以需索困苦之，故不病且死，亦多以苦需索而窜。"

　　　　　　　　　　　　　　　　　明朝简史

 **募兵**

　　从永乐迁都北京以后，每年须用船运东南米数百万石北来，漕运遂为明代要政。运粮多由各地卫军负责。宣宗即位后，始定南北卫军分工之制，南军转运，北军备边。[1]特设漕运总兵，用卫军十二万人（《明史》卷一五三《陈瑄传》）。东南军力由之大困。弘治元年（公元1488）都御史马文升疏论运军之苦说：

　　　　各直省运船，皆工部给价，令有司监造。近者漕运总兵以价不时给，请领价自造，而部臣以军士不加爱护，议令本部出料四分，军卫任三分，旧船抵三分。军卫无从措办，皆军士卖资产，鬻男女以供之，此造船之苦也。正军逃亡数多，而额数不减，俱以余丁充之，一户有三四人应役者，春兑秋归，艰辛万状，船至张家湾，又雇车盘拨，多称贷以济用，此往来之苦也。其所称贷，运官因以侵渔，责偿倍息，而军士或自载土产以易薪米，又格于禁例，多被掠夺。（《明史》卷七九《食货志三·漕运》）

　　江南军士"多因漕运破家"，江北军士则"多以京操失业"[2]。南北卫军因之都废弛不可用。

　　明代用全力防守北边，备蒙古入侵。腹地军力极弱，且经积弛之后，一有事故，便手足无措。隆庆时靳学颜疏言：

　　　　夫陷阵摧坚，旗鼓相当，兵之实也。今边兵有战时，若腹兵则终世不一当敌，每盗贼窃发，非阴阳医药杂职，则丞贰判簿为之将，非乡民里保，则义勇快壮为之兵，在北则借盐丁矿徒，在南则借狼土，此皆腹兵不足用之明验也。（《明史》卷二一四《靳学颜传》）

所说的虽然是后期情形，其实在前期即已如此。正统时邓茂七起义，将帅尪怯退避，反由文吏指挥民兵作战。[3] 天顺初年两广"盗"起，将吏率缩朒观望，怯不敢战。[4] 至正德时刘宠、刘辰起义，腹地卫军已全不能用：

正德六年刘宠刘辰等自畿辅犯山东河南，下湖广，抵江西。复自南而北，直窥霸州。杨虎等自河北入山西，复东抵文安，与宠等合。破邑百数，纵横数千里，所过若无人。（《明史》卷一八七《马中锡传》）

只好调边兵来作战。西南和东南则调用素称慓悍嗜杀的狼土兵。[5] 可是狼土兵毫无军纪，贪淫残杀，当时有"贼如梳，军如篦，土兵如鬄"[6] 和"土贼尤可，土兵杀我"之谣[7]。甚或调用土达[8]，如毛胜（原名福寿）之捕苗云南：

正统六年，靖远伯王骥请选在京番将舍人捕苗云南，乃命胜与都督冉保统六百人往。…（正统十四年）以左副总兵统河间东昌降夷赴贵州（平贼）。（同上书卷一五六《毛胜传》）

和勇（原名脱脱孛罗）之平两广"盗"：

天顺间以两广多寇，命充游击将军，统降夷千人往讨。……成化初赵辅、韩雍征大藤峡，诏勇以所部从征。（同上书卷一五六《和勇传》）

又行金民壮法，增加地方兵力。正统二年始募所在军余民壮愿自效者。十四年令各处召募民壮，就令本地官司率领操练，遇警调用，事定仍复为民。弘治二年又令：

> 州县选取年二十以上五十以下精壮之人，州县七八百里，每里佥二名。五百里者每里三名。三百里者每里四名。一百里以上者每里五名。春夏秋每月操二次，至冬操三歇三，遇警调集，官给行粮。（《明史》卷九一《兵志》）

富民不愿服务，可纳钱免佥，由官代募。此种地方兵又称机兵，在巡检司者称为弓兵。到此人民又加上一层新负担，军外加兵，疲于奔命。

调用边兵土兵达兵和佥点民壮，虽然解决了一时的困难，可是边兵有守边之责，土兵不易制裁，达兵数目不多，民壮稍后也积弊不可用，而且是地方兵，只供守卫乡里，不能远调。王守仁在正德时曾申说当时兵备情形：

> 赣州财用耗竭，兵力脆弱，卫所军丁，只存故籍，府县机（兵）快（手），半充虚文，御寇之方，百无一恃，以此例彼，余亦可知。是以每遇盗贼猖獗，辄覆奏请兵，非调土军，即倩狼达，往返之际，辄已经年，糜费所需，动逾数万。逮至集兵举事，即已魍魉潜形，曾无可剿之贼，稍俟班师旋旅，则又鼠狐聚党，复当不轨之群。机宜屡失，备御益弛。征发无救于疮痍，供亿适增其荼毒。群盗习知其然，愈肆无惮，百姓谓莫可恃，竞亦从非。（《阳明集要·经济集一·选拣民兵》）

在这种情况下，不能不另想办法。于是有募兵出现。在卫军民壮以外，又加上第三种军队。募兵出而卫军民壮自以为无用，愈加废弛。[9]

募兵之制，大约开端于正统末年。募兵和民壮不同，民壮是由地方按里数多少或每户壮丁多少佥发的，平时定期训练，余时归农，调发则官给行粮，事定还家。完全为警卫地方之用。募兵则由中央派人招募，入伍后按月发饷，东西征戍，一惟政府之命。战时和平时一样，除退役外不能离开行伍。正统土木之变，京军溃丧几尽，各省勤王兵又不能即刻到达，于是派朝官四出募兵[10]，以为战守之计。嘉靖时倭寇猖獗，沿海糜烂，当时人对于卫军之毫无抵抗能力，不能保卫地方，极为不满。主张在卫军和募兵两者中择较精锐的精练御敌，即以所淘汰的军的粮饷归之能战的兵，郎瑛所记"近日军"即代表此种意见。他说：

> 古之置军也防患，今之置军也为患。何也？太平无事，民出谷以养军，官有产以助军，是欲藉其有警以守，盗发以讨，所以卫民也。卫民，卫国也。今海贼为害有年矣，未闻军有一方之守，一阵之敌焉。守敌者非召募之土著，则选调别省兵勇。故见戮于贼也，非地方男妇良民，即远近召募之众。是徒有养军之害，而无卫军之实，国非亦为其所损哉！为今之计，大阅军兵，使较射扑，军胜于募，则以募银之半加于军，募胜于军，则扣军粮之半以益募。如此则军兵各为利而精矣。以练精者上阵以杀贼，余当减之也。庶民不费于召募之费，国不至于倍常之费，虽为民而实为国矣。（《七修类稿续稿》卷三）

要求用精练的兵作战。当时将帅都在这要求下纷纷募兵训练，内中最著名的如戚继光：

> 继光至浙，见卫所兵不习战，而金华义乌俗称慓悍，请召

募三千人教以击刺法，长短兵迭用，由是继光一军特精。又以南方多薮泽，不利驰逐。乃因地形，制阵法，审步伐便利，一切战舰火器兵械，精求而更制之，戚家军名闻天下。(《明史》卷二一二《戚继光传》)

谭纶:

东南倭患已四年，朝议练多兵御贼。参将戚继光请期三年而后用之。纶亦练千人，立束伍法，自裨将以下节节相制，分数既明，进止齐一，未久即成精锐，益募浙东良家子教之。而继光练兵已及期，因收之为己用，客兵罢不复调。(同上书卷二一二《谭纶传》)

同时张鳌募兵名振武营[11]，郑晓[12]、朱先募盐徒为兵。[13] 名将俞大猷所练兵名俞家军。[14] 都卓有成效，在几年中完全肃清了倭寇。

在另一方面，北边的边军也渐渐地用募兵来代替和补充世军。《明史》卷二〇四《陈九畴传》:

世宗即位，巡抚甘肃。抵镇言: 额军七万余，存者不及半，且多老弱，请令召募。报可。[15]

嘉靖二十九年又令蓟镇自于密云、昌平、永平、遵化募兵一万五千(《大明会典》卷一二九)。隆庆二年以戚继光为总兵官练蓟镇兵，募浙兵三千作边军模范(《明史》卷二一二《戚继光传》)。后又续募浙兵九千余守边，边备大饬。(同上书《谭纶传》)甚至京军也用募兵充伍:

嘉靖二十九年，遣四御史募兵畿辅、山东、山西、河南得四万人，分隶神枢神机。(同上书卷八九《兵志》一)

从此以后，以募兵为主力，卫军只留空名，置而不用。[16]时人以为募兵较世军有十便：

年力强壮者入选，老弱疲癃，毋得滥竽其中，便一。一遇有缺伍，朝募而夕补，不若清勾之旷日持久，便二。地与人相习，无怀故土逃亡之患，便三。人必能一技与善一事者方得挂名什伍，无无用而苟食者，便四。汰减之法，自上为政，老病不任役者弃之，不若祖军顶替，有贿官职而瞒年岁者，便五。部科遴拣，一朝而得数什百人，贪弁不得缘以勒指需索，便六。有事而强壮者人可荷戈，不烦更为挑选，便七。家有有力者数人，人皆得为县官出力，不愿者勿强也，便八。壮而不能治生产者，得受糈于官，无饥寒之患，便九。猛健豪鸷之材，笼而驭之，毋使流为奸宄盗贼，便十。（《客座赘语》卷二）

万历末年建州勃兴，辽沈相继失守，募兵愈多，国库日绌。募来的兵多未经严格训练，又不能按时发饷，结果也和卫军一样，逃亡相继。熊廷弼《辽左大势久去疏》：

辽东见在兵有四种：一曰募兵，佣徒厮役，游食无赖之徒，几能弓马惯熟？几能膂力过人？朝投此营，领出安家月粮而暮逃彼营；暮投河东，领出安家银两而朝投河西。点册有名，及派工役而忽去其半；领饷有名，及闻告警而又去其半。此募兵之形也。（《熊襄愍公集》卷三）

甚至内地兵尚未出关，即已逃亡。[17]在辽就地所募兵，得饷后即逃亡过半。[18]天启时以四方所募兵日逃亡，定法摄其亲属补伍（《明史》卷二五六《毕自严传》）。也只是一个空头法令，实际上并不能实行。稍一缺饷，则立刻哗变，崇祯元年川、湖兵戍宁远时，以缺饷四月大噪，余十三营起应之，至缚系巡抚毕自严（《明史》卷二五九《袁崇焕传》）。"流寇"起后，内外交逼，将帅拥兵的都只顾身家，畏葸不敢作战。政府也曲意宽容，极意笼络，稍有功效，加官封爵，惟恐不及。丧师失地的却不敢少加罪责，惟恐其拥兵叛乱，又树一敌。由此兵骄将悍，国力日蹙。[19] 诸将中左良玉兵最强，拥兵自重，跋扈不肯听调遣，《明史》说他：

> 多收降寇以自重，督抚檄调，不时应命。……壁樊城，驱襄阳一郡人以实军，降贼附之，有众二十万。……福王立……南都倚为屏蔽。良玉兵八十万，号百万，前五营为亲军，后五营为降军，每春秋肆兵武昌诸山，一山帜一色，山谷为满。军法用两人夹马驰日过对，马足动地，殷如雷声。诸镇兵惟高杰最强，不及良玉远甚。(《明史》卷二七三《左良玉传》)

一人拥兵八十万，当时号为左兵。在崇祯时代他为要保全私人实力，不听政府调遣。福王立，他又发动内战，以致清兵乘虚直捣南京。其他镇将如高杰、黄得功、刘泽清、刘良佐在北都亡后，拥兵江北，分地分饷，俨然成为藩镇。他们不但以武力干涉中央政事，还忙于抢夺地盘，互相残杀。高杰、黄得功治兵相攻，刘泽清、刘良佐、许定国则按兵不动。后来许定国诱杀高杰，以所部献地降清，刘泽清、刘良佐也不战降附，黄得功兵败自杀，南都遂亡。

注释

[1]《明史》卷一四五《朱能传》："朱勇以南北诸卫所军，备边转运，错互非便。请专令南军转运，北军备边。"

[2]《刘忠宣公集》卷一《乞休疏》中语。

[3]《明史》卷一六五《丁瑄传》："当是时浙闽盗所在剽掠为民患，将帅率玩寇，而文吏励民兵拒贼往往多斩获。闽则有张英王得仁之属，浙江则金华知府石瑄擒遂昌贼苏才。处州知府张佑击贼众，擒斩千余人。"

[4]《明史》卷一六五《叶祯传》。卷一七七《叶盛传》："天顺二年巡抚两广，时两广盗贼蜂起，所至破城杀将，诸将怯不敢战，杀平民冒功，民相率从贼。"

[5]狼兵和土兵是湖南、广西一带土司的军队，参看《明史》卷三一〇《土司传》和毛奇龄《蛮司合志》。

[6]《明史》卷一八七《洪钟传》："正德五年，保宁贼起。官兵不敢击，潜蹑贼后，戡良民为功，土兵虐民尤甚。时有谣曰：贼如梳，军如篦，土兵如剃。"

[7]《明史》卷一八七《陈金传》："正德六年，江西盗起。金以所属郡兵不足用，奏调广西狼土兵，累破剧贼。然所用目兵，贪残嗜杀，剽掠甚于贼。有巨族数百口阖门罹害者。所获妇女率指为贼属，载数十艘去。民间谣曰：土贼尤可，土兵杀我。金亦知民患之，方倚其力不为禁。"

[8]蒙古降人和内地的土著蒙古人。

［9］顾炎武《亭林文集》卷六《兵制论》："正德末始令郡县选民壮。弘治中制里佥二名若四五名。有调发官给行粮。正德中计丁粮编机兵银，人岁食至七两有奇，悉赋之民。此之谓机（兵）快（手）民壮，而兵一增，制一变。又久备益弛，盗发雍豫，蔓延数省，民兵不足用，募新兵，倍其糈，以为长征之军，而兵再增，制再变。屯卫者曰：我乌知兵，转漕耳。守御非吾任也。故有机壮而屯卫为无用之人。民壮曰：我乌知兵，给役耳。调发非吾任也。故有新募而民壮为无用之人。"

［10］《明史》卷一五七《杨鼎传》："也先将寇京师，诏以监察御史募兵兖州。"同书卷一六〇《石璞传》："景帝即位，出募天下义勇。"卷一七五《白圭传》："陷土木脱还，景帝命往泽州募兵。"按同书卷一六四《左鼎传》："初京师戒严，募四方民壮分营训练，岁久多逃，或赴操不如期。建议编之尺籍。（练）纲等言：召募之初，激以忠义，许事定罢遣。今展转轮操，已孤所望。况其逃亡，实迫寒馁。岂可遽着军籍！边方多故，倘更召募，谁复应之。诏即除前令。"此为景泰四年事，距招募入伍时已五年。似乎这次所募的大部分是各地民壮，虽未著录于中央军籍，却已入伍四五年，编营训练，其性质和后来的兵相同了。至于《杨鼎传》和《白圭传》所记的募兵，当即为和军对称并行的兵，并非地方的民壮。又募兵须由中央，地方长官不得擅募。《明史》卷一六四记李信以擅募被劾可证："景泰中曹凯擢浙江右参政。镇守都督李信擅募民为军，糜饷万余石。凯劾奏之。信虽获宥，诸助信募军者皆获罪。"传中军当作兵。

［11］《明史》卷二〇五《李遂传》："振武营者（南京）兵部尚书张

鳌募健儿以御倭，素骄悍。（以给饷逾期哗变）遂奏调振武军护陵寝，一日散千人。"

[12]《明史》卷一九九《郑晓传》："募盐徒骁悍者为兵。"

[13]《明史》卷二一二《戚继光传》："朱先募海滨盐徒自为一军。"

[14]《明史》卷二一二《俞大猷传》："嘉靖四十二年，惠州府参将谢敕与伍端温七战失利，以俞家军至恐之。"

[15]《明史》卷二〇四《翟鹏传》："嘉靖二十一年，起鹏宣大总督。……修边墙……得地万四千九百余顷。募军千五百人，人给五十亩，省仓储无算。"

[16]《明史》卷二五一《蒋德璟传》："文皇帝设京卫七十二，计军四十万。畿内八府军二十八万，又有中都、大宁、山东、河南入卫班军十六万，春秋入京操演。深得居重驭轻之势。且自来征讨，皆用卫所官军，嘉靖末始募兵，遂置军不用，至加派日增，军民两困。"

[17]《明史》卷二三七《冯应京传》："辽阳陷，时议募兵。何栋如自请行。遂赍帑金赴浙江得六千七百人。……所募兵畏出关，多逃亡。"

[18]《明史》卷二五九《熊廷弼传》："刘国缙募辽人为兵，所募万七千人，逃亡过半。"并参阅《熊襄愍公集》卷四《新兵全伍脱逃疏》。

[19]《明史》卷二六四《李梦辰传》："崇祯六年冬……累迁本科给事中。复言：将骄军悍，邓玘、张外嘉之兵弑主而叛，曹文诏、艾万年之兵望贼而奔，尤世威、徐来朝之兵离汛而遁。今者张全昌、赵光远之兵且倒戈为乱矣。荥泽劫库杀人，偃师列营对垒，且全昌等会剿豫贼，随处逗留，及中途兵变，全昌竟东行，光远始西向。骄抗如此，安可不重治。帝颇采其言。"

军饷与国家财政

明初卫军粮饷，基本上有屯田所入支给。明太祖在初起兵时，即立民兵万户府，寓兵于农：

> 戊戌（公元1358）十一月辛丑，立管理民兵万户府。令所定郡县民武勇者，精加简拔，编辑为伍，立民兵万户府领之。俾农时则耕，闲则练习，有事则用之。事平有功者一体升擢，无功令还为民。（《明太祖实录》卷六）

又令诸将屯田各处。建国后宋讷又疏劝采用汉赵充国屯田备边的办法，以御蒙古。他说：

> 今海内乂安，蛮夷奉贡。惟沙漠未遵声教。若置之不理，则恐岁久丑类为患，边圉就荒。若欲穷追远击，六师往还万里，馈运艰难，士马疲劳。陛下为圣子神孙万世计，不过谨备边之策耳。备边固在乎兵实，兵实又在乎屯田。屯田之制，必当以法汉（赵充国）。……陛下宜于诸将中选其智勇谋略者数人，每将以东西五百里为制，随其高下，立法分屯。所领卫兵以充国兵数斟酌损益，率五百里一将，布列缘边之地，远近相望，首尾相应，耕作以时，训练有法，遇敌则战，寇去则耕，此长久安边之法也。（《西隐文稿》卷一〇《守边策略》）

同时由海道运粮到辽东，又时遭风覆溺。因之决意兴屯，不但边塞，即内地卫所也纷纷开屯耕种。定制边地卫所军以三分守城，七分屯种，内地二分守城，八分屯种。每军受田五十亩为一分，给耕牛农具，教树植，复租赋。初税亩一斗。建文四年（公元1402）定科则，军田一分正粮十二石，贮屯仓，听本军自支。余粮为本卫所官军俸粮。永乐时东自辽左，北抵宣大，西至甘肃，南至滇、蜀，极于交阯，中原则大河南北，在在兴屯（《明史》卷七七《食货志一·田制》）。养兵（数）百万，基本上由屯田收入支给（同上书卷二五七《王洽传》）。

除军屯外，边上又有商屯。洪武时户部尚书郁新创开中法：

新以边饷不继，定召商开中法。令商输粟塞下，按引支盐，边储以足。（同上书卷一五○《郁新传》）

商人以远道输粟，费用过大，就自己募人耕种边上闲田，即以所获给军，换取盐引，到盐场取盐贩卖营利，边储以足。

政府经费则户部银专给军旅，不作他用（《明史》卷二二○《王遴传》）。户部贮银于太仓库，是为国库。内廷则有内承运库，贮银供宫廷费用，收入以由漕粮改折之金花银百万两为大宗。除给武臣禄十余万两外，尽供御用。边赏首功不属经常预算，亦由内库颁发。国家财政和宫廷费用分开（同上书卷七九《食货志三·仓储》）。军饷又概由屯田和开中支给。所以明初几次大规模的对外战争，如永乐、宣德时代之六次打蒙古，三次打安南，七次下西洋，虽然费用浩繁，国库还能应付。

可是军屯和商屯两种制度，不久便日趋废弛，国库也不能维持其独立性，为内廷所侵用。卫军坏而募兵增，政府既须补助卫军饷糈，又加上兵的饷银，国家经费，入不敷出，只好采取饮鸩止渴的办法，以出为入，发生加派增税捐纳种种弊政，农民于缴纳额定的赋税以外，又加上一层军兵费的新负担。

军屯之坏，在宣德初年范济即已上书指出。他说：

> 洪武中令军士七分屯田，三分守城，最为善策。比者调度
> 日繁，兴造日广，虚有屯种之名，田多荒芜。兼养马采草伐薪
> 烧炭，杂役旁午，兵力焉得不疲，农业焉得不废。（同上书卷
> 一六四《范济传》）

屯军因杂役而废耕，屯的田又日渐为势豪所占。[1]正统以
后，边患日亟，所屯田多弃不能耕。再加上官吏的需索，军士
的逃亡，屯军愈困，卫所收入愈少。[2]政府没有办法，只好减
轻屯粮，免军田正粮归仓，止征余粮六石。弘治时又继续减削，
屯粮愈轻，军饷愈绌。《明史》记：

> 初永乐时屯田米常溢三之一。常操军十九万，以屯军四万
> 供之。而受供者又得自耕边外，军无月粮，是以边饷恒足。
> （《明史》卷七七《食货志一·田制》）

正统以后政府便须按年补助边费，称为年例。

军屯以势豪侵占，卫军逃亡而破坏，商屯则以改变制度而
废弛。《明史·叶淇传》：

> 弘治四年为户部尚书。变开中之制，令淮商以银代粟，盐
> 课骤增百余万，悉输之运司，边储由此萧然矣。（同上书卷
> 一八五）

盐商从此可以用银买盐，不必再在边境屯田。盐课收入虽
然骤增，可是银归运司，利归商人，边军所需是月粮，边地所
缺的是米麦，商屯一空，边饷立绌。《明史·食货志》说：

> 弘治中叶淇变法而开中始坏，诸淮商悉撤业归，西北商亦

多徙家于淮。边地为墟，米石直银五两，而边储枵然矣。

后来虽然有若干人提议恢复旧制，但因种种阻碍，都失败了。

明代国家财政每年出入之数，在初期岁收田赋本色米，除地方存留千二百万石外（同上书卷二二五《王国光传》），河、淮以南以四百万石供京师，河、淮以北，以八百万石供边，一岁之入，足供一岁之用（同上书卷二一四《马森传》）。到正统时边用不敷，由中央补助岁费，名为年例。正统十二午（公元1447）给辽东银十万两，宣大银十二万两（毕自严《石隐园藏稿》卷六《议复屯田疏》）。到弘治时内府供应繁多，"光禄岁供增数十倍，诸方织作，务为新巧，斋醮日费巨万，太仓所储不足饷战士，而内府收入，动四五十万。而宗藩贵戚之求土田，夺盐利者，亦数千万计。土木日兴，科敛不已。传奉冗官之俸薪，内府工匠之饩廪，岁增月积，无有穷期。"（《明史》卷一八一《刘健传》）财用日匮。国库被内廷所提用，军饷又日渐不敷，弘治八年尚书马文升以大同边警，至议加南方两税折银（《明史》卷一八一《谢迁传》）。正德时诸边年例增至四十三万两（同上书卷二三五《王德完传》），军需杂输，十倍前制（同上书卷一九二《张原传》）。京粮岁入三百五万，而食者乃四百三万（同上书卷二〇一《周金传》）。嘉靖朝北有蒙古之入寇，南有倭寇之侵轶，军兵之费较前骤增十倍。田赋收入经过一百五十年的休养生息，反比国初为少。[3]嘉靖五年银的岁入止百三十万两，岁出至二百四十万（同上书卷一九四《梁材传》）。光禄库金自嘉靖改元至十五年积至八十万，自二十一年以后，供亿日增，余藏顿尽（同上书卷二一四《刘体乾传》）。嘉靖二十九年俺答入寇，兵饷无出，只好增加田赋，名为加派，征银一百十五万。这时银的岁入是二百万两，岁出诸边费即六百余万，一切取财法行之已尽。[4]接着是东南的倭寇，又于南畿浙闽的田赋加额外提编，江南加至四十万。提编是加派的别名，为倭寇增兵而设，可是倭寇平后这加派就成为正赋（同上书卷七八《食货志二·赋役》）。广东也以军兴加税，到万历初年才恢复常额（同上书卷二五五《李戴传》）。诸边年例增至二百八十万两（同上书卷二〇二《孙应奎传》，同书卷二三五《王德完传》）。隆庆初年马森上书说：

屯田十亏七八，盐法十折四五，民运十逋二三，悉以年例补之。在边则士马不多于昔，在太仓则输入不多于前，而所费数倍。（同上书卷二一四《马森传》）

派御史出去搜刮地方库藏，得银三百七十万也只能敷衍一年。内廷在这情形下，还下诏取进三十万两，经户部力争，乃命止进十万两（同上书卷二一四《刘体乾传》）。万历初年经过张居正的一番整顿，综核名实，裁节冗费，政治上了轨道，国库渐渐充实，浸浸成小康的局面。张居正死后，神宗惑于货利，一面浪费无度，一面肆力搜刮，外则用兵朝鲜，内则农民暴动四起，国家财政又到了破产的地步。

万历前期的国家收入约四百万两，岁出四百五十余万两。岁出中九边年例一项即占三百六十一万两[5]，后来又加到三百八十余万两[6]。每年支出本来已经不够，内廷还是一味向国库索银，皇帝成婚，皇子出阁成婚，皇女出嫁，营建宫殿种种费用都强逼由国库负担。[7] 又从万历六年起，于内库岁供金花银外，又增买办银二十万两为定制（《明史》卷七九《食货志三·仓库》）。结果是外廷的太仓库光禄寺库太仆寺库的储蓄都被刮取得干干净净，内廷内库帑藏山积，国库则萧然一空。[8] 万历二十年哱拜反于宁夏；又接连用兵播州；朝鲜战役历时至七年，支出军费至一千余万两。[9] 大半出于加派和搜刮所得。《明史·孙玮传》记：

朝鲜用兵，置军天津，月饷六万，悉派之民间。（同上书卷二四一）

所增赋额较二十年前十增其四，民户殷足者什减其五。东征西讨，萧然苦兵（《明史》卷二一六《冯琦传》）。到万历四十六年（公元1618）辽东兵起，接连加派到五百二十万两：

时内帑充积，帝靳不肯发。户部尚书李汝华乃援征倭征播例，亩加三厘五毫，天下之赋增二百万有奇。明年复加三厘五毫。又明年以兵工二部请，复加二厘。通前后九厘，增赋五百二十万，遂为定额。（同上书卷七八《食货志二·赋役》；卷二二〇《李汝华传》）

接着四川、贵州又发生战事，截留本地赋税作兵饷，边饷愈加不够。从万历三十八年到天启七年（公元1610—1627）负欠各边年例至九百六十八万五千五百七十一两七钱三分（《石隐园藏稿》卷六《详陈节欠疏》）。兵部和户部想尽了法子，罗掘俱穷，实在到了无办法的地步，只好请发内库存银，权救边难，可是任凭呼吁，皇帝坚决不理，杨嗣昌在万历四十七年所上的《请帑稿》颇可看出当时情形：

今日见钱，户部无有，工部无有，太仆寺无有，各处直省地方无有。自有辽事以来，户部一议挪借，而挪借尽矣。一议加派，而加派尽矣。一议搜括，而搜括尽矣。有法不寻，有路不寻，则是户部之罪也。至于法已尽，路已寻，再无银两，则是户部无可奈何，千难万苦。臣等只得相率恳请皇上将内帑多年蓄积银两，即日发出亿万，存贮太仓，听户部差官星夜赍发辽东，急救辽阳。如辽阳已失，急救广宁，广宁有失，急救山海等处，除此见钱急着，再无别法处法。（《杨文弱集》卷二）

疏上留中，辽阳、广宁也相继失陷。

天启时诸边年例又较万历时代增加六十万，京支银项增加二十余万（《石隐园藏稿》卷六《清查九边军饷疏》）。辽东兵额九万四千余，岁饷四十余万，到天启二年关上兵止十余万，月饷至二十二万（《明史》卷二七五《解学龙传》），军费较前增加六倍。新兵较旧军饷多，在召募时，旧军多窜入新营为兵，一面仍保留原额，政府付出加倍的费用募兵，结果募的大部仍是旧军，卫所方面仍须发饷。[10] 从泰昌元年十月到天启元年十二月十四个月用去辽饷至九百二十五万一千余两，较太仓岁入总数超过三倍（《杨文弱集》卷四《述辽饷支用全数疏》）。

崇祯初年，一方面用全力防遏建州的入侵，一方面"流寇"四起，内外交逼，兵愈增，饷愈绌。崇祯二年三月户部尚书毕自严疏言：

诸边年例自辽饷外，为银三百二十七万八千有奇。今蓟、密诸镇节省三十三万，尚应二百九十四万八千。统计京边岁入之数，田赋百九十六万二千，盐课百十一万三千，关税十六万一千，

杂税十万三千，事例约二十万，凡三百二十六万五千有奇。而逋
负相沿，所入不满二百万，即尽充边饷尚无赢余。乃京支杂项
八十四万，辽东提塘三十余万，蓟、辽抚赏十四万，辽东旧饷改
新饷二十万，出浮于入已一百十三万六千。况内供召买，宣大抚
赏，及一切不时之需，又有出常额外者。(《明史》卷二五六《毕
自严传》)

除辽饷不算，把全国收入，全部用作兵费还差三
分之一。崇祯三年又于加派九厘外，再加三厘，共增赋
一百六十五万四千有奇。[11]同年度新旧兵饷支出总数达八百七十
余万，收入则仅七百十余万，不敷至百六十万(《石隐园藏稿》
七《兵饷日增疏》)。崇祯十年增兵十二万，增饷二百八十万，
名为剿饷：

其筹饷之策有四：曰因粮，曰溢地，曰事例，曰驿递。因
粮者，因旧额之粮，量为加派，亩输粮六合，石折银八钱，伤
地不与，岁得银百九十二万有奇。溢地者，民间土地溢原额者，
核实输赋，岁得银四十万六千有奇。事例者，富民输赀为监生，
一岁而止。驿递者，前此邮驿裁省之银，以二十万充饷。……
初嗣昌增剿饷，议一年而止，后饷尽而贼未平，诏征其半。至
是督饷侍郎张伯鲸请全征。(《明史》卷二五二《杨嗣昌传》)

崇祯十二年又议练兵七十三万，于地方练民兵，又于剿饷
外，增练饷七百三十万。时论以为：

九边自有额饷，概予新饷，则旧者安归。边兵多虚额，今
指为实数，饷尽虚糜而练数仍不足。且兵以分防不能常聚，故
有抽练之议。抽练而其余遂不问。且抽练仍虚文，边防愈益弱。

至州县民兵益无实，徒糜厚饷。以嗣昌主之，事钜，莫敢难也。（同上）

从万历末年到这时，辽饷的四次递加，加上剿饷、练饷，一共增赋一千六百九十五万两。这是明末农民在正赋以外的新增负担！崇祯十六年索性把三饷合为一事，省得农民弄不清楚和吏胥的作弊。（同上书卷二六五《倪元璐传》）

因外族侵略和农民起义而增兵，因增兵而筹饷，因筹饷而加赋。赋是加到农民头上的，官吏的严刑催比和舞弊，迫使农民非参加起义不可，《明史》卷二五五《黄道周传》说：

催科一事，正供外有杂派，新增外有暗加，额办外有贴助。小民破产倾家，安得不为盗贼！

结果是朱明统治的被推翻。"流寇"领袖攻陷北京的李自成起事的口号是：

从闯王，不纳粮！

（原载《中国社会经济史集刊》第五卷第二期，一九三七年六月。）

 注释

[1]《明史》卷一五七《柴车传》："宣德六年，山西巡按御史张勖言：大同屯田多为豪右占据。命车往按得田几二千顷，还之军。"卷一七六《商辂传》："塞上腴田率为势豪占据，辂请核还之军。"卷一五五《蒋贵传》："成化十年，蒋琬上言：大同、宣府诸塞腴田，无虑数十万，悉为豪右所占。"卷一八〇《张泰传》："弘治五年泰言：甘州膏腴地，悉为中官武臣所据，仍责军税。城北草湖，资戍卒牧马，今亦被占。"卷二六二《孙传庭传》："崇祯九年……西安四卫旧有屯田二万四千余顷，其后田归豪右，军尽虚籍。"

[2] 侯朝宗《壮悔堂文集》卷四《代司徒公屯田奏议》："（诸阃帅荫职以）肥区归己，而以其瘠硗者移之军士，久则窜易厥籍，而粮弥不均。于是不得不寄甲于势要，而欺隐遂多。欺隐多于是不得不摊税于佃军，而包赔愈苦。流病相仍，非朝伊夕，人鲜乐耕，野多旷土，职此之繇。"

[3]《明史》卷二〇八《黎贯传》："嘉靖二年疏言：国初夏秋二税，麦四百七十万，而今损九万，米二千四百七十三万，而今损二百五十万。以岁入则日减，以岁出则日增。"

[4]《明史》卷二〇〇《孙应奎传》："俺答犯京师后，羽书旁午征兵饷。应奎乃建议加派，自北方诸府暨广西、贵州外，其他量地贫富，骤增银一百十五万有奇，而苏州一府乃八万五千。"

［5］《明史》卷二二四《宋纁传》：“万历十四年迁户部尚书。言：边储大计，最重屯田、盐策。近诸边年例银增至三百六十一万，视弘治初八倍。”

［6］《明史》卷二三五《王德完传》：“万历十四年进士……累迁户科都给事中，上筹划边饷议言：诸边岁例，弘正间止四十三万，至嘉靖则二百七十余万，而今则三百八十余万。”

［7］《明史》卷二二〇《王遴传》：“故事户部银专供军团，不给他用。帝大婚，暂取济边银九万两为织造费。至是复欲行之，遴执争。未几诏取金四千两为慈宁宫用，遴又力持，皆不纳。”卷二三七《万象春传》：“皇女生，诏户部光禄寺各进银十万两，象春力谏不听。”卷二二〇《赵世卿传》：“福王将婚，进部帑二十七万，犹以为少。……至三十六年七公主下嫁，宣索至数十万。世卿引故事力争，诏减三之一。世卿复言：陛下大婚止七万，长公主下嫁止十二万，乞陛下再裁损，一仿长公主例。帝不得已从之。”卷二四〇《朱国祚传》：“万历二十六年诏旨采办珠宝二千四百万，而天下赋税之额乃止四百万。”《王德完传》：“今皇长子及诸王册封冠婚至九百三十四万，而袍服之费复二百七十余万。”卷二四〇《张问达传》：“帝方营三殿，采木楚中，计费二百二十万有奇。”

［8］《明史》卷二三〇《汪若霖传》：“万历三十六年巡视库藏，见老库止银八万，而外库萧然。诸边军饷积逋至百余万。”

［9］《明史》卷二三五《王德完传》：“万历二十八年起任工科，极陈国计匮乏，言：近岁宁夏用兵费百八十余万，朝鲜之役七百八十余万，播州之役二百余万。”按毕自严所记与此不同，《石隐园藏稿》卷六《清查九边军饷疏》：“征哱拜之费用过

明朝的军事

一百余万，两次征倭之费用过五百九十五万四千余两，征播之费用过一百二十二万七千余两。"

[10] 杨嗣昌《杨文弱集》卷一，万历四十七年九月，《请立兵册清查辽饷确数稿》："新兵原食一两二钱，今递加至一两八钱。旧兵原食四钱，今递加至一两二钱，新兵递加，往开元等一两八钱，往铁岭等一两六钱。旧兵递加，其上等一两二钱，中等者八钱。"天启元年六月《三覆议山东河北增兵用饷稿》："定辽西新旧兵例分为五等，一等月给银二两，二等月给银一两八钱，三等月给银一两五钱，四等月给银一两二钱，五等月给银八钱。"

[11]《明史》卷二五六《毕自严传》："兵部尚书梁廷栋请增天下田赋，自严不能止。于是旧增五百二十万之外，更增百六十五万有奇，天下益耗矣。"卷二五七《梁廷栋传》："亩加九厘之外，再增三厘，于是增赋百六十五万有奇，海内益怨咨。"按卷二五二《杨嗣昌传》："神宗末年增赋五百二十万，崇祯初再增百四十万。统名辽饷。"作百四十万，误。

明代的火器

火药从中国传到欧洲、东南亚、日本和世界各地。到十五世纪，中国又从安南（今越南）、葡萄牙、日本等国输入各种使用火药的火器。

明代最早的火器是从安南传来的，叫作神机枪、炮。

神机枪、炮用熟铜或生、熟赤铜相间铸造。也有用铁的，最好的是建铁，其次是西铁。大小不等，大的用车发，次和小的用架用桩用托，是当时行军的要器。明成祖非常重视这个新武器，特别组织了一支特种部队，叫神机营，并设监枪太监，是京军三大营之一。

永乐十年（1412）下令从开平到怀来、宣府、万全、兴和等山顶，都安放五个炮架，二十年又增设了山西大同、天城、阳和、朔州等地以御敌。[1] 缺点是临时装火药，一发之后，装第二发要花很多时间。虽然威力大，敌人摸透了情况，临阵就趴在地下，到神机枪打出之后，立刻冲锋，火器就无从施展威力了。[2]

古代战争是人和人面对面站着打的，有了远距离的火器以后，就非卧倒、趴在地下不可了。武器的改进也改变了战争的方式方法。同时，在战争中战将和战士的武艺的比重，也逐渐为使用远距离的火器的熟练程度所代替了。

第一个帮助明成祖制造神机枪的是安南人黎澄。[3]

第二个是佛郎机。佛郎机即今葡萄牙。公元1517年葡萄牙商船到广东通商，白沙巡检何儒买了他们的炮，就叫这种炮作佛郎机。用铜制造，长五六尺，大的重一千多斤，小的重一百五十斤，巨腹长颈，腹部有长孔，藏子铳五个，装火药在腹中，射程达到一百多丈，是水战的利器。

公元1519年宁王宸濠反，福建莆田乡官林俊得到消息，连夜派人用锡做了佛郎机的模型和火药配方，送给统帅王守仁，送到的时候，王守仁已经把宸濠俘掳了，没有用上。[4] 到公元1529年才正式制造，叫作大将军，发给各边镇用于防守。[5]

倭寇侵扰中国，又从日本传入鸟嘴铳。唐顺之记其形制说：

佛郎机、子母炮、快枪、鸟嘴铳都是嘉靖时的新武器，鸟嘴铳最后出，也最厉害。铳以铜、铁为管，用木杆装管。中贮铅弹，所击人马洞穿。其点放之法，用手握铳，点燃药线。管背安雌雄两臬（瞄准器），用眼睛对臬，用臬对准所要射击的目标，对准了才发射，要打敌人的眉毛鼻子，没有一失。快于神机枪，准于快枪，是火器中的最好的东西。[6]

宋应星《天工开物》记鸟铳的制造方法很详细，说鸟雀在三十步内被铳击，羽肉皆碎。五十步外方有完形，百步以外，铳力微弱，便不行了。

到明末，又传入红夷炮，长两丈多，重的到三千斤，能够打穿城墙，声闻数十里。天启元年（1621）兵部建议，招寓居澳门，精于火炮的西洋人罗如望、阳玛诺、龙华民来内地制造铳炮。制成后命名为大将军，并派官祭炮。1630年又派龙华民、毕方济到澳门买炮和招募炮手，西洋人陆若汉、公沙的西劳带领西洋人多名带铳炮应募，参加宁远、涿州等战役。[7]1626年明将袁崇焕守宁远，和清军作战，用红夷炮轰击敌人，打了一个大胜仗，就是著名的宁锦大捷。传说清太祖努尔哈赤就是被红夷炮打伤致死的。1631年明将孔有德带着红夷炮投降清军，1632年清也开始造炮。

现在陈列在北京故宫午门左右阙门的几尊古老的大炮，就是明、清战争的遗物。

 注释

［1］《明史·兵志》。

［2］丘濬《大学衍义补·火攻论》。

［3］沈德符《野获编》。

［4］王守仁《阳明集要》;《文华集》三《庚辰书佛郎机遗事》。

［5］《明史·兵志》。

［6］《荆川外集》卷二《条陈蓟镇练兵事宜》。

［7］《明史·兵志》;黄伯禄《正教奉褒》，14、15页。

戚继光练兵

戚继光（公元 1528—1587）是十六世纪后期抗倭的名将，谁都知道。但是他后来在北边十六年，训练边兵，保障国境安宁这一段史事，却为他自己以前抗倭的功绩所掩盖了，不大为人所知。

隆庆二年（公元 1568），戚继光以都督同知被任命为总理蓟州、昌平、保定三镇练兵事，负责北边边防。

在抗倭战争时代，卫所官军腐朽了，不能打仗了。戚继光招募浙江金华义乌一带农民，教以击刺法，长短兵迭用；又以南方多水田薮泽，不利于驰逐，就根据地形，制定阵法；讲求武器精利，练成一支敢战能战的精兵，当时戚家军屡战屡胜的威名，是全国皆知的。

现在，他到北方来了，面对的地形有平原，有半险半易的地形，有山谷仄隘，各种地形都有。敌人呢，是擅长骑马射箭的，也和倭寇不同。用在南方打仗的一套办法来对付新的情况行吗？

经过调查研究，深思熟虑，他制定了一套新的训练办法。首先针对边军畏敌、争功的毛病，把军队重新加以组织，节制严明，有功必赏，有过必罚。行伍、旌旗、号令、行军、扎营都逐一规定了制度。每天下场操练，务要武艺娴熟。他指出：

"教练之法，自有正门，美观则不实用，实用则不美观。"专拿应付上官检阅那一套来对付敌人是不行的。

为了在防御战上取得优势，他采用了骑、步、车、辎重结合的战术。还制定了阵法，在不同地形都可运用。吸收了和倭寇作战的经验，采用了敌人的武器倭刀和鸟铳，把原来的火器"大将军"、佛郎机、快枪、火箭等都加以改进和提高。长短兵迭用的原则进一步得到发挥。

更重要的是使将士和全军都有共同的目标和信念，在练了两年兵，修筑了防御工事以后，他大会诸将，登坛讲话，三天之内把所有问题都讲透了，要诸将回去以后，传与军士，要人人信服，字字遵守，万人一心。同时编了一部书叫《练兵实纪》分发给每队，每队择一识字人通训讲解，全队口念心记，充分地做好思想教育工作。

为了给废弛已久的边兵以纪律的榜样，他调来浙江兵三千，刚到便在郊外等候检阅，恰好这天下大雨，从早到晚一刻不停，三千兵像墙一样站着，没有一个乱动的，边军看了，大吃一惊，才懂得什么叫军令、军纪。

在戚继光以前，守边的将军十七年间换了十个，大都是打了败仗换的。戚继光在边镇十六年，敌人不敢入侵，北边安定。他走了以后，继任者继承他的成规，也保持了边方几十年的安定。

经验是从实践得来的，经过总结，提高成为理论。但是实际情况又千差万别，拿此时此地的经验硬应用于彼时彼地，就非碰壁不可。这里又有因时、因地、因人制宜的问题。戚继光在南方、北方军事上的成功，原因是善于从实践总结经验，更重要的是不以成功的经验硬用于不同的地点和敌人，而宁愿从头做起，以具有普遍性的理论原则来指导实践。在这一点上，戚继光练兵的故事在今天说来也还是可以给我们一些启示的。

（原载《人民日报》，1962 年 5 月 29 日。）

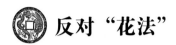# 反对"花法"

明代名将戚继光在南方练兵时，除了严节制、创阵法以外，特别注意训练士兵的武艺，他的主张是讲求实用，反对"花法"。

所谓"花法"就是华而不实。

他在《纪效新书》里指出："长枪单人用之，如圈串，是学手法；进退，是学步法、身法。除此复有所谓单舞者，皆是花法，不可学也……藤牌单人跳舞，免不得，乃是必要从此学来。内有闪滚之类，亦是花法……钩镰叉钯如转身跳打之类，皆是花法，不惟无益，且学熟误人"。手法、步法、身法是基本功，必须学好，但是"花法"只图好看，却万不可学，要讲求实用，才能顶事。

不止士兵学武艺不能学"花法"，就是营阵操练也不能用"花法"。他说："今之军士，设使平日所习所学的号令营艺，都是照临阵的一般，及至临阵，就以平日所习者用之，则于操一日，必有一日之效，一件熟，便得一件之利。""且如各色器技营阵，杀人的勾当，岂是好看的?"

反对"花法"的思想，他在后来所写的《练兵实纪》中，总结为两句话："实用则不美观，美观则不实用。"

戚继光这种军事思想，在当时是违反时代潮流的，是经过斗争才能贯彻实行的，后来的实践证明了他的思想的正确。

我想，戚继光的这种反对"花法"的思想在当前也还有其现实意义。

就教育工作来说，各级学校所用教材的内容，必须明确教育的目的，要培养的是怎么样的人，应该必读哪几门课，每门课又要十分明确必须给以哪些必要的基础知识，如戚继光所说的手法、步法、身法，要少而精，学一门顶一门的事，切不可以多而杂，博而寡要，弄得"花法"超过实用，甚至使教师和学生误认"花法"即实用，那样一来，害处是不可胜言的。

就建筑来说，和打仗不同，实用、美观、经济的结合，一向是我们所坚持的原则。但就具体建筑分析，有个别建筑的所谓美观固然值得研究，经济上的浪费不必说了，单就实用而论，结构和光线、使用面积都不符合建筑目的的要求，这也是"花法胜而对手工夫渐迷"之故。

再说小一点，谈儿童玩具，有一种飞机，孩子们很喜爱，但是一拿上手，便坏了。原因是两个轮子很重，和机身衔接处只有一丁点儿洋铁皮，孩子们在地下一推，轮子便和机身分了家，变成废品了。结果弄得孩子号啕大哭，家长也为之不欢，这是一个不讲求实用最显著的例子，曾经有人画过漫画，我在这里再次提出，请玩具制造工作者特别注意改进，别让孩子们再伤心了。

反对"花法"，讲求实用，我看在一切现实工作中，都应该贯彻这个精神。

（原载《人民日报》，1962 年 6 月 26 日。）

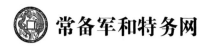

常备军和特务网

　　集中的国家政权，通过庞大的常备军和严密的特务网，起着镇压人民反抗和保卫边境的作用。

　　朱元璋所建立的常备军是和农业生产密切结合的。在攻克集庆以后，厉行屯田政策，广积粮食，供给军需。他和刘基研究古代的兵制：征兵制的好处是全国皆兵，有事召集，事定归农，兵员素质好，来路清楚，国家在平时无养兵之费；坏处是兵员都出自农村，如有长期战争，便影响到农村的生产，而且兵源受限制。募兵制好处是应募的多为无业游民，当兵是职业，兵员数量和服役时间，不受农业生产的限制；坏处是国家经常要维持大量的常备军，军费负担太重，而且募的兵有的来路不明，没有宗族家庭的牵挂，容易逃亡，也容易叛变。理想的办法是折中于两者之间，有两者的好处，避免其坏处，主要的原则是要做到战斗力量和生产力量统一起来。

　　刘基创立的办法是卫所制度。[1]

　　卫所的兵源有四种：一种是从征，即起事时所指挥的部队也就是郭子兴的基本队伍；一种是归附，包括削平群雄所得的部队和元军归附的；一种是谪发，指因犯罪被罚当军的，也叫作恩军；一种叫垛集，即征兵，照人口比例，一家有五丁或三丁出一丁为军。前两种是定制时原有的武装力量，后两者则是补充的武力，这四种来源的军人都是世袭的，为了保障固定员额的满员，规定军人必须娶妻，世代继承下去，如无子孙继承，则由其原籍家属壮丁顶补。种族绵延的原则，被应用到武装部队来，兵营成为武装的集体家庭了。[2]

军队有特殊的社会身份，单独有军籍。在明代户籍中，军籍和民籍、匠籍是主要的户口。军籍属于都督府，民籍属于户部，匠籍属于工部。军人不受普通行政官吏的管辖，在身份上、法律上、经济上的地位，都和民不同。军和民是截然地分开的。民户有一丁被垛为军，可以优免原籍老家一丁差役，作为优恤。军士到戍地时，由宗族治装。在卫所的军士除本身为正军外，其子弟称为余丁或军余，将校的子弟则称为舍人。军士的日常生活概由国家屯粮支给，按月发米，称为月粮。马军月支米二石，步军总旗一石五斗，小旗一石二斗，步军一石。守城的照数支给，屯田的支一半。恩军家四口以上一石，三口以下六斗，无家口的四斗。衣服岁给冬衣棉布棉花，夏衣夏布，出征时依例给胖袄鞋裤。[3]

元璋渡江以后，降附的将领都用原来的称号，有叫枢密、平章的，有叫元帅的，有叫总管、万户的，形形色色，名不称实，高下不一。龙凤十年四月立部伍法，根据所带的队伍人数来定将领称号，经过点编，有兵五千的做指挥，满千人的做千户，百人的做百户，五十人为总旗，十人为小旗。[4]在这个基础上，常备军的组织分成卫、所两级：大体上以五千六百人为一卫，卫有指挥使。卫又分五个千户所，每千户所一千一百二十人，有千户。千户所下分十个百户所，每百户所一百十二人，有百户。百户下有总旗二，小旗十；总旗领小旗五，小旗领军士十人。大小联比以成军。卫所的分布，根据地理险要：小据点设所；关联若干据点的设卫；集合一个军事地区的若干卫、所，设置都指挥使司，作为军区的最高军事机构，长官是都指挥使。洪武二十五年全国共有十七个都指挥使司，内外卫三百二十九，守御千户所六十五。京师和地方的兵力分配如下：

在京武官	二七四七（员）
军士	二〇六二八〇（人）
马	四七五一（匹）
在外武官	一二七四二（员）
军士	九九二一五四（人）
马	四〇三二九（匹）[5]

这十七个都指挥使司又分别隶属于五军都督府。

军食出于屯田，大略学汉朝赵充国的办法，在边塞开屯，一部分军士守御，一部分军士受田耕种。目的在于开垦荒地，增加生产，充裕军食，省去运输费用，减轻国家负担。边地开屯有了成绩，内地卫所也先后开屯耕种，以每军受田五十亩作一分，官给耕牛农具，开头几年免纳田租，到成为熟地后，每亩收税一斗。规定边地守军十分之三守城，七分屯种，内地则二分守城，八分屯种。全国各地屯田八十九万三千多顷，相当于全国垦田总数十分之一左右。[6]

除军屯外，还有商屯。边军遇有意外，粮食发生困难的时候，国家用"开中法"来接济。国家有粮食有盐，困难是运输到边境费用太大。商人有资本，贩卖盐利润大，但是盐由国家专卖，商人得不到手。"开中法"责成商人运一定数量的粮食到边境，拿到收据可向国家领到等价的盐，自由贩卖，从而获取重利。商人会打算盘，索性雇人在边境开屯，就地交粮，省去几倍的运费。[7]在这一交换过程中，边军粮食够吃了；国家省运费、省事；商人发了财；边界荒地开垦了；增加了生产，造成了地方的繁荣。

军权分作两部分：统军权归五军都督府，军令权则属于兵部。武人带兵作战，文官发令决策。平时卫所军各在屯地操练屯田，战时动员令一下，各地卫所集合成军，临时指派都督府官充任将军总兵官，统带出征。战事结束，立刻复员，卫军各还原卫，将军交还将印，也回原任。将不专军，军无私将，上下阶级分明，纪律划一，唐宋以来悍将跋扈，骄兵叛变的弊端，在这制度下是根绝了。

在作战时，虽然派有大将军做统帅，但朱元璋还亲自指导战争进行，根据情报和实际经验来决定前方的行动，即使最亲信的将领像徐达、李文忠也是如此。例如吴元年四月十八日给徐达的手令，在处分军事行动以后，又说："我的见识只是如此。你每见得高强处便当处，随你每意见行着，休执着我的言语，恐怕见不到处，教你每难行事。"洪武三年四月："说与大将军知道……这是我家中坐着说的，未知军中便也不便，恁只拣军中便当处便行。"给李文忠的手令，"说与保儿老儿：……我虽这般说，计量中不如在军中多知备细，随机应变的勾当，你也厮活落些儿也，那里直到我都料定。"[8]洪武元年北伐军出发后，他亲自画了征进阵图，派使送给徐达。[9]提出自己的意见给前方统帅，说明只是参考性质，如不符合实际情况，可以拣军中便当处行着。但是在涉及有关原则性问题的时候，所下的命令就很坚决，不能改变了。如处理降将降官降兵的原则，龙凤十一年十一月初五日令旨："吴王亲笔：着内使朱明前往军中，说与大将军左相国徐达、副将军平章常遇春知会：十一月初四日捷音至京城，知军中获寇军及首目人等六万余众，然而俘获甚众，难为囚禁。今差人前去，教你每军中将张（士诚）军精锐勇猛的留一二万。若系不堪任用之徒，就军中暗地除去了当，不必解来。但是大头目，一名名解来。"十二年三月且严厉责备徐达不多杀敌军头目："吴王令旨：说与总兵官徐达，攻破高邮之时，城中杀死小军数多，头目不曾杀一名。今军到淮安，若系便降，系是泗州头目青幡黄旗招诱之力，不是你的功劳。如是三月已里，淮安未下，你不杀人的缘故，自说将来者，依奉施行者。"[10]对元朝降将的处理，更是十分注意，再三嘱咐，吴元年十二月十天内接连三次派使人到徐达、常遇春军前传谕，第一次说："将军统率将士，下齐、鲁数十城，求之于古，虽韩信功能不过是也。然事机合变之际，不可不虑。今山东诸将，虽皆款附，而未尝遣一人至此。若留降将布列旧地，所谓养虎遗患也。昔汉光武命冯异平三辅营垒，降者遣其渠帅诣京师，散其小民，令就农桑，坏其营堡，无使复聚，古人之虑深矣，将军其思之。"都督同知张兴祖连下山东郡县，得士马万计，就用降将领旧兵随军进取，元璋得到报告，认为不妥，指出："此非良策，闻兴祖麾下降将至有领马军千骑者，若一旦临敌，势不足以相加，因而生变，何以制之？"遣使告诉兴祖，今后得一降将及官吏儒生，才有可用的，统统送到京师，不许留下。又遣使谕徐达、常遇春："闻大军下山东，所遇郡县，元之省院官来降者甚多，二将军皆留于军中。吾虑其杂处我军，或昼遇敌，或夜遇盗，将变生不测，非我之利。盖此辈初屈于势力，未必尽得其心，不如遣来，使处我官属之间，日相亲近，然后用之，可无后患。"[11] 这是因为接受了去年十一月沂州王宣、王信父子降而复叛的教训[12]，叮咛反复，要诸将提高警惕。后来的事实也证明元璋的预见，洪武元年二月乐安俞胜叛，闰七月元降将乔金院叛于济南[13]，虽然都及时平定了，到底还是招致了军事和政治上的损失。

有一道命令是整饬军纪的，龙凤十二年三月，元璋大发脾气："（张士诚军）男子之妻多在高邮被掳，总兵官为甚不肯给亲完聚发来？这个比杀人那个重！当城破之日，将头目军人一概杀了，倒无可论。掳了妻子，发将精汉来我这里，赔了衣粮，又费关防，养不住。杀了男儿，掳了妻小，敌人知道，岂不抗拒？星夜叫冯副使去军前，但有指挥、千户、百户及总兵官的伴当掳了妇女的，割将首级来。总兵官的罪过，回来时与他说话。"[14] 冯副使是冯胜，从下和州时候起，朱元璋就十分注意军队纪律，发还掳获妇女，经过了十二年，西吴的军纪是所有起事群雄中最好的一个，高邮的杀掠受到了严厉的处置，全军纪律也因而提高了。高邮违犯军纪案件的经过是：总兵官徐达围高邮未下，还师救援宜兴，令冯胜督军猛攻，高邮守将诈降，冯胜令指挥康泰带几百人先入城，高邮守将关了城门，杀个干净。元璋怒极，叫冯胜回来，打了十大板，还罚他走回高邮。冯胜又羞又气，用全力攻城，徐达也从宜兴回兵会攻，取下高邮。一打进城，要报这怨仇，就忘了多年来的约束了。[15]

特务网主要由检校和锦衣卫组成。

检校的职务："专主察听在京大小衙门官吏不公不法；及风闻之事，无不奏闻。"最著名的头子之一叫高见贤，和金事夏煜、杨宪、凌说，专做告发人阴私的勾当，"伺察搏击"。兵马司指挥丁光眼巡街生事，凡是没有路引的都捉拿充军。元璋尝时说："有这几个人，譬如人家养了恶犬，则人怕。"[16]高见贤建议："在京犯赃经断官吏不无怨望，岂容辇毂之下住坐？该和在外犯赃官吏发去江北和州、无为开垦荒田。"后来他自己也被杨宪举劾，发和州种田，先前在江北种田的都指着他脸骂："此路是你开，你也来了，真是报应！"不久被杀。夏煜、丁光眼也犯法先后被杀。[17]

亲军官做检校的：有金吾后卫知事靳谦，元璋数说他的罪状："朕以为必然至诚，托以心腹，虽有机密事务，亦曾使令究焉。"[18]有何必聚，龙凤五年派帐下卫士何必聚往探江西袁州守将欧平章动静，以断欧平章家门前二石狮尾为证，占袁州后，查看果然不错。[19]有小先锋张焕，远在初克婺州时，就作元璋的亲随伴当从行先锋。一晚，元璋出去私访，遇到巡军拦住，喝问是谁，张焕说："是大人。"巡军发怒："我不知道大人是什么人，但是犯夜的就逮住。"解说了半晌才弄清楚。乐人张良才说平话，擅自写省委教坊司帖子贴市门柱上，被人告发，元璋大怒说："贱人小辈，不宜宠用。"叫小先锋张焕捆了乐人，丢在水里。龙凤十二年以后，经常被派做特使到前方军中传达命令和察事。[20]

徐达入大都，封元故宫殿门，令张焕以兵千人守之。[21] 有毛骧、耿忠，毛骧是早期幕僚毛祺的儿子，以舍人做亲随，用做心腹亲信，和耿忠奉命到江浙等处察访官吏，问民疾苦。毛骧从管军千户积功做到都督佥事，掌锦衣卫事，典诏狱，后被牵连到胡惟庸党案被杀。耿忠做官到大同卫指挥使，也以贪污案处死。[22]

除文官武将作检校以外，和尚也有被选用作这工作的。吴印、华克勤等人，都还俗作了大官，替皇帝作耳目。给事中陈汶辉上疏力争，以为"自古帝王以来，未闻搢绅缁流杂居同事而可以共济者也。今勋旧耆德咸思辞禄去位，而缁流检夫乃益以谗间。如刘基、徐达之见猜，李善长、周德兴之被谤，视萧何、韩信，其危疑相去几何哉"[23]。

检校的足迹是无处不到的，元璋曾派人去察听将官家，有女僧诱引华高、胡大海妻敬奉西僧，行金天教法，元璋下令把两家妇人连同和尚一起丢在水里。[24] 吴元年得到报告，要前方总兵官把一个摩尼（摩尼教徒）取来。洪武四年手令：北平城内有个黑和尚出入各官门下，如常与各官说些笑话，好生不防他。又一名和尚系是江西人，秀才出身，前元应举不中，就做了和尚，见在城中与各官说话。又火者一姓崔，系总兵官庄人，本人随别下泼皮高丽黑哄陇问。又有隐下的高丽不知数。造文书到时，可将遣人都教来。一名太医江西人，前元提举，即自在各官处用事。又指挥孙苍处有两个回回，金有让孚家奴也教发来。[25] 调查得十分清楚。钱宰被征编《孟子节文》，罢朝吟诗："四鼓冬冬起着衣，午门朝见尚嫌迟，何时得遂田园乐？睡到人间饭熟时。"第二天，元璋对他说："昨天作的好诗，不过我并没'嫌'呵，改作'忧'字如何？"钱宰吓得磕头谢罪。[26] 宋濂性格诚谨，有一次请客喝酒。隔天元璋问他昨天喝酒了没有，请了哪些客，什么菜？宋濂老老实实回答，元璋才笑说："全对，没有骗我。"[27] 国子祭酒宋讷独坐生气，面有怒容，朝见时元璋问他昨天生什么气，宋讷大吃一惊，照实说了。元璋叫人把偷着给他画的像拿来看，他才明白。[28] 吏部尚书吴琳告老回黄冈，元璋派人去看，远远见一农人坐小杌上，起来插秧，样子很端谨。使者前问："此地有吴尚书这人不？"农人叉手回答："琳便是。"使者复命，元璋很喜欢。[29] 南京各部皂隶都戴漆巾，只有礼部例外，各衙门都有门额，只有兵部没有，据说这也是皇帝干的事。原来各衙门都有人在暗地里伺察，一天礼部皂隶睡午觉，被取去漆巾。兵部有一晚没人守夜，门额给人抬走了，发觉后不敢作声，也就作为典故了。[30] 公侯伯功臣赐卒一百十二人作卫队，设百户一人统率，颁有铁册，说明"俟其寿考，子孙得袭，则兵皆入卫"。称为铁册军，也叫奴军。事实上是防功臣有二心，特设铁册军监视的。[31]

朱元璋不但派检校侦察官民，有时他还亲自侦察。例如罗复仁官止弘文馆学士，说一口江西话，为人质直朴素，元璋叫他作老实罗。一天，元璋突然跑到罗家，罗家在城外边一个小胡同里，破破烂烂，东倒西歪几间房子。老实罗正扒在梯子上粉刷墙壁。一见皇帝来，着了慌，赶紧叫他女人抱小杌子请皇帝坐下。元璋见他实在穷得不堪，老大不过意，说："好秀才怎能住这样烂房子！"即刻赏城里一所大邸宅。[32]

检校是职务，不是机构，只能执行侦察工作，并无扣押处刑之权。胡惟庸案发以后，统治阶级内部的斗争越发尖锐了，洪武十五年特设一个特务机构，有专门的法庭和监狱，叫锦衣卫。

锦衣卫的前身是吴元年设立的拱卫司，洪武三年改为亲军都尉府，管左、右、中、前、后五卫军士，十五年改为锦衣卫。

锦衣卫有指挥使一人，正三品；同知二人，从三品；佥事三人，四品；镇抚二人，五品；十四所千户十四人，五品；副千户从五品；百户六品。所统有将军、力士、校尉，掌侍卫、缉捕、刑狱之事。凡盗贼奸宄、街涂沟洫都要秘密缉访，经常注视，是一个组织完备的军事特务机构，和朝廷的府、部、院没有隶属关系，直接对皇帝负责。

锦衣卫设经历司，掌文移出入。设镇抚司，掌本卫刑名，兼理军匠，也就是民间所称"诏狱"。朱元璋从洪武十五年以后，运用这个法庭和监狱，把全国所有重罪犯人都经过它审判和执行。过了六年，镇压"不轨妖言"的任务告一段落了，洪武二十年下令焚毁锦衣卫刑具，把犯人移交给刑部。六年后胡惟庸和蓝玉案的罪犯都已处理完毕了，又申明以后一切案件都由朝廷法司处理，内外刑狱公事不再经由锦衣卫。但是，这个禁令并没有维持多久，明成祖即位后，又重新利用锦衣卫来镇压建文帝的臣下，恢复了诏狱。以后历代皇帝都倚仗锦衣卫做耳目爪牙。锦衣卫的职权日益扩大，人员日益众多，也日益使人恐惧，一直延续到明亡。[33]

和锦衣卫有密切关系的一种刑罚是廷杖，就是在殿廷杖责大臣。锦衣卫学前朝的诏狱，廷杖则学的是元朝的办法。著名的例子，朱元璋亲族被杖死的有亲侄朱文正，勋臣被鞭死的有永嘉侯朱亮祖父子，大臣被杖死的有工部尚书薛祥，部曹被廷杖的有茹太素。这个办法，也被他的子孙当作祖制一直继承到亡国。[34]

地方则设置巡检司，凡在外各府州县关津要害处普遍建立，设巡检和副巡检，都是从九品官，带领差役弓兵，警备意外。职权是缉捕盗贼，盘诘奸伪。[35] 在要冲去处，专一盘诘往来奸细及贩卖私盐犯人、逃囚、无引面生可疑之人。[36]

引是路引，朱元璋发展了古代的传、过所、公凭这套制度，制定了路引，即通行证或身份证。法律规定："凡军民人等往来，但出百里即验文引，如无文引，必须擒拿送官。仍许诸人首告，得实者赏，纵容的同罪。"[37] 处刑的等级："凡无文引私度关津者杖八十；若关不由门，津不由渡而越度者杖九十；若越度缘边关塞者杖一百，徒三年；因而出外境者绞。"军和民的区别："若军、民出百里之外不给引者，军以逃军论，民以私度关津论。"[38] 这制度把军、民的行动范围限制在百里之内，路引是要向地方官请领的，请不到的，行动便不能出百里之外。

巡检司只设在要冲去处，里甲于是被赋予了辅助巡检司的任务。洪武十九年朱元璋手令要"人民互相知丁"。知是了解的意思，他说：

诰出，凡人民邻里互相知丁。互知务业，俱在里甲，县、府、州务必周知。市村绝不许有逸夫。若或异四业而从释道者，户下除名。凡有夫丁，除公占外，余皆四业，必然有效。

一、知丁之法，某民丁几，受农业者几，受士业者几，受工业者几，受商业者几。且欲士者志于士，进学之时，师友某氏，习有所在，非社学则入县学，非县必州、府之学，此其所以知士丁之所在。已成之士为未成士之师，邻里必知生徒之所在。庶几出入可验，无异为也。

二、农业者不出一里之间，朝出暮入，作息之道互知焉。

三、专工之业，远行则引明所在，用工州里，往必知方，巨细作为，邻里采知，巨者归迟，细者归疾，出入不难见也。

四、商本有巨微，货有重轻，所趋远近水陆，明于引间。归期艰限，其业邻里务必周知。若或经年无信，二载不归，邻里当觉（报告）之询故。本户若或托商在外非为，邻里勿干。

逸夫指的是没有户口没有路引的无业游民。法令规定里甲邻里要负责逮捕逸夫，如不执行，要受连坐处分。他接着说：

一里之间，百户之内，仍有逸夫，里甲坐视，邻里亲戚不拿，其逸夫或于公门中，或在市间里，有犯非为，捕获到官，逸夫处死，里甲四邻化外之迁，的不虚示。[39]

又强调告诫：

此诰一出，自京为始，遍布天下。一切臣民，朝出暮入，务必从容验丁。市井人民舍客之际，辨人生理，验人引目，生理是其本业，引目相符而无异，犹恐托业为名，暗有他为。虽然业与引合，又识重轻巨微贵贱，倘有轻重不伦，所赍微细，必假此而他故也，良民察焉。[40]

异为、非为、他为、他故，都是法律术语，异为、非为是不轨、不法的意思，他为、他故是有秘密、有问题的意思。前一手令是里甲、邻里互相知丁的义务和对逸夫的连坐法，后一手令则是专指流动人口的，特别是对手工业者和商人的。这样，里甲制和路引制结合在一起，对巡检司起了辅助作用，也对反对封建统治的人们起了管制和镇压的作用。

要组织这样的力量、机构，进行全国规模的调查、登记、发引、盘诘的工作，必须付出极大的努力和准备周密的计划，以及必需的监督工作。差不多经过三十年的不断斗争，朱元璋和他的助手们积累了丰富的经验，把自己的统治机构逐渐发展，使之更趋于完备。[41]

 注释

[1]《明史》卷一百二十八《刘基传》。

[2]《明史》卷九十一《兵志》。

[3] 吴晗《明代之军兵》，见《中国社会经济史集刊》五卷二期。

[4]《明太祖实录》卷十四。

[5]《明太祖实录》卷二百二十三。

[6]《明史》卷七十七《食货志·田制》。

[7]《明太祖实录》卷五十三，卷五十六;《明史》卷一百五十《郁新传》。

[8] 王世贞《弇山堂别集》卷八十六《诏令考》二。

［9］《明太祖实录》卷二十八。

［10］王世贞《弇山堂别集》卷八十六《诏令考》二。

［11］《明太祖实录》卷二十三。

［12］《明太祖实录》卷二十。

［13］《明太祖实录》卷二十六、卷二十九。

［14］王世贞《诏令考》二。

［15］《明史》卷一百二十九《冯胜传》。

［16］刘辰《国初事迹》；孙宜《大明初略》四;《明史》卷一三五
　　《宋思颜传》。

［17］刘辰《国初事迹》。

［18］《大诰·沉匿卷宗第六十》。

［19］钱谦益《国初群雄事略》卷四，引俞本《纪事录》。

［20］刘辰《国初事迹》；孙宜《大明初略》四；王世贞《诏令
　　考》二。

［21］《明太祖实录》卷三十。

［22］刘辰《国初事迹》;《明史》卷一三五《郭景祥传》附《毛
　　祺传》。

［23］《明史》卷一三九《李仕鲁传》。

［24］刘辰《国初事迹》。

［25］王世贞《诏令考》二。

［26］叶盛《水东日记摘钞》二。

［27］《明史》卷一二八《宋濂传》。

［28］《明史）卷一三七《宋讷传》。

［29］《明史》卷一三八《陈修传》附《吴琳传》。

［30］陆容《菽园杂记》；祝允明《野记》一。

［31］沈德符《野获编》卷十七《铁册军》。

［32］《明史》卷一三七《罗复仁传》。

［33］王世贞《锦衣志》；《明史》卷八十九《兵志》，卷九十五《刑
法志》。

［34］《明史·刑法志三》。

［35］《明史》卷七十五《职官志四》。

［36］弘治《大明会典》卷一一三。

［37］弘治《大明会典》卷一一三。

［38］《明律》十五《兵律》。

［39］《大诰续诰·互知丁业第三》。

［40］《大诰续沘·辨验丁引第四》。

［41］吴晗《传·过所·路引的历史——历史上的国民身份证》，载
《中国建设》月刊五卷四期。

明朝的官僚机构

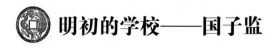

明初的学校——国子监

一

专制独裁的君主，用以维持和巩固统治权的法宝，是军队、法庭、监狱、特务和官僚机构，用武力镇压，用公文办事。

明太祖朱元璋原来是红军大帅郭子兴的亲兵，一步步升官，做到韩宋的丞相国公，龙凤十年（公元 1364，元顺帝至正二十四年）作吴王，四年后爬上宝座做明朝的开国皇帝。本来是靠武力起的家，化家为国后，有的是队伍，红军嫡系的，敌军收买过来的，杂牌军投降的，官民犯罪充军的，不够，再按户口抽壮丁，总数约摸有两百万，编制作卫（师）所（团），分驻全国各地，执行武装弹压警戒的任务。

明太祖明白，武力可用以夺取政权，却不能用以治国，而且，军官大多数不识字，也办不了公文。即使有识字的，也不能做高级执政官，武人当政，历史上的例子说明不是好办法。结论是要治国必须建立一个得心应手，御用的官僚机构，而官僚必得用文人。于是，问题来了。从朝廷到地方，从省府部院寺监到州县，各级官僚得十几万人，白手成家的明太祖，从哪儿去找这么些忠心的而又能干的文人？

当然，第一个想到的是元朝的旧官僚。除了在长期战争中被消灭了的一部分以外，剩下的会办事有才力的一批，早已来投效了；不肯来的，用威吓手段，说是"智谋之士"，"坚守不起，恐有后海"，也不敢不来（《明史》卷二八五《张以宁传》附《秦裕伯传》）；其余有的是贪官污吏，有的人老朽昏庸，有的人怀念元朝的恩宠，北逃沙漠（《明史》卷一二四《扩廓帖木儿传》附《蔡子英传》），有的人厌恶、恐惧新朝，遁迹江湖，埋名市井（同上书卷二八五《杨维桢传》《丁鹤年传》）。尽管新朝用尽了心机，软话硬拉，要凑齐这个大班子，人数还差得太远。

第二想到的是元朝的吏。元朝是以吏治国的。从元世祖以后，甚至执政大臣也用吏来充当，造成风气，中原一带，稍稍识字能办公文的，投身台阁做吏，显亲扬名。南方的士人既不能从科举出身，又不甘心做吏，境况日渐没落，不免对北方的吏发生妒忌嫌恨的感情（余阙《青阳文集》卷四《杨君显民诗集序》）。明太祖是南方人，当然不免怀有南方人共同的看法。他又深知法令愈繁冗，条格愈详备，一般人不会办，甚至不能懂，吏就愈方便作弊，舞文弄法，闹成吏治代替了官治，代替了君治，这是对皇家统治有严重损害的（《明太祖实录》卷二六，卷一二六）。而且，办公文的诀窍，程序格式条例，成为专业，不是父子，就是师徒世传，结成行帮，自成团体。行帮是可怕的，把治权交给行帮，起腐蚀作用，更可怕。以此，吏不但不能用，而且得用种种方法来防范、压制。在明代，吏不许做官，国子监生有罪罚充吏役，便是这个道理。

第三只好任用没有做过官的读书人。读书人当然想做官，可是有的人也有顾忌，顾忌的是失身份："海岱初云扰，荆蛮遂土崩，王公甘久辱，奴仆尽同升。"（贝琼《清江诗集》卷八《述怀·二十二韵寄钱思复》）和奴仆同升也许还不太重要，重要的是这个政权还不太巩固，对内未统一，北边蒙古还保有强大力量。有的人顾忌的是这个政权是淮帮，大官位都给淮人占完了："两河兵合尽红巾，岂有桃源可避秦？马上短衣多楚客，城中高髻半淮人。"（同上卷五《秋思》）有的人顾忌的是做了官一有不是，有杀头的，有戴斩罪办事的，有镣足办事的，有罚做苦工的，有抄家的，甚至还有抽筋剥皮的刑罚。朝官上朝，战战兢兢，下朝回家，这天侥幸平安，便阖家欢祝（详见作者《朱元璋传》）。做官固然可以发财，可是，要拼着命，甚至带上阖家阖族的命，有一些人是要多多考虑的。明太祖要读书人出来做官，还是有人借故逃避，没办法，甚至立下"寰中士夫不为君用"，不肯做官就要杀头的条文，也可以看出明初官僚人才的缺乏，和需要的迫切了。

第四是任用地主做官，称为荐举。有富户、耆民、孝弟力田、税户人才（纳粮最多的大地主）等名目。有一出来便做尚书府尹、副都御史、布政使、参政、参议等大官的，最多的一次到过三千七百多人（《明史》卷七一《选举志三》）。可是，还不够用，而且，这些地主官僚的作风也不完全适合新朝的要求。

旧的人才不够用，只好想法培养新的了。明太祖用自己的训练方法，造成大量的新官僚。这个官僚养成所叫作国子监。

《明史·选举志》说："学校有二，曰国学，曰府州县学。"

二

研究明代国子监的材料，除《明史·选举志》以外，关于南京国子监的，有黄佐的《南雍志》，北京国子监有《皇明太学志》。此外，《大明会典》卷七十八《学校门》也有简单的记载。

明初制度，参加科举的必须是学校的生员，学校生员做官则不一定经由科举。以此，学校是做官所必由的大路，政府和社会都极看重。可是，从明成祖以后，进士独占了做官的门路，监生出路日坏。从明景帝开生员纳粟、纳马入监之例以后，国子监成为富豪子弟的京师旅邸，日渐废弛。从明武宗以后，非府州且学生也可以纳银入监，做个挂名学生，以依亲为名，根本不必入学，国子监到此完全失去初创的意义，只剩下一个招牌了。因之，研究明代学校和政治的关系，洪武一朝是最有代表性的时期。

国子监的前身是国子学。宋龙凤十一年（公元1365，元顺帝至正二十五年）以元故集庆路儒学改建。有博士、助教、学正、学录、典乐、典书、典膳等官。在建学的前一年，未有校址，先已任命了国子博士和国子助教，在内府大本堂教皇子和胄子（贵族大官子弟）。吴元年（公元1367）定国子学官制，祭酒正四品，司业正五品，博士正七品，典簿正八品，助教从八品，学正正九品，学录从九品，典膳省注。洪武四年（公元1371）中书省户部定文武官禄，祭酒二百七十石，司业一百八十石，博士八十石，典簿七十石，助教六十五石，学正六十石，学录五十石。十四年又更定官员品数，祭酒一人，从四品；司业二人，正六品；监丞二人，正八品；博士五人，助教十五人，典簿一人，俱从八品；学正十人，正九品；学录七人，典籍一人，俱从九品。掌馔二人，杂职。又改建国子学于鸡鸣山之南。十五年改国子学为国子监。二十四年，又改司业、监丞各一人（黄佐《南雍志》卷一《事纪》）。从祭酒到掌馔都是朝廷命官，任免都出于吏部。

学校官在学的职务分工，据洪武十五年钦定的监规：祭酒是正官，衙门首长，专总理一应事务，要整饬威仪，严立规矩，表率属官，模范后进。属官赴堂禀议事务，质问经史，皆须拱立听受，不得即便坐列，正官亦不得要求虚誉，辄自起身，有紊礼制。祭酒和其他同僚，是长官和属僚的关系，就国子监说，是一监之长，勉强比附现代名词，相当于校长，但是，这个校长并无聘任教员之权，因为一切教员都是部派的。监丞品位虽低，却参领监事，凡教官怠于师训，生员有戾规矩，并课业不精，廪膳不洁，并从纠举。务要夙夜尽公，严行约束，毋得徇情，以致废弛（同上书卷九《学规本末》）。不但管学生规矩课业，还兼管教员教课成绩，办公处叫"绳愆厅"，器用除公案公椅以外，特备有行扑红凳二条，拨有直厅皂隶二名，"扑作教刑"。刑具是竹篦，皂隶是行刑人，红凳是让学生伏着挨打的（同上书卷一六《器用》）。照规定，监丞立集愆册一本，各堂生员敢有不遵学规，即便究治。初犯纪录（记过），再犯决竹篦五下，三犯决竹篦十下，四犯发遣安置（开除、充军、罚充吏役）（同上书卷九《学规本末》）。监丞对学生，不但有处罚权，而且有执行刑罚之权，学校法庭刑场合而为一。当然，判决和执行都是片面的，学生绝对没有辩解申说和要求上诉的权利。这职位就管束学生而论，有点像现代的训导长。掌馔是管师生膳食的，膳夫由朝廷拨囚徒充役，洪武十五年六月敕谕监丞等："囚徒膳夫，俱系死囚，若不听使令，三更五点不起，有误生员饮食，一两遍不听，打五十竹篦，三遍不听处斩。做贼的割了脚筋，若监丞、典簿、掌馔管束不严，打一百圆棍，如不死，仍发云南。有通了学里学外人、偷了学里诸物者处斩，家下人发云南，钦此。"（《南雍志》卷一〇《谟训考》）这种刑法是超出当时的《大明律》之外的。典簿职掌文案，凡一应学务，并支销钱粮、季报、课业、文册等项，皆须明白稽考。又管出纳，又管教务，类似现代学校里的总务长和教务长。典籍是图书馆长。

祭酒同时也是教员，和博士、助教、学正、学录等官，职专教诲，务在严立课程，用心讲解，以臻成效。如或怠惰，不能自立，以致生员有戾规矩者，举觉到官，各有责罚（同上书卷九《学规本末》）。换言之，教员如不能使生员循规蹈矩，所遭遇到的不是解聘，而是更严重的刑事处分。

学校的教职员全是官。学生呢？来源有两类，一类是官生，一类是民生。官生又分两等，一等是品官子弟，一等是土司子弟和海外学生（留学生）。官生是由皇帝指派分发的，出自特恩，民生由各地地方官保送。官生入学的目的，是为了"皇子将有天下国家之责，功臣子弟将有职任之寄。"皇子在内府大本堂，功臣子弟入国学。教之之道，以正心为本，学的是如何统治的"实学"，不必像文士那样记通辞章（同上书卷一《事纪》)。洪武十六年文渊阁大学士宋讷任国子监祭酒，明太祖特派太师韩国公李善长、礼部尚书任昂和谏院、翰林院等官到监，举行特别考试，考定教官、生员高下，分别班次。又以公侯子弟在学读书，怕不服教员训诲，特派重臣曹国公李文忠兼领国子监事，将军做校长，扑罚违教的官生，整顿学风（《明史》卷六九《选举志》）。官生中有云南、四川等处土官子弟，日本、琉球、暹罗诸国学生，琉球学生来的最多。就洪武一朝官民生比例，据《南雍志》卷一五《储养考》：

洪武四年　官民生二千七百二十八名

十五年	五百七十七名		
十六年	七百六十六名		
十七年	九百八十名		
二十三年	九百六十九名		
二十四年	一千五百三十二名	官生四十五名	民生一千四百八十七名
二十五年	一千三百九名	官生十六名	民生一千二百九十三名
二十六年	八千一百二十四名	官生四名	民生八千一百二十名
二十七年	一千五百二十名	官生四名	民生一千五百一十六名
三十年	一千八百二十九名	官生三名	民生一千八百二十六名

　　国子学时代只有洪武四年的生员总数，据《大明礼令》："凡国学生员，一品到九品文武官子孙弟侄，年一十二岁以上者充补，以一百名为额。民间俊秀年一十五岁以上，能通《四书》大义，愿入国学者，中书省闻奏入学，以五十名为额。"

（《皇明制书》）则在洪武四年以前，官生与民生的比例是二比一。官生是主体，民生不过陪衬而已。国子监时代，洪武十五年到二十三年，只举官民生总数，无法知道比例。从二十四年到三十年，有五个年度的在学人数记录，二十四年官生占总数三十四分之一，二十五年八十二分之一，二十六年二千零三十分之一，二十七年三百三十分之一，三十年六百一十分之一。在这个记录中，值得指出的：第一，官生占监生总数比例极小；第二，官生就学比例逐年减少，从四十五名降为三名；第三，洪武二十六年监生员数突然激增，次年又突然减少；第四，官生中琉球牛悦慈从洪武二十五年到三十年，留学至少有六年之久。（琉球生入南监，最后一次是嘉靖十七年，二十三年回去的［公元1538—1544］。《明史·选举志》作"成化、正德时［公元1465—1521］，琉球生犹有至者"，是错的。）

如上文所说，明太祖建立国子学的目的，是为了教育胄子（贵族官僚子弟），甚至在改组为国子监以后，还特派重臣勋戚李文忠兼领，管束官生。为什么从二十四年以后，官生数目反而年少一年，和民生的比例，从二比一到一比二千零三十，主体变为附庸，完全失去立学的用意呢？这道理说来也极为简单。公侯子弟成年的袭爵任官，不必入学，未成年的入学得经圣旨特派，纨绔少年，束发受经，不过虚应故事，爵位官职原来不靠书本辞章。那么，除非皇帝特命，又何必入学。此其一。从洪武十三年胡惟庸党案发作后，功臣宿将，连年被杀，到洪武末年，除汤和、耿炳文、李景隆、徐辉祖几家以外，其余的差不多杀干净了。功臣本人被杀，子弟如何能入学？此其二。至于官僚子弟的入学令，限一百名的有效期限恐怕只是适用在洪武三年之前，以后实施极为严格，非奉特旨，不能入学，人数当然不可能太多。此其三。（《南雍志》卷一《事纪》，《明史·选举志》）而且，大官子弟自有荫官一途，用不着走国子监这条路，这样，国子监就自然而然衍变为专门训练民生做官的衙门了。

洪武二十六年监生人数突增的原因，是因为有新的政治任务，人手不够，特别扩大保送，说详下文。

三

民生的来源，分贡监、举监两类。国子监的学生通称监生。贡监出于岁贡，原来依据历史上的成规，地方官有贡"士"于朝廷的义务。洪武元年令民间俊秀能通文义者，充国子学生。二年立府、州、县学。四年正月，诏择府、州、县学生之俊秀通经者入国学，得二千七百二十八人。到十五年正月，礼部以州县所贡子弟，推选未至，奏令各按察司，于年二十以上，厚重端秀者，务拔其尤，岁贡一人入监，著为令。从这一命令，可以看出在此以前，保送监生是州县官的任务，此后则改归按察司选送。洪武四年以前，选士于民间，四年以后，选士于地方学校，州、县学和国子监成为学制上的联系衔接衙门，民生在地方学校受初级训练，选拔到国子监受高级训练，国子监成为全国青年人才集中的场所。十六年又令礼部榜谕天下府、州、县学，自明年为始，岁贡生员各一人，正月至京师，从翰林院试经义、四书义各一道，判语一条，中式的（及格）入国子监，不中的原学教官罚停廪禄（扣薪水），生员罚为吏。则又把贡士之权改归地方学校教官，贡生在入监之前，得经翰林院主持的甄别试验（《南雍志》卷一《事纪》，《明史·选举志》）。

学生入监，主持选送的是府、州、县官，按察司官、本学教官。入学考试，主持考试的是翰林院官。入监后主持训育的是国子监官。受训完毕后，监生的出路，而且是唯一的出路，是替皇帝做官，"学而优则仕"。

贡监据洪武十五年十六年的法令，府、州、县学岁贡生员一人，是有一定名额的。这定额在洪武朝发生过两次例外，第一次在洪武二十五年四月，"初令天下府学岁贡二人，州学二岁贡三人，县学每岁贡一人入监，明年如常"。突然增加保送名额，照例岁贡生应于次年正月到京师，因为这法令，洪武二十六年的官民生总数就增加到八千一百二十四名。第二次在洪武三十年，这一年"本监以坐堂（在学）人少，诚恐诸司再取办事不敷，移文礼部，上令照二十五年例，于是入监遂众。"据上文记录，三十年度的官民生总数是一千八百二十九名，三十一年的名额，虽然没有记录，大概和二十六年度的相差不远。从后一例子，可以明白这两次增加名额的原因，是因为朝廷诸司办事人员的迫切需要，说明了在学监生同时也是朝廷的办事人员。

举监是举人入监。洪武初年，择年少举人入国子监读书。洪武十八年，又令会试下第举人送监卒业，是补习班或先修班的意思。

监生入学后，还得再经过一次编级考试，分堂（级）肄业。

国子监分六堂，六堂又分三等。初等生员通四书、未通经书的，入正义、崇志、广业三堂。修业期一年半以上。初等生修业期满，文理条畅的，升中等，入修道、诚心二堂，修业期一年半以上。中等生修业期满，经史兼通，文理都优的升高等，入率性堂。生员升入率性堂，依学规规定，根据勘合文簿（点名册）坐堂时日，满七百天才够资格。

司业二名，分为左右，各提调三堂。博士五员，分五经，于彝伦堂西设座教训六堂，依本经考课（《南雍志》卷九《学规本末》）。

功课内容，分《御制大诰》《大明律令》《四书》《五经》以及刘向《说苑》等书，（后来又加上《御制为善阴骘》《孝顺事实》《五伦书》等书）（《皇明太学志》卷七）。最主要的是《大诰》。《大诰》是明太祖自己写的，有《续编》《三编》《大诰武臣》，一共四册，主要内容是列举他所杀的人的罪状，使人民知所警戒，和教人民守本分、纳田租、出夫役、替朝廷当差的训话。洪武十九年以《大诰》颁赐监生，二十四年三月，特命礼部官说："《大诰》颁行已久，今后科举岁贡人员，俱出题试之。"礼部行文国子监正官，严督诸生熟读讲解，以资录用，有不遵者，以违制论（《南雍志》卷一《事纪》）。违制是违抗圣旨的法律术语，这罪名是很大的。皇帝颁布的杀人罪状，列作学生的必修功课，而且，作为考试的科目，用法令强迫全国生员非熟读讲解不可，这道理是用不着什么解释的。其次，训练学生的目的是做官，《大明律令》必然是必读书。而且"载国家法制，参酌古今之宜，观之者亦可以远刑辟"。《四书》《五经》是儒家的经典，洪武五年，明太祖面谕国子博士赵俶："尔等一以孔子所定经书诲诸生。"（同上书卷一《事纪》）孔子的思想是没有问题的，尊王正名，君君臣臣父父子子这一套，最合帝王的需要。可是，孟子就不同了，洪武三年，他开始读《孟子》，读到有几处对君上不客气的地方，大发脾气，对人说："这老头要是活到今天，非严办不可！"下令国子监撤去孔庙中孟子配享的神位，把孟子逐出孔庙。他认为这本书有反动的毒素，得经过严密的检查。洪武二十七年（1394）特别敕命组织一个"审查委员会"，执行检删任务的是当时的老儒刘三吾，把《尽心篇》的"民为贵，社稷次之，君为轻"；《梁惠王篇》"国人皆曰贤""国人皆曰可杀"一章；"时日曷丧，予及汝偕亡！"和《离娄篇》"桀纣之失天下也，失其民也，失其民者，失其心也"一章；《万章篇》"天与贤则与贤"一章；"天视自我民视，天听自我民听"；"君有大过则谏，反复之而不听，则易位"；以及类似的"闻诛一夫纣矣，未闻弑君也"；"君之视臣如草芥，则臣视君如寇仇"等一共八十五条，以为这些话不合"名教"，全给删节掉了。只剩下一百七十几条，刻版颁行全国学校。这一部经过大手术切割的书，叫作《孟子节文》。所删掉的八十五条，"课士不以命题，科举不以取士"[1]。至于《说苑》，则因为"多载前言往行，善善恶恶，昭然于方册之间，深有劝戒"：是当作修身或公民课本被指定的。此外，也消极地禁止某些书不许诵读，如洪武六年面谕赵俶时所说："若苏秦、张仪，纵战国尚诈，故得行其术，宜戒勿读。"由此可见，学校功课的项目，内容的去取，必读书和禁读书，学校教官是无权说话的，一切都由皇帝御定(《南雍志》卷一《事纪》)。有时高兴，连考试的题目也出，例如圣制策问十六道，试举一例，敕问文学之士，整个题目如下：

吁，时士之志，奚不我知，其由我不德而致然耶？抑士晦志而有此耶？呜呼艰哉！君子得不易，我知，人惟彼苍之昭鉴，必或福志之将期，然迩来云才者群然而至，及其用也，才志异途，空矣哉！（同上书卷一〇《谟训考·圣制策问》）

日常功课，监规规定：一是写字。每日写仿一幅，每幅十六行，行十六字，不拘家格，或羲、献、智、永，或欧、虞、颜、柳，点画撇捺，必须端楷有体，合格书法，本日写完，就于本班先生处呈改，以圈改字少为最。逐月通考，违者痛决（打）。二是背书。三日一次背书，每次须读《大诰》一百字，本经一百字，《四书》一百字，即平均每日背一百字。不但熟记文词，务要通晓义理。若背诵讲解全不通者，痛决十下。三是作文。每月务要作课六道：本经义二道，四书义二道，诏诰章表策论判语（公家文书）内科（选）二道。不许不及道数，仍要逐月作完送改，以凭类进。违者痛决。

升到率性堂的学生，采积分制。积分之法，孟月试本经义一道，仲月试论一道，诏诰章表内科一道，季月试经史策一道，判语二条。每试文理俱优与一分，理优文劣者半分，文理纰缪者无分。岁内积至八分者为及格，与出身（官职）。不及格仍坐堂肄业（留级）。试法一如科举之制，果有材学超越异常者，呈请皇帝特别加恩任官（《南雍志》卷九《学规本末》）。

四

国子监坐堂监生最多的时期，将近万人，校舍规模是相当宏大的，校址东至小教场，西至英灵坊，北至城坡土山，南至珍珠桥。左有龙舟山，右有鸡鸣山，北有玄武湖，南有珍珠河。"延袤十里，灯火相辉。"监内建筑，正堂一，支堂六，每堂一十五间，是师生讲习的地方。有馔堂二所，是会馔的地方。书楼十四间藏书。光哲堂十五间，住琉球官生。号房（学生宿舍）约二千间。此外有射圃、仓库、酱醋房、水磨房、晒麦场、菜圃、养病房等建筑。规模最宏大的是供奉孔子和列代贤哲的文庙（《南雍志》卷七、卷八《规制考》）。

监生穿一定的服装，形式也是明太祖钦定的，用玉色绢布，宽袖皂缘，皂绦软巾，叫作襕衫。每年冬夏衣由朝廷颁赐。膳食公费，全校会馔。有家眷的特许带家眷入学，每月支食粮六斗。皇帝特赐，有时赐及学生的家长，例如洪武十二年赐诸生父母帛各四匹。或赐及妻子，如洪武二十七年，赐监生有家属的六百二十五人，每人钞五锭（这年官民生总数是一千五百二十人，有家眷的占百分之三十八）。三十年又赐监生夏布大小人五匹，家属每人二匹（《南雍志》卷一《事纪》）。

监生请假休学，只有在奔丧、完姻、父母年已七十必须侍养或妻子死亡等情形下，才被准许。而且得由皇帝亲自准许。请假日期有严格规定，洪武十六年令监生入监三年，有父母者，照地远近，定限归省。其欲挈家成婚者亦如之，俱不许过限。父母丧照例丁忧。怕叔兄长丧而无子者，亦许立限奔丧。十八年令监生有父母年老无次丁者，许还原籍侍养，其妻死子幼者许送还乡，给与脚力，立限还监，违者罚之。二十二年，礼部奏准，监生毕姻般取，照省亲例入监三年者方许。三十年令监生省亲等事，量道路远近，定具在途往还日月：每日水路一百里，陆路六十里；直隶限四阅月，河南、山东、江西、浙江、湖广限六阅月，北平、两广、福建、山西、陕西限八阅月。其住家月日：省亲三阅月，毕姻两阅月，送幼子还乡一阅月，丁忧照官员例不计闰，俱二十七月。凡过限两月以上者，送问复监。同年有违限监生二百一十七人，祭酒比例拟奏，发充吏役。三十一年又有违限监生二百二十人，命吏部铨除远方典史以困役之。

不但监生请假休学，要得特许，连教员请假，也必得经过同样程序，如洪武十二年助教吴伯宗奏请省亲，明太祖特许给假四个月就是一个例子。

坐堂期间，管制极端严格，表面上历次增订的监规，总共五十六款，除关于教官部分以外，关于约束防闲监生的，如：

各堂生员在学读书，务要明体适用，以须仕进。宜各遵承师训，循规蹈矩。凡出入起居，升堂会馔，毋得有犯学规。违者痛治。

各堂生员每日诵受书史，并须在师前立听讲解。其有疑问，必须跪听，毋得傲慢，有乖礼法。

绝对禁止学生对人对事的批评，和团结组织，甚至班与班之间也禁止来往：

今后诸生止许本堂讲明肄业，专于为己，日就月将。毋得到于别堂，往来相引，议论他人长短，因而交结为非。违者从绳愆厅纠察，严加治罪。

有等无志之徒，往往不行求师问道，专务结党恃顽，故言饮食污恶。切详此等之徒，果系何人之子？其所造饮食，千百人所用皆善，独尔以为不善，果君子欤？小人欤？是后必有此生事者，具实奏闻，令法司枷镣，禁锢终身，在学役使，以供生徒。

生员往来议论，就难免对学校设施，对政治良窳有意见，有结论，就难免不发生学潮，针对的办法是隔离和孤立。至于结党，发生组织力量，就无法管束和训导了，非严办不可。在太祖朝严刑重法，大量屠杀的恐怖空气中，监生不能也不敢提出原则性的反抗，只好从生活不满的方面来发泄，因之，故言饮食污恶，对饥饿的抗议就成为学潮的主题了。抗议饥饿的行动，如不是集体提出，学规另有专条："生员毋得擅入厨房，议论饮食美恶，及鞭挞膳夫。违者笞五十，发回原籍，亲身当差。"这和枷镣禁锢，终身役使的处分，轻重相去是极大的。此外禁例，如不许穿常人衣服；有事先于本堂教官处禀之，毋得径行烦紊；凡遇出入，务要有出恭入敬牌；以及无病称病，出外游荡，会食喧哗，点问（名）不到，不许燕安怠惰，解衣脱巾，喧哗嬉笑。号房不许私借他人住坐，不许作秽，不许酣歌夜饮等二十七条，下文都是"违者痛决！"最最严重的一款是：

在学生员，当以孝弟忠信礼义廉耻为本，必先隆师亲友，养成忠厚之心，以为他日之用。敢有毁辱师长及生事告讦者，即系干名犯义，有伤风化，定将犯人杖一百，发云南地面充军

（《南雍志》卷九《学规本末》）。

明太祖寄托培养官僚的全部责任于国子监，这一条款就是授权国子监教官，用刑法清除所有不服从不听调度的反抗分子。毁辱师长的含义是非常广泛的，无论是语言、行动、思想、文字上的不同意，以至批评，都可任意解释。被周纳的犯人是不能也不许可有辩解的机会的。至于生事告讦，更可随便运用，凡是不遵从学规的，不满意现状的，要求对某方面教学或生活有所改进的，都可以用生事告讦的罪状片面判决之，执行之。国子监第一任祭酒宋讷是这条学规的制定人，明初人说他办学极意严酷，以求符合明太祖的政策。在他的任内，监生走投无路，经常有人被强制饿死（这也是有学规的依据的，洪武十五年第二次增订学规：师生如有病患，不能行履者，许令膳夫供送。若无病不行随众会食者，不与当日饮食），以至自缢死。他连死尸也不肯放过，一定要当面验明，才许棺殓（赵翼《廿二史劄记》卷三一《明史立传多存大体条》引叶子奇《草木子》，按坊本《草木子》无此条）。后来他的儿子宋复祖继任司业，也学他父亲"诫诸生守讷学规，违者罪至死"（《明史》卷一三七《宋讷传》）。学录金文徵反对宋讷的过分残暴，想法子救学生，向明太祖提出控诉说："祭酒办学太严，监生饿死了不少人。"太祖不理会，说是祭酒只管大纲，监生饿死，罪坐亲教之师，和祭酒无干。文徵又设法和同乡吏部尚书余熂商量，由吏部出文书令宋讷以年老退休（洪武十八年宋讷七十五岁，已经过了法令规定该致仕的年龄了）。不料宋讷在辞别皇帝时，说出并非真心要辞官，太祖大怒，追问缘因，立刻把余熂、金文徵和学录田子真、何操以及学正陈潜夫都杀了，还把罪状出榜在国子监前面，也写在大诰里头。这次反迫害的学潮，在一场屠杀后被压平，从此再也没有人敢替饿死缢死的学生说话了（《南雍志》卷一《事纪》，卷一〇《谟训考》，《明史·宋讷传》）。

洪武二十七年第二次学潮又起，监生赵麟受不了虐待，出壁报提出抗议，学校以为是犯了毁辱师长罪。照学规是杖一百充军。为了杀一儆百，明太祖法外用刑，把赵麟杀了，并且在国子监前立一长竿，枭首示众（这在明太祖的口头语，叫枭令，比处死重一等）。二十八年又颁行《赵麟诽谤册》和《警愚辅教》二录于国子监。三十年七月二十三日，又召集祭酒司业和本监教官，监生一千八百二十六员名，在奉天门当面训话。训词说：

恁学生每听着：先前那宋讷做祭酒呵，学规好生严肃，秀才每循规蹈矩，都肯向学，所以教出来的个个中用，朝廷好生得人。后来他善终了，以礼送他回乡安葬，沿路上着有司官祭他。

近年着那老秀才每做祭酒呵，他每都怀着异心，不肯教诲，把宋讷的学规都改坏了，所以生徒全不务学，用着他呵，好生坏事。

如今着那年纪小的秀才官人每来署学事，他定的学规，恁每当依着行。敢有抗拒不服，撒泼皮，违犯学规的，若祭酒来奏着恁呵，都不饶，全家发向武烟瘴地面去，或充军，或充吏，或做首领官。

今后学规严紧，若无籍之徒，敢有似前贴没头帖子，诽谤师长的，许诸人出首，或绑缚将来，赏大银两个。若先前贴了票子，有知道的，或出首，或绑缚将来呵，也一般赏他大银两个。将那犯人凌迟了，枭令在监前，全家抄没，人口迁发烟瘴地面。钦此！（《南雍志》卷一〇《谟训考》）

这篇有名的训词，在中国教育史上是空前的。唯一可以比拟的，大概是北魏太平真君五年（公元444）禁止民间私立学校，违者"师身死，主人门诛"那道敕令吧。国子监前面的长竿，是专作枭令学生用的，一直到正德十四年（公元1519）明武宗南巡，这个顽皮年轻皇帝，学他祖宗的榜样，化装出来侦察，走过国子监前，看见这个怪竿子（那时代还没有挂旗子的礼俗），弄糊涂了，问明白说是挂学生子脑袋的。他说："学校岂是刑场！"而且，"哪个学生又敢犯我的法令！"才叫人撤去。这竿子一共竖了一百二十六年。（同上书卷四《事纪》）

其实，并不是明武宗比他的祖宗更仁慈，而是一百多年来，进士科已经完全代替了国子监的地位，做官的不再从国子监出来，国子监已是破落的冷而又穷的衙门，会馔因为经费不够停止了，连房子倒塌了，朝廷也不肯修理，靠募捐才能补葺一下。它已失去了明初官僚养成所的地位，当然，也用不着这根刺目的不相称的竿子了。

国子监既然是为皇家制造官僚的工厂，用严刑峻法来捏塑官僚，那么，皇家对这工厂的技师，自有其划一的雇用标准。和监规的尺度一样，明初的国子监教官，是被严刑约束着，连一丝一毫自由的气氛也不许可有的。例如第一任国子学博士和祭酒许存仁，在明太祖幕府十年，是从龙旧臣，洪武元年被劾逮死狱中。表面上的罪名是私用学宫什器，娶妾饰床以象牙，非师臣体，实际上是因为明太祖刚即位做皇帝，存仁便告辞回家，犯了忌讳。司业刘丞直劝他："主上方应天顺人，兴高采烈，你要回家，也该等待一会。"存仁没理会，果然因此致死（《南雍志》卷一《事纪》，卷二一《刘丞直传》，《明史·宋讷传》，刘辰《国初事迹》）。第二任祭酒梁贞也得罪放归田里。第三任魏观，后来在苏州知府任上被杀。第四任乐韶凤以不职病免。第五任李敬以罪免。第六任吴颙因为武官子弟怠学，宽纵不能制裁被斥免。国子监第一任祭酒是宋讷，屠杀生徒，最被恩礼，可是明太祖还不放心，经常派人伺察，有时还在暗中画他的相貌，一喜一怒，都有报告（《明史·宋讷传》。第二任龚敩，得罪的罪状是有监生告假还家，没有报告皇帝，祭酒便准了假。明太祖大怒，以为"卖放"，令"置于法"。第三任胡季安，坐胡惟庸党案得罪。第四任杨淞，因为擅自分配学生宿舍，原来有廊房二十间，所住学生以罪被逐，留下空屋，明太祖令北城兵马司封钥，杨淞因为宿舍不够住，自作主张，准许学生住进去，结果是因此"掇祸"（《南雍志》卷一《事纪》）。最末一任张显宗就是奉天门训话里的年纪小的秀才官人，上任不久，明太祖便死了，算是侥幸没有意外。统计三十多年来的历任祭酒，只有以残酷著名的宋讷是善终在任上，死后的恩礼也特别隆重，可以说是例外，其他的不是得罪，便是被杀。

痛决，充军，罚充吏役，枷镣终身，饿死，自缢死，枭首示众，明初的国子监是学校，又是监狱，又是刑场。不止是学生，也包括教官在内，在受死刑所威胁的训练，造成绝对服从的、奴性的官僚。

五

明初的国子学、国子监，所负荷的制造和训练官僚的任务，据《南雍志》和《明史·选举志》所记：

洪武二年，择国子生试用之，巡行列郡，举其职者，竣事复命，即擢行省左右参政、各道按察司金事及知府等官。

五年四月，以国子生王铎摄监察御史，擢浙江布政司左参政。

六年九月，纂修日历，选善书者誊写，国子生陈益旸等与焉。令吏部选国子生之成材者，量材授主事、给事中、御史等官。

八年三月，命丞相往国子学，考校老成端正、学博经通者，分教天下，令郡县廪其生徒而立学焉。又命御史台精选以分教北方。于是选国子生林伯云等三百六十六人，给廪食赐衣服而遣之。六月以国子生李扩等为监察御史。

九年三月，以武英堂纪事国子生黄义为湖广行省参政，赵信为考功监丞。九月，遣国子生往陕西祭平凉卫指挥秦虎。国子生奉命出使自此始。寻命国子生分行列郡，集事之未完者，如古行人之职，皆量道路远近，赐钞为费而遣之。

十年正月，国子生试用于列郡者，皆授县丞、主簿，人赐夏衣一袭，宝钞三十贯。命中书省臣，凡有亲在者，量程给假归省，然后之官。十月，召国子生分教郡县者还京师，令吏部擢用。

十二年，上以国子生多未仕者，谓中书省臣曰："朕甚欲尊显诸生，虑其未悉朕意。且诸生入学之日久矣，其令归省其亲，赐其父母帛各四匹。有妻孥者携以来，月与粟钱，务得其欢心。"于是王文冏等一百三十四人皆告归，有司如诏赍之。

十四年八月，以国子生茹瑺为承敕郎。

十七年三月，令礼部颁行科举成式，凡三年大比，子午卯酉年乡试，辰戌丑未年会试，祭酒司业择国子生之性资敦厚，文行可称者应之。是年国子生升至率性堂者，入试文渊阁，擢杨文忠为首，除永福县丞。

十八年二月会试，此揭榜，国子生多在前列（会试黄子澄第一，殿试丁显、练子宁居首甲），上大喜。

十九年四月，吏部奏用监生十四人，皆为六品以下官。五月，上以天下郡县多吏弊民蠹，皆由杂流得为牧民官。乃命祭酒、司业择监生千余人送吏部，除授知州知县等职。

二十年二月，鱼鳞图册成。先是上命户部核实天下土田，而苏、松富民，畏避徭役，以田产诡寄亲邻佃仆，相习成风，奸弊百出。于是富者愈富，贫者愈贫。上闻之，遣国子生武淳等往，随税粮多寡，定为几区，每区设粮长四人，使集里甲耆民，躬履田亩以量度之。量其方圆，次其字号，悉书主名及尺丈四至，编类为册，绘状若鱼鳞然，故名。至是浙江、直隶、苏州等府县册成进呈，上喜，赐淳等钞锭有差。三月，监生古朴奏言，家贫愿仕，冀得禄以养母，上嘉之，除工部主事，迎养就京师。十二月，擢监生李庆署都察院右佥都御史。

二十一年三月，殿试，监生任亨泰廷对第一，召祭酒宋讷褒谕之。命撰进士题名记，立碑于监门。

二十二年二月，初令监生同御史王英、进士齐德照刷文卷。

二十四年三月，以监生许观会试、殿试皆第一，召国子监官褒奖之。八月，初令监生往后湖清查黄册（全国户籍）。户部所贮天下黄册，俱送后湖收架，委监察御史二员、户科给事中一员、监生一千二百名，以旧册比对清查，如有户口田粮埋没差错等项，造册径奏。是年选监生有练达政体者，得方文等六百三十九人，命行御史事，稽核天下百司案牍。

二十五年七月，擢监生师逵、墨麟等为监察御史，夏原吉为户部主事。

二十六年十月，诏祭酒胡季安选监生年三十以上能文章者三百四十一人，命吏部除授教谕等官。以监生刘政、龙镡等六十四人为行省布政使、按察两使及参政参议、副使、佥事等官。

二十七年八月，遣监生及人材分诣天下郡县，督吏民修治水利，给道里费而行。

二十九年四月，令吏部以次录用国子监生，毋使淹滞。六月初令监生年长者，分拨诸司，历练政事。凡历事监生，随本衙门司务，分勤谨、平常、才力不及、奸顽等项引奏。勤谨者仍历事，阙官以次取用。平常再历，才力不及送监读书，奸顽充吏（计南京五府六部等衙门历事监生二百十八名、户部等衙门写本监生二十八名，差拨内外衙门办事监生一百二十四名），称为拨历法。

三十年二月，擢监生卢祥为刑部郎中。

明代官制，都察院右佥都御史正四品，郎中正五品，主事正六品，监察御史正七品，给事中从七品。布政使从二品，参政从三品，参议从四品，按察使正三品，副使正四品，佥事正五品。知府正四品，知州从五品，知县正七品，县丞正八品，主簿正九品。教谕无品级。从洪武二年到三十一年这一时期监生任官的情形来看，第一，监生并没有一定的任官资序，最高的可以做到地方大吏从二品的布政使，最低的做正九品的县主簿，以至无品级的教谕。第二，监生也没有固定的任官性质，部院官、监察官、地方最高民政财政官、司法官，以至无所不管的亲民的府州县官和学校官，监生几乎无官不可做。第三，除做官以外，在学的监生，有奉命出使的，有奉命巡行列郡的，有稽核百司案牍的，有到地方督修水利的，有执行丈量记录土地面积定粮的任务的，有清查黄册的，有写本的，有在各衙门办事的，有在各衙门历事的。第四，三十年来监生的任官，以洪武二年和二十六年为最高，十九年为最多。"故其时布列中外者，太学生最盛。"（《明史》卷六九《选举志》）大体说来，从国子学改为国子监以后，监生的出路已渐渐不如初年，从做官转到做事，朝廷利用大批监生做履亩定粮、督修水利、清查黄册等基层技术工作。至于为什么洪武二年和二十六年大量任用监生做高官呢？理由是第一，刚开国人才不够，只能以国子生出任高官。第二，洪武二十六年二月蓝玉被杀，牵连致死的文武官僚、地方大吏为数极多，多少衙门都缺正官，监生因之大走官运。至于为什么洪武十九年监生任官的竟有千余人之多呢？那是因为上一年闹郭桓贪污案，供词牵连到直省官吏因而系死者有几万人，下级官吏缺得太多的缘故。至于为什么在洪武十五年以后，监生做官的出路一天不如一天呢？那是因为从十五年以后，会试定期举行，每三年一次，进士在发榜后即刻任官，要做官的都从进士科出身，甚至监生也从进士科得官，国子监已不再是唯一的官僚养成所了。进士释褐授给事、御史、主事、中书、行人、评事、太常、国子博士和府推官、知州、知县等官（《明史》卷七〇《选举志》），监生原来的出路为进士所夺，只好去做基层技术工作和到诸司去历事了。

六

明代地方学校的建立，始于洪武二年。明太祖以为元代学校之教，名存实亡，战争以来，人习于战斗，惟知干戈，莫识俎豆。他常说治国之要，教化为先，教化之道，学校为本。如今京师已有太学，而地方学校尚未兴办，面谕中书省臣令府、州、县都立学校，礼延师儒，教授生徒，讲论圣道。于是大设学校，府设教授，州设学正，县设教谕各一，训导府四州三县二，生员府学四十人，州三十人，县二十人。师生月廪米人六斗，地方官供给鱼肉（《南雍志》卷一《事纪》，《明史》卷六九《选举志》）。

入学生员享受免役特权，除本身外，还免其家差徭二丁（《大明会典》卷七八《学校》）。在学专治一经，以礼乐射御书数设科分教。

统治地方学校情形，完全和国子监一致。洪武十五年颁禁例十二条于全国学校，镌立卧碑，置于明伦堂之左，不遵者以违制论，禁例中最重要的有下列各条：

今后州县学生员，若有大事干于己家者，许父兄弟任具状入官辩诉。若非大事，含情忍性，毋轻至于公门。

生员之家，父母贤智者少，愚痴者多，其父母欲行非为，则当再三恳告。

这两条，前一条不许生员交结地方官，后一条要使生员为皇家服务，在民间替朝廷清除"非为"。[2]另一条：

军民一切利病，并不许生员建言。果有一切军民利病之事，许当该有司、在野贤才、有志壮士、质朴农夫、商贾技艺皆可言之，诸人毋得阻当。惟生员不许！

军民一切利病即政治问题，地方官、在野人士，甚至农工商人都可提出建议，任何人都有权讨论政治，唯独不许学生说话。并且在同一条文内，重复地说"不许生员建言""惟生员不许"，声色俱厉，呼之欲出。明太祖为什么单单剥夺了生员讨论政治的权利呢？因为他害怕群众，害怕组织，尤其害怕有群众基础有组织能力的知识分子。他认清这个力量，会危害他的统治，因之，非加以高压，严厉禁止，不许有声音不可。至于其他人士，个别的发言，个别的建议，没有群众作为后盾，不发生力量，他不但不禁止，反而形式上加以奖励，学学古代帝王求言的办法，倒使他可以得到好名誉。

知识青年对于现实政治不能说话，不许有声音，明太祖的统治就巩固了。可是，他没有想到代替说话的是农民的竹竿和锄头，朱家的政权，到后来还是被竹竿和锄头所倾覆。

地方学校之外，洪武八年又诏地方立社学（乡村小学），延师儒以教民间子弟。

府、州、县学和社学都以《御制大诰》和《律令》作主要必修科（《大明会典》卷七八《学校》）。

在官僚政治之下，地方学校只存形式，学生不在学，师儒不讲论。社学且成为官吏迫害剥削人民的手段，明太祖曾大发脾气，申斥地方官吏说：

好事难成。且如社学之设，本以导民为善，乐天之乐。奈何府、州、县官不才酷吏，害民无厌。社学一设，官吏以为营生。有愿读书者无钱不许入学，有三丁四丁不愿读书者受财卖放，纵其愚顽，不令读书。有父子二人，或农或商，本无读书之暇，却乃逼令入学。有钱者又纵之无钱者虽不暇读书，亦不肯放，将此凑生员之数，欺诳朝廷。

他怕"逼坏良民不暇读书之家"只好住罢（停办）社学，不再"导民为善"了（《御制大诰·社学第四十四》）。

从国子监到社学，必读的书，必考的书，是明太祖所亲自写定的《大诰》（从文理不通、思想昏乱、词语鄙陋、语气狂暴、态度蛮横几点看来，确非儒生所能代笔），想用以为治国平天下、统一思想的"圣经宝典"。他在书末指出：

朕出是诰，昭示祸福，一切官民诸色人等，户户有此一本，若犯笞杖徒流罪名，每减一等，无者每加一等。所在人民，熟观为戒（《御制大谐·颁行大诰第七十四》）。

又说：

朕出斯令，一曰《大诰》，一曰《续编》，斯上下之本，臣民之至宝，发布天下，务必户户有之。敢有不敬而不收者，非吾治化之民，迁居化外，永不令归，的的不虚示。(《大诰续编·颁行续诰第八十七》)

以帝王之威，用减刑，用充军，利诱威胁，命令人民读他的"至宝"，命令学生熟读讲解他的至宝，可惜，人民是不识"宝"的，利诱不理，威胁无用。成化时（公元 1465 至 1487）陆容记《大诰》的下落说：

国初惩元之弊，用重典以新天下，故令行禁止，若风草然。然有面从于一时而心违于身后者，如《大诰》，惟法司拟罪云有《大诰》减一等云尔，民间实未之见，况复有讲读者乎！(《菽园杂记》卷五)

明太祖有方法统治学校，屠杀学生，可是，他没办法办社学，也没办法使人民读他的《大诰》。有生死人之权，有富贵贫贱人之权，而终于无人读他藏他的"至宝"，不要说读，人民甚至连看都没有看见，这大概是专制独裁者应有的共有的悲哀吧！

（原载《清华学报》十五卷一期，一九四八年二月三日。）

 注释

[1]《明史》卷一三九《钱唐传》，卷五四《礼志四》，李之藻《领官礼乐疏》卷二，全祖望《鲒琦亭集》卷三五辨钱尚书争孟子事，北平图书馆藏洪武二十七年刊本《孟子节文·刘三吾孟子节文题辞》："《孟子》一书，中间词气之间抑扬太过者八十五条。其余一百七十余条，悉颁之中外校官，俾读是书者知所本旨。自今八十五条之内，课士不以命题，科举不以取士，壹以圣贤中正之学为本。"

[2]"非为"是明太祖的口头和文字上常用术语，含有特别内容，和他常用的"异为""他为"同义。

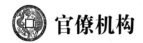# 官僚机构

朱元璋总结了长时期治理国家的实际经验，和元朝九十年的成败教训，经过争论，经过多次改革，经过残酷的流血斗争，逐步建立了统治帝国的官僚机构，使之更集中，更有威权，更加完备起来。

先说地方机构：元代的行中书省是从中书省分出去的，什么都管，职权太重，到后期四处兵起，地方人自为战，中央照顾不过来，无法控制。朱元璋自己就是从行省起家的，深深知道地方行省权重的毛病。洪武九年改行中书省为承宣布政使司，设左右布政使各一人，管这一区域的税收和民政。布政使是朝廷派驻地方的使臣，掌一省之政，朝廷有恩典禁令，通过布政使交给各级地方官执行。全国分浙江、江西、福建、北平、广西、四川、山东、广东、河南、陕西、湖广、山西十二布政使司，十五年增置云南布政使司。[1] 布政使司的分区，大体上继承元朝的行省，布政使的职权却只管财政和民政，和元朝行中书省的无所不统，轻重大不相同了。而且就地位论，行中书省是以都省的机构分设于地方，布政使则是朝廷派驻地方的使臣。前者是中央分权于地方，后者是地方集权于中央，意义也完全不同。此外地方掌管法庭监狱的另设提刑按察使司，长官为按察使，主管一省刑名按劾之事。布、按二司和掌军政的都指挥使司合称三司，是朝廷派遣到地方的三个派出机关。税收、法

庭、常备军三个管理机关分别独立，直接由朝廷指挥，达到集权的目的，也便于互相牵掣，便于垂直统治。布政使之下的地方政府分两级：第一级是府，长官为知府；有直隶州，即直隶于布政使司的州，长官是知州。第二级是县，长官是知县；有州，长官是知州。州县是直接管理人民的政治机构。[2]

中央统治机构的改革，稍晚于地方。地方的税收、法庭、监狱、常备军的控制指挥权都集中到中书省了，中书省的职权愈重，威权愈大，和皇帝的冲突、矛盾也就愈益尖锐，愈益不可调和。洪武十三年政治危机爆发了，朱元璋直接控制着军队和特务机构，消灭并打击了和他争夺领导权的淮西新地主集团，丞相胡惟庸和许多元勋宿将被杀。[3]废中书省，仿周官六卿之制，提高原来在中书省之下六部的地位，以六部治国：吏、户、礼、兵、刑、工，每部设尚书一人，侍郎（分左右）二人。吏部管全国官吏任命、考绩、升降、惩处；户部管农业税、商税、盐税和人力征调；礼部管典礼、宗教、祭祀、教育、考试和外交；兵部管常备军军官的任免和军令；刑部管法律、法庭和监狱；工部管工程造作（武器、货币、土木营建等）、水利、交通。都直接对皇帝负责，奉行皇帝的意旨。

军事机关则改枢密院为大都督府，节制中外诸军事。洪武十三年分大都督府为中、左、右、前、后五军都督府。每府以左右都督为长官，各领所属都指挥使司和卫所，与兵部互相配合。都督府长官虽管军籍、军政，却不直接统领军队。在有战争时，才奉令出为将军总兵官，指挥作战。战争结束，交还将印，回原职办事。[4]

监察机关原来是御史台，洪武十五年改为都察院，长官是左右都御史。下有监察御史一百十人，按照布政使司的设置，分掌十三道。职权是纠劾百司，辨明冤枉，凡大臣奸邪，小人构党作威福乱政，百官猥茸贪污舞弊，学术不正，和变乱祖宗制度的都可随时举发弹劾。这衙门的官被皇帝看作是耳目，替皇帝听，替皇帝看，随时向皇帝报告。也被皇帝看作是鹰犬，替皇帝追踪、搏击不忠于皇朝的官民，是替皇帝监视官僚的机关，是替皇帝保持传统思想纲纪的机关。监察御史在朝监察一切官僚机构；出使到地方的，有巡按、清军、提督学校、巡盐、茶马、监军等职务，就中巡按御史算是代皇帝巡狩，按临时所部，小事立断，大事奏裁，是最有威权的一个差使。

行政、军事、监察三个机关分别独立，不相统属，都单独对皇帝负责。官吏内外互用，其地位以品级规定，自从九品到正一品，共九品十八级，官和品一致，升迁调免都有一定的法度。系统分明，职权清楚，法令详密，组织严紧。在整个官僚机构中，又互相钳制，以监察机关监视一切臣僚，以特务组织镇压威制一切官民，六部管民不管军，都督府管军不管民，大将平时不指挥军队，动员复员之权属于兵部，供应粮秣的是户部，供给武器的是工部，决定政策的是皇帝。把所有的权力集中在皇帝手上，六部、府、院直接隶属于皇帝，不但官僚机构更加完备了，皇帝的威权也大大地提高了，发展了。

法律是确定治人和治于人的关系的文件，确定统治者和被统治者权利和义务的记录，保护统治者和镇压被统治者的具体条文。元朝以法例为条格，而且民族关系和阶级关系都已起了巨大的变化，旧法律不能适应新的时代要求了。为了运用法律达到保护和镇压的目的，巩固皇家的统治，朱元璋于吴元年指令台、省官立法要简要严，选用深通法律的学者编定律令，经过缜密的商讨，经过三十年的时间，更改删定了四五次，编成《大明律》。条例简于《唐律》，精神严于《宋律》。是中国法律史上极重要的一部法典。

官僚的来源，是荐举、学校和科举。

荐举就是任用地主做官，地主有文化，有知识，能够办事，更重要的是他们的利益和皇家一致。远在下金陵时，就僻儒士范祖干、叶仪等，克婺州，召儒士许元、胡翰等，克处州，征耆儒宋濂、刘基、叶琛、章溢。龙凤十年三月命中书省引拔卓荦奇伟之才，地方官选民间俊秀年二十五以上，资性明敏，有学识才干的荐举到中书省，和年老的官员参用。十年以后，年老的退休，年轻的也学会办事了。从此州县每年都荐举人到中书省。还不时派使臣到四方访求贤才，名目有聪明正直、贤良方正、孝弟力田、儒士、孝廉、秀才人才、耆民、富户、税户人才（纳粮最多的大地主）等等。中央地方大小官员都可以荐举，被荐举的又可以转荐，有一举出来便做朝廷的大官尚书、侍郎和地方的布政使、参政、参议的。最多的一次到过三千七百多人，少的也有一千九百多人。[5]

荐举只是选用会办事的人才，为了培养新的人才，还得创办学校，设立国子监。

国子监的教职员由吏部任命，学生有两类，一类是官生，一类是民生。官生又分两等，一等是品官子弟，一等是各藩国如日本、琉球、暹罗和西南土司子弟。官生是由朝廷指派分发的，民生是由各地地方官保送府、州、县学的生员。[6]名额一百五十名，其中民生只占五十名。[7]后来官生入学的日少，民生保送的日多，以洪武二十六年在学人数为例，学生总数八千一百二十四名，官生只占四名，国子监已经成为广泛训练民生做官的机构了。

功课内容分《御制大诰》《大明律令》《四书》《五经》刘向《说苑》等书。[8]最重要的是《大诰》。《大诰》是朱元璋自己写的，有《大诰续编》《大诰三编》《大诰武臣》，一共四册。主要的内容是列举所杀官民罪状，使官民知所警戒，和教人民守本分，纳田租，出夫役，老老实实过日子的训话。洪武十九年以《大诰》颁赐监生。二十四年令："今后科举岁贡生员，俱以《大诰》出题试之。"礼部行文国子监正官，严督诸生熟读讲解，以资录用，有不遵者，以违制论。[9]至于《大明律令》，因为学生的出路是做官，当然是必读书。《四书》《五经》是儒家的经典，朱元璋面谕国子博士："一以孔子所定经书诲诸生。"[10]但对于《孟子》，却经过一番曲折。洪武三年朱元璋读到《孟子》书里好些对君上不客气的地方，大发脾气，对人说："这老儿要是活到今天，非严办不可！"下令撤去孔庙中的孟子牌位，把孟子逐出孔庙。后来虽然因为有人替孟子求情，恢复配享，但对于《孟子》这部书，还是认为不妥当。洪武二十七年特命老儒刘三吾编《孟子节文》，把《尽心篇》的"民为贵，社稷次之，君为轻"《梁惠王篇》国人皆曰贤，国人皆曰可杀一章，"时日曷丧，予及汝偕亡"和《离娄篇》："桀纣之失天下也，失其民也。失其民者，失其心也"一章，《万章篇》天与贤则与贤一章，"天视自我民视，天听自我民听""君有大过则谏，反复之而不听，则易位"，以及类似的"闻诛一夫纣矣，未闻弑君也""君之视臣如草芥，则臣视君如寇仇"，一共八十五条，都删去了。只剩下一百七十几条，刻版颁行全国学校。所删去的一部分，"课士不以命题，科举不以取士"。[11]

从洪武二年到三十一年这一时期监生任官的情形来看：第一，监生并没有一定的任官资序，最高的有做到地方大官从二品的布政使，最低的做正九品的县主簿，以至无品级的教谕；第二，监生也没有固定的任官性质，朝廷的部院官、监察官，地方的民政财政官、司法官，以至无所不管的府州县官和学校官，几乎无官不可做；第三，除做官以外，在学的监生，有奉命出使的，有奉命巡行列郡的，有稽核百司案牍的，有到地方督修水利的，有去执行丈量、纪录土地面积、定粮的任务的，有清查黄册的（每年一千二百人），有写本的，有在各衙门办事的，有在各衙门实习的，几乎无事不能做；第四，三十年来监生的任官，以洪武二年和二十六年为最高，二年以监生为行省左右参政，各道按察司金事及知府等官。二十六年以监生六十四人为行省布政、按察两使及参政、参议、副使、金事等官。以十九年为最多，"命祭酒、司业择监生千余人送吏部，除授知州、知县等职。""故其时布列中外者，太学生最盛。"[12]

地方的府、州、县学和国子监一样，生员都是供给廪膳（公费）的。监生和生员都享有免役权，法律规定"免其家差徭二丁"。

地方学校之外，洪武八年又诏地方立社学——乡村小学。

府、州、县社学都以《御制大诰》和《律令》作主要必修科目。[13]

除立学以外，还派遣教师到各地任教，洪武初年因为北方经过长期战争破坏，念书的人少，特别派国子监生三百六十六人到各府县办学校。这制度后来也推广到其他各省，选用壮年能文的做教谕等官。

各级学校的普遍设立，甚至每县每乡都设有学校，教育事业的普及，广泛地提高了人民的文化水平，这种盛况是空前的。[14]同时，由于印刷术的进步和洪武元年颁布的书籍免税令[15]，科举制度的定期举行，读书中举，不再是地主阶级的垄断事业了。一部分农民、手工业者和商人的子弟，为了改换门庭，为了取得比较舒适、安静和尊荣的位置，为了保护家族免于遭受残酷的剥削压迫，在"万般皆下品，惟有读书高"社会风气鼓励之下，在家庭宗族支持之下，他们也进了学校，也参加考试，并且公然闯入统治阶级去成为驾乎人民之上的官吏了。他们成为统治阶级的新成分，扩大了统治阶级的基础，也对统治阶级的巩固起了作用。同时，又以身份的从属，改变了他们的家属亲戚的社会和政治地位，这样，就不可避免地引起各阶级的流动和变化。

除国子监以外，政府官吏的来源是科举。国子监生可以不由科举，直接任官，而从科举出身的人则必须是学校的生员。府、州、县学的生员（通称秀才）每三年在省城会考一次，称为乡试，及格的为举人。各布政使司的举人名额，除直隶（今江苏、安徽）百人最多，广东、广西二十五人最少，其他九布政使司都是四十人。第二年全国举人会考于京师，称为会试。会试及格的再经一次复试，地点在殿廷，叫作廷试，亦称殿试。复试是形式，意思是让皇帝自己来主持这抢才大典，选拔之权，出于一人。发榜分一二三甲（等），一甲只有三人：状元、榜眼、探花，赐进士及第。二甲若干人，赐进士出身。三甲若干人，赐同进士出身。状元、榜眼、探花的名称是法律规定的，民间又称乡试第一名为解元，会试第一名为会元，二三甲第一名为传胪。乡试由布政使司，会试由礼部主持。状元授官翰林院修撰，榜眼、探花授翰林院编修，二三甲考选庶吉士的都是翰林官，其他或授给事、御史、主事、中书、行人、评事、太常国子博士，或授府推官、知州、知县等官。举人、贡生会试不及格，改入国子监，也可选做小京官，或做府佐和州县正官以及学校教官。

科举各级考试，专用《四书》《五经》出题。文体略仿宋经义，要用古人口气说话，只能根据几家指定的注疏发挥，绝对不许有自己的见解。格式排偶，叫作八股，也称制义。这制度是朱元璋和刘基所定的。规定子午卯酉年乡试，辰戌丑未年会试，乡试在八月，会试在二月。每试分三场，初场试四书义三道，经义四道；二场试论一道，判五道，诏诰表内科（选）一道；三场试经史时务策五道。[16]

学校和科举并行，学校是科举的阶梯，科举是生员的出路，生员通过科举做了官，不但用不着八股，也用不着书本了。这样，科举日重，学校的地位就日轻。学校和科举都是培养和选拔官僚的制度，所学习和考试的范围完全一样，都是四书五经，不但远离实际生活，也禁止接触现实生活。在这种方式培养出来的人才，正如当时人宋濂所描写的："自贡举法行，学者知以摘经拟题为志，其所最切者，惟四子一经之笺，是钻是窥，余则漫不加省。与之交谈，两目瞪然视，舌木强不能对。"[17] 学校则"稍励廉隅者不愿入学，而学行章句有闻者，未必尽出于弟子员"[18]。到后来甚至弄到"生徒无复在学肄业，入其庭不见其人，如废寺然"[19]。科举人才不读书，不知时事，学校没有学生，是一般现象。特别是被强制接受了盲从古人的教育，不许有新的思想，不许有和古人不同的思想。结果是进步的思想被扼杀了，科学停滞了。虽然，在政治上，这个时代培养了合于统治需要的驯服忠顺的官僚，但在学术文化上，却遭受了无可补偿的损失。

历史的教训使朱元璋深切明白宦官和外戚对于政治的祸害。他以为汉朝、唐朝的祸乱都是宦官作的孽。这种人在宫廷里是少不了的，但只能做奴隶使唤，洒扫奔走。人数不可过多，也不可用做心腹耳目，做心腹，心腹病，做耳目，耳目坏。对付的办法，要使之守法，守法自然不会做坏事；不要让他们有功劳，一有功劳就难于管束了。他立下规矩，凡是内臣都不许读书识字。又铸铁牌立在官门，上面刻着："内臣不得干预政事，犯者斩。"不许内臣兼外朝的文武官衔，不许穿外朝官员的服装，做内廷官不能过四品，每月领一石米，穿衣吃饭官家管。并且，外朝各衙门不许和内官监有公文往来。这几条规定条条针对着历史上所曾经发生过的弊端，使内侍名副其实地做宫廷的仆役。[20]对外戚干政的预防措施是不许后妃参与政事。洪武元年三月即命儒臣修《女诫》，纂集古代贤德妇女和后妃的故事，来教育宫人。规定皇后只能管宫中嫔妇之事，宫门之外不得干预。宫人不许和外面通信，犯者处死。外朝臣僚命妇按例于每月初一、十五朝见皇后，其他时间，没有特殊缘由，不许进宫。皇帝不接见外朝命妇。皇族婚姻选配良家子女，有私进女口的不许接受。元璋的母族和妻族都绝后，没有外家，后代子孙也都遵守祖训，后妃必选自民家。外戚只是高爵厚禄，做大地主，住大房子，不许预闻政事。[21] 在洪武一朝三十多年中，内臣小心守法，宫廷和外朝隔绝，和前代相比，算是家法最严的了。

其次，元代以吏治国，法令极繁冗，档案堆积如山，吏员从中舞弊，无法追究。而且，正因为公文条例过于琐细，办公文办公事成为专门技术。掌印官有一定任期，刚懂得一点又调职了，而吏一般是终身职业，结果治国治民的都是吏，不是官。小吏唯利是图，不顾国家利害，政治（其实是吏治）愈闹愈糟，吏治损害了官僚集团的利益，危害了统治阶级的利益。朱元璋于洪武十二年立案牍减烦式颁示各衙门，简化公文，使公文明白好懂，文吏无法舞弊弄权。从此吏员在政治上被斥为杂流，不能做官。官和吏完全分开，吏只能管事务，官主持政令，和元代的情形大不相同了。[22]

和简化公文相关的还有文章格式的问题。唐、宋以来的政府文字，从上而下的制诰，从下而上的表奏，照习惯都用骈俪四六文体。尽管有多少人主张复古，提倡改革，所谓古文运动，在民间是成功了，政府却没有动，还是老一套。同一时代用的是两种文字，政府是骈偶文，民间是古文。朱元璋很不以为然，以为古人作文章，讲道理，说世务，和经典上的话，都明白好懂。像诸葛亮的《出师表》，又何尝雕琢，立意作文章？可是有感情，有血有肉，到如今读了还使人感动，想念他的忠义。近来的文士作文章，文字虽然艰深，意思却很浅近，即使写得和司马相如、扬雄一样好，人家看不懂，又有什么用？以此，他要秘书（翰林）作文字，只要说明白道理，讲得通世务就行，不许用浮辞藻饰。[23]他又批评群臣所进笺文，"颂美之辞过多，规戒之言未见，殊非古者君臣相告以诚之道。今后笺文只令文章平实，勿以虚辞为美也"[24]。到洪武六年，索性下令禁止政府文字用对偶四六文体，并选唐柳宗元代柳公绰所作《谢表》和韩愈《贺雨表》作为笺表法式。[25]这一改革使政府文字简单、明白，把庙堂和民间打通，现代人用现代文字写作，就文学的影响说也很大。韩愈、柳宗元以后，他是提倡古文最有成绩的一个人。

朱元璋不但提倡古文，反对骈偶文字，还提倡用口语写成文字，叫作"直解"，用这种方式对各阶层人民进行教育工作。龙凤十二年命儒士熊鼎、朱梦炎修《公子书》和《务农技艺商贾书》。《公子书》是给公卿贵人子弟读的，这些人虽然读书多，但不能通晓比较深奥的意义，不如编集古代忠良奸恶事实，用通俗话直解，使读者容易懂得，将来即使学业无成就，知道了古人如何行事，也有好处。同样的，民间农工商贾子弟，也把他们应该知道的业务知识，用直辞解说，编成书本，可以化民成俗。书印成后，颁行全国。[26]吴元年十二月《大明律令》第一稿制定后，怕小民不能周知，也叫人把律令里面和人民生活有关这部分类聚成编，训释其义，分发给郡县，名为《律令直解》。[27]

唐宋两代还有一样坏风气，朝廷任官令发表以后，被任用的官员照例要上辞官表，一而再，再而三，甚至辞让到六七次，皇帝也照例不许，一劝再劝，直到这人上任才罢休。辞的劝的都只是在玩文字游戏，费时误事，浪费纸墨，造成虚伪不诚实的风气。朱元璋认为这样做作太无意义，也把它废止了。

唐、宋以来皇帝上朝照例用女乐，吴元年六月也废止了。[28]

注释

[1] 明成祖永乐元年（公元1403年）以北平布政使司为北京，五年置交趾布政使司，十一年置贵州布政使司，宣德三年（公元1428年）罢交趾布政使司，除南京、北京外，定为十三布政使司。

[2]《明史·职官志》。

[3]《明史》卷三〇八《胡惟庸传》；吴晗《胡惟庸党案考》，载《燕京学报》十五期。

[4] 宋濂《洪武圣政记》肃军政第四。

[5]《明史》卷七十一《选举志》。

[6] 黄佐《南雍志》卷十五。

[7]《皇明制书·大明礼令》。

[8]《南雍志》卷一《皇明太学志》卷七。

[9]《南雍志》卷一。

[10]《南雍志》卷一。

[11]《明史》卷一三九《钱唐传》，卷五十四《礼志》四；全祖望《鲒埼亭集》卷三十五《辨钱尚书争孟子事》；北平图书馆藏洪武二十七年刊本《孟子节文》，刘三吾《孟子节文题辞》；容肇祖《明太祖的孟子节文》，载《读书与出版》二卷四期。

[12]《明史》卷六十九《选举志》。

[13] 吴晗《明初之学校》，载《清华学报》十四卷二期。

［14］《明史》卷六十九《选举志》："盖无地而不设之学,无人而不纳之教,庠声序音,重规叠矩,无间于下邑荒徼,山陬海涯,此明代学校之盛,唐宋以来所不及也。"

［15］《明太祖实录》卷三十:"洪武元年八月己卯诏书籍田器等物不得征税。"

［16］《明史》卷七十《选举志》。

［17］宋濂《銮坡集》卷七《礼部侍郎曾公神道碑铭》。

［18］宋濂《翰苑别集》卷一《送翁好古教授广州序》。

［19］陆容《菽园杂记》。

［20］《明史》卷七十四《职官志·宦官》。

［21］《明史》卷一〇八《外戚恩泽侯表序》,卷一百一十三《后妃列传序》,卷三〇〇《外戚传序》。

［22］《明太祖实录》卷二十六、卷一百二十六;《明史》卷七十一《选举志》。

［23］《明太祖实录》卷三十九。

［24］《明太祖实录》卷十七。

［25］《明太祖实录》卷八十五。

［26］《明大太祖实录》卷十六。

［27］《明史》卷九十三《刑法志》一。

［28］《明太祖实录》卷十九。

明朝的皇权与绅权

 **论皇权**

谁在治天下

在论社会结构里所指的皇权，照我的理解应该是治权。历史上的治权不是由于人民的同意委托，而是由于凭借武力的攫权、独占。也许我所用的"历史"两个字有语病，率直一点说，应该修正为"今天以前"。我的意思是说，在今天以前，任何朝代任何形式的治权，都是片面形式的，绝对没有经过人民的任何形式的同意。

假如把治权的形式分期来说明，秦以前是贵族专政，秦以后是皇帝独裁，最近几十年是军阀独裁。"皇权"这一名词的应用，限于第二时期，时间的意义是从公元前221年到公元1911年，有两千一百多年的历史。

皇权是今天以前治权形式的一种，统治人民的时间最长，所加于人民的祸害最久，阻碍社会进展的影响最大，离今天最近，因之，在现实社会里，自觉的或不自觉的毒素中的也最深。例子多得很，袁世凯不是在临死以前，还要过八十三天的皇帝瘾吗？溥仪不是在逊位之后，还在宫中做他的皇帝，后来又跑到东北，在日本卵翼之下，建立伪满洲国，做了几年康德皇帝吗？不是一直到今天，乡下人还在盼望真命天子坐龙庭，少数的城里人也还在想步袁世凯的覆辙吗？

在封建的宗法制度下，无论是贵族专政，是皇帝独裁，是军阀独裁，都是以家族为单位来统治的，都是以血统的关系来决定继承的原则的。一家的家长（宗主）是统治权的代表人，这一家族的荣辱升沉，废兴成败，一切的命运决定于这一个代表人的成败。在隋代有一个笑话，说是某地的一个地主，想做皇帝，招兵买马，穿了龙袍，占了一两个城市，战败被俘，在临刑时，监斩官问他，你父亲呢？说太上皇蒙尘在外。兄弟呢？征东将军死于乱军之中，征西将军不知下落。他的老婆在旁骂："都是这张嘴，闹到如此下场！"他说："皇后，崩即崩耳，世上岂有万年天子？"说完伸脖子挨刀，倒也慷慨。这一个历史故事指出为了做几天、做一两个城市的皇帝，有人愿意付出一家子生命的代价。为了这一家子的皇权迷恋，又不知道有几百千家被毁灭、屠杀。

"成则为王，败则为寇。"流氓刘邦，强盗朱温，流氓兼强盗的朱元璋，做了皇帝，建立皇朝以后，史书上不都是太祖高皇帝吗？谥法不都是圣神文武、钦明启运、俊德成功，或者类此的极人类好德性的字眼吗？黄巢、李自成呢？失败了。是盗、是贼、是匪、是寇，尽管他们也做过皇帝。旧史家是势利的。不过也说明了一点，在旧史家的传统概念里，军事的成败决定皇权的兴废，这一点是无可置疑的。

皇帝执行片面的治权，他代表着家族的利益，但是，并不代表家族执行统治。换言之，这个治权，不但就被治者说是片面强制的，就治者集团说，也是独占的、片面的。即使是皇后、皇太子、皇兄皇弟，甚至太上皇、皇太后，就对皇帝的政治地位而论，都是臣民，对于如何统治是不许参加意见的；一句话，在家庭里，皇帝也是独裁者。正面的例子，如刘邦做了皇帝，他老太爷依然是平民，叩了人的教，让刘邦想起，才尊为太上皇，除了过舒服日子以外，什么事也管不着。反面的例子，石虎的几个儿子过问政事，一个个被石虎所杀。李唐创业是李世民的功劳，虽然捧他父亲李渊做了些年皇帝，末了还是来一手逼宫，杀兄屠弟，硬把老头子挤下宝座。又如武则天要做皇帝，杀儿子，杀本家，一点也不容情。宋朝的基业是赵匡胤打的，兄弟赵匡义也有功劳，赵匡胤做皇帝年代太久了，"烛影斧声"，赵匡义以弟继兄。后来赵匡胤的长子德昭，在北征后请皇帝行赏，也只是一个建议而已，匡义大怒说，等你做皇帝，爱怎么办就怎么办！一句话逼得德昭只好自杀。从这些例子，可以充分说明皇权的独占性和片面性。权力的占有欲超越了家庭的感情，造成了无量数骨肉相残的史例。

皇帝不和他的家人共治天下，那么，到底和谁共治呢？有一个著名的故事，可以答复这个问题，和皇帝治天下的是士大夫。故事的出处是宋李焘《续资治通鉴长编》卷二二一：

熙宁四年（公元 1071）三月戊子，上召二府对资政殿，文彦博言："祖宗法制具在，不须更张，以失人心。"上曰："更张法制，于士大夫诚多不悦，然于百姓何所不便？"彦博曰："为与士大夫治天下，非与百姓治天下也。"上曰："士大夫岂尽以更张为非，亦自有以为当更张者。"

这故事的意义在于，第一，辩论的两方都同意，皇权的运用是与士大夫治天下，非与百姓治天下。第二，文彦博所说的失人心，宋神宗承认是于士大夫诚多不悦，人心指的是士大夫的心。第三，文彦博再逼紧了，宋神宗就说士大夫也有赞成新法的，不是全体反对。总之，尽管双方对于如何巩固皇权——即保守地继承传统制度或改革地采用新政策——的方案有所歧异，但是，对于皇权是与士大夫治天下，皇权所代表的是士大夫的利益，绝非百姓的利益，这基本的看法是完全一致的。

那么，为什么皇帝不与家人治天下，反而与无血统关系的外姓人士大夫治天下呢？理由是家人即使是父子兄弟夫妇，假如与皇帝治天下的话，会危害到皇权的独占性、片面性，"太阿倒持"是万万不可以的。其次，士大夫是帮闲的一群，是食客，他们的利害和皇权是一致的，生杀予夺之权在皇帝之手，做耳目，做鹰犬，六辔在握，驱使自如，士大夫愿为皇权所用，又为什么不用？而且，可以马上得天下，不能以马上治天下，马上政府是不存在的。治天下得用官僚，官僚非士大夫不可，这道理不是极为明白吗？

士大夫治天下也就是社会结构里的绅权，这问题留在《论绅权》时再说。

皇权有约束吗

皇权有没有被约束呢？费孝通先生说有两道防线，一道是无为政治，使皇权有权而无能。一道是绅权的缓冲，在限制皇权，使民间的愿望，能自下上达的作用上，绅权有它的重要性。（这条防线不但不普遍，而且不常是有效的。）于此，我们来讨论费孝通先生所指的第一道防线。

假如费先生所指的无为政治的意义，即是上文所引的文彦博的话："祖宗法制具在，不须更张。"因承祖先的办法，不求有利，但求无弊，保守传统的政治原则，我是可以同意的。或者如另一例子，《汉书·曹参传》说他从盖公学黄老治术，相齐九年，大称贤相，萧何死，代为相国，一切事务，无所变更，都照萧何的老办法做，择郡国史谨厚长者做丞相史，有人劝他做事，就请其喝酒，醉了完事。汉惠帝怪他不治事，他就问："你可比你父亲强？"说："差多了。""那么，我跟萧何呢？""也似乎不如。"曹参说："好了。既然他俩都比我俩强，他俩定的法度，你，垂拱而治，少管闲事；我，照老规矩做，不是很好吗？"这是无为政治典型的著例。这种思想，一直到17世纪前期，像刘宗周、黄道周一类的官僚学者，还时时以"法祖"这一名词，来劝主子恪遵祖制。假如无为政治的定义是法祖，我也可以同意的。

成问题的是无为政治并不是使皇帝有权而无能的防线。

相反，无为政治在官僚方面说，是官僚做官的护身符，不求有功，但求无过，好官我自为之，民生利弊与我何干，因循、敷衍、颟顸、不负责任等等官僚作风，都从这一思想出发。一句话，无为政治即保守政治，农村社会的保守性、惰性，反映到现实政治，加上美丽的外衣，就是无为政治了。（关于这一点，无为政治和农业的关系，我在另一文章《农业与政治》上谈过。）

在皇帝方面说，历史上的政治术语是法祖。法祖的史例很多，一类如宋代的不杀士大夫，据说宋太祖立下遗嘱"不杀士大夫"。从太祖以后，大臣废逐，最重的是过岭，即谪戍到岭南去，没有像汉朝那样朝冠朝衣赴市，说杀就杀，不是下狱，就是强迫自裁。甚至如明代的夏言正刑西市。为什么宋代特别优礼士大夫呢？因为宋代皇帝是"与士大夫治天下"的缘故。一种例如明代的东西厂和锦衣卫，两个恐怖的特务机构，卫是明太祖创设的，厂则从明成祖开头，这两个机构作的孽太多了，配说祸"国"殃民（这个"国"严格的译文是皇权），反对的人很多，当然以士大夫为主体，因为士大夫也和平民一样，在厂卫的淫威之下战栗恐惧。可是在祖制的大帽子下这两个机构始终废除不掉。到明代中期，士大夫们不得已而求其次用祖制来打祖制，说是祖制提人（逮捕）必须有驾帖或精微批文（逮捕状），如今厂卫任意捉人，闹得人人自危，要求恢复祖制，捉人得凭驾帖；这样，两个祖制打了架，士大夫们在逻辑上已经放弃原来的立场，默认特务可以逮捕官民，只不过要有逮捕状罢了。前一例因为与士大夫治天下，所以优礼士大夫，政治上失宠失势的不下狱，不杀头，只是放逐到气候风土特别坏的地方，让他死在那里（宋代大臣过岭生还的是例外），从而争取士大夫的支持。后一例子，时代不同了，士大夫不再是伙计，而是奴才，要骂就骂，要打就打，廷杖啦、站笼啦、抽筋剥皮，诸般酷刑，应有尽有，明杀暗杀，情况不同，一落特务之手，决无昭雪之望，祖制反而成为残杀士大夫的工具了。

明朝的皇权与绅权

从这类例子来看，无为政治——法祖并不是使皇权有权而无能的防线。

从另一方面看，祖先的办法，史例，有适合于提高或巩固皇权的，历代的皇帝往往以祖制的口实接受运用。反之，只要他愿意做什么，就不必管什么祖宗不祖宗了。例如要加收田赋，要打内战，要侵略边境弱小民族，要盖宫殿等等，一道诏书就行了。好像明武宗要南巡，士大夫们说不行，祖宗没有到南边去玩过，不听，集体请愿，大哭大闹，明武宗发了火，叫都跪在宫外，再一顿板子，死的死，伤的伤，无为政治不灵了，年轻皇帝还是到南边去大玩了一趟。

那么，除祖宗以外，有没有其他的制度或办法来约束或防止皇权的滥用呢？我曾经指出，第一有敬天的观念，皇帝在理论上是天子，世上没有比他再富于威权的人，他做的事不会错，能指出他错的只有比他更高的上帝。上帝怎么来约束他的儿子呢？用天变来警告，例如日食、山崩、海啸，以及风、水、火灾、疫疠之类都是。从《洪范》发展到诸史的五行志，从董仲舒的学说发展到刘向的灾异论，天人合一，天灾和人事相适应，士大夫们就利用这个来做政治失态的警告。但是，这着棋是不灵的，天变由你变之，坏事还是要做，历史上虽然有在天变时，做皇帝的有易服、避殿、素食放因，以至求直言的诸多记载，也只是宗教和政治合一的仪式而已，对实际政治是不能发生改变的。

第二是议的制度，有人以为两汉以来，国有大事，由群臣集议，博士儒生都可发表和政府当局相反的意见，以至明代的九卿集议，清代的王大臣集议，是庶政公之舆论，是皇权的约束。其实，并不如此。第一，参加集议的都是官僚，都是士大夫。第二，官愈高的发言的力量愈大。第三，集议的正反结论，最后还是取决于皇帝个人。第四，议只是皇权逃避责任的一种制度，例如清代雍正帝要杀他的兄弟，怕人说闲话，提出罪状叫王大臣集议，目的达到了，杀兄弟的道德责任由王大臣集议而减轻。由此，与其说这制度是约束皇权的，毋宁说它是巩固皇权的工具。

此外，如隋唐以来的门下封驳制度、台谏制度，在官僚机构里，用官僚代表对皇帝诏令的同意副署，来完成防止皇权滥用的现象，一切皇帝的命令都必须经过中书起草，门下审核封驳，尚书施行的连锁行政制度，只存在于政治理论上，存在于个别事例上。所谓"不经凤阁鸾台，何谓为敕？"诏令不经过中书、门下的，不发生法律效力。可是，说这话的人，指斥这手令（墨敕斜封）政治的人，就被这个手令所杀死，不正是对这个制度的现实讽刺吗？又如谏官，职务是对人主谏诤过举，听不听是绝无保证的，传说中龙逢、比干谏而死，是不受谏的例，史书上的魏征、包拯直言尽谏，英明的君主如唐太宗、宋仁宗明白谏官的用意是为他好，有受谏的美名，其实，不受谏的史例更多。谏诤的目的在于维护政权的持续，说是忠君爱主，其实也就是爱自己的官位财产，因为假如这个皇权垮了，他们这一集团的士大夫也必然同归于尽也。

从上文的说明，所得到的结论，皇权的防线是不存在的。虽然在理论上，在制度上，曾经有过一套以巩固皇权为目的的约束办法，但是，都没有绝对的约束力量。

假如从另一角度来看，上文所说的这一些，也许正是费孝通先生所说的绅权的缓冲。不同的是我所指的这一些并不代表民间的愿望，至多只能说是士大夫的愿望，其方向也不是由下而上的，而是皇权运用的一面。这些约束不但不普遍，而且是常常无效的。

（原载《观察》第 4 卷第 6 期，1948 年 4 月 3 日。）

 **论绅权**

"绅权固当务之急矣!"

前几天，读到胡绳先生的《梁启超及其保皇党思想》(《读书与出版》第三卷第三期)。他指出梁启超是主张"兴绅权"的人，以兴绅权为兴民权的前提：

> 受"甲午之战"失败的刺激，又受"维新运动"宣传的影响，湖南省出现了一批新的绅士，他们企图以一省为单位实行一些新政，达到省自治的目的，以便在全国危亡时，一省还可自保。这样的想法在当时各省的绅士门阀中都有，不过在湖南，因地方长官同情卵翼这些想法，所以特别发达。梁启超入湘后，除办时务学堂外，又和当地绅士合组南学会。康有为这时仍全神贯注于向皇帝上书，而梁启超则展开了在湖南绅士中的工作。他甚至鼓吹"民权"，但他说的却是："欲兴民权，宜先兴绅权；欲兴绅权，宜以学会为之起点。"又说："绅权固当务之急矣，然他日办一切事舍官莫属也。即今日欲开民智，开绅智，欲假手于官力者尚不知凡几也。"(《上陈宝箴书》)——由此可见，他的想法是在官僚的支持下建立地方绅士的权力，这就是他的"民权"思想。

这一段话不但清理出五十年前梁启超的绅权论，也指出五十年前一般绅士对救亡维新的看法。其要在"欲兴民权，宜先兴绅权（开绅智）；欲兴绅权，宜以学会为之起点"。结论是学会为兴民权之起点的起点，而办这些事，欲假手于官力者不知凡几也。

梁启超先生本人是当时的绅士，他看绅权和民权是两件事，绅权和官权则是一件事，无论就历史的或现实的意义说，都是正确的。

五十年前的保皇党，五十年后的自由主义者，何其相似到这步田地？历史是不会重演的，绅权也无从兴起，即使有更多的"援"，更多的"货"，也还是不相干！

"为与士大夫治天下"

官僚、士大夫、绅士，是异名同体的政治动物，士大夫是综合名词，包括官僚、绅士两专名。官僚、绅士必然是士大夫，士大夫可以指官僚说，也可以指绅士说。官僚是士大夫在官时候的称呼，而绅士则是官僚离职、退休、居乡（当然居城也可以），以至未任官以前的称呼。例如梁启超以举人身份，办学堂、办报、办学会、非官非民，可以做官，或将要做官。而且，已经脱离了平民身份，经常和官府来往，可以和官府合作。

绅士的身份是可变的，有尚未做官的绅士，有做过多年官的绅士，也有做过了官的绅士，免职退休，不甘寂寞，再去做官的。做过大官的是大绅士，做过小官的是小绅士，小官可以爬到大官，小绅士也有希望升成大绅士，自己即使官运不亨，还可指望下一代。不但官官相护，官绅也相护，不只因为是自己人，还有更复杂的体己利害关系。譬如绅士的父兄亲党在朝当权，即使不是权臣而是御史之类有弹劾权的官咧。更糟的是居乡的宰相公子公孙，甚至老太爷、老岳丈，一纸八行，可以摘掉地方官的印把子，这类人不一定做过官，甚至不一定中过举，一样是大绅士。至于秀才、举人、进士之类，眼前虽未做官，可是前程远大，十年八年内难保不做巡方御史，以至顶头上司，地方官是绝不敢怠慢的。《儒林外史》上范进中举后的情形，便是绝好的例子。

以此，与其说，绅士和地方官合作，不如说地方官得和绅士合作。在通常的情形下，地方官到任以后的第一件事，是拜访绅士，联欢绅士，要求地方绅士的支持。历史上有许多例子指出，地方官巴结不好绅士，往往被绅士们合伙告掉，或者经由同乡京官用弹劾的方式把他罢免或调职。

官僚是和绅士共治地方的。绅权由官权的合作而相得益彰。

贪污是官僚的第一德性，官僚要如愿地发扬这德性，其起点为与绅士分润，地方自治事业如善堂、积谷、修路、造桥、兴学之类有利可图的，照例由绅士担任；属于非常事务的，如办乡团、救灾、赈饥、丈量土地、举办捐税一类，也非由绅士领导不可，负担归之平民，利益官绅合得。两皆欢喜，离任时的万民伞是可以预约的。

上面所说的地方自治事业，和现代所谓"自治"意义不同，不容混为一谈。而且，这类事业名义上是为百姓造福，实质上是为官僚绅士聚财，假使确曾有一丝丝利及平民的话，那也只是漏出来的涓滴而已。现代许多管税收的衙门墙上四个大字"涓滴归公"，正确的解释是只有一涓一滴归公，正和这个情形一样。

往上更推一层，绅士也和皇权共治天下。

绅权和皇权的关系，即士大夫的政治地位在历史上的变化，大体上可以分三个时期，第一时期从秦到唐，第二时期从五代到宋，第三时期从元到清。当然这只是大概的划分，并不包含有绝对的年代意义。

具体的先从君臣的礼貌来说吧，在宋以前，有三公坐而论道的说法，贾谊和汉文帝谈话，不觉膝之前席，可见都是坐着的。唐初的裴监甚至和高祖共坐御榻，十八学士在唐太宗面前也都还有坐处。可是到宋朝，便不然了，从太祖以后，大臣在皇帝面前无坐处，一坐群站，三公群卿立而论政了。到明清，不但不许坐，站着都不行，得跪着奏事了，清朝大官上朝得穿特制的护膝，怕跪久了吃不消。由坐而站而跪，说明了三个时期君臣的关系，也说明了绅权的逐步衰落和皇权的节节提高。

从形式再说到本质。

前一时期的典型例子是魏晋六朝的门阀制度。

汉代的若干世宦家族，如关西杨氏、汝南袁氏之类，四世三公，门生故吏遍天下，庄园遍布州县，奴仆数以千计，有雄厚的经济基础。在黄巾动乱时代，地方豪族如孙策、马超、许褚、张辽、曹操之类，为了保持土地和特殊权益，组织地主军队保卫乡里，造成力量，有部曲，有防区，小军阀投靠大军阀，三个大军阀三分天下，这两类家族也就占据高位，变成高级官僚了。大军阀做了皇帝，这些家族原是共建皇业的，利害共同，在九品中正的选举制度下，"上品无寒门，下品无势族"，大官位为这些家族所独占。东晋南渡，司马家和王、谢等家到了建康，东吴的旧族顾、陆、朱、张诸家虽然是本地高门，因为是亡国之余，就吃了亏，在政治地位上屈居第二等。这些高门世执国政，王、谢子弟更平步以至公卿，到刘裕以田舍翁称帝，陈霸先更是寒人，在世族眼光里，皇家只是暴发户，朝代尽管改换，好官我自为之。士大夫集团有其传统的政治、社会、经济以至文化地位，非皇权所能增损，绅权虽然在侍候皇权——因为皇帝有军队——目的在于以皇权来发展绅权，支持绅权。经隋代两帝的有意摧残，取消九品中正制，取消长官辟举僚属办法，并设进士科，用公开的考试制度，以文字来代替血统任官，但是，文字教育还是要钱买的，大家族有优越的经济地位、人事关系，唐朝三百年的宰相，还是被二十个左右的家族所包办。

门阀制度下的绅权有历史的传统，有庄园的经济基础，有包办选举的工具，甚至有依门第高下任官的制度，有依族姓高下缔婚的风气，高门华阀成为一个利害共同的集团。并且，公卿子弟熟习典章制度，治国（办例行公事）也非他们不可。在这情形下，绅权是和皇权共存的，只有两方合作才能两利。而且，皇帝人人可做，只要有军力便行。士大夫却不然，寒人门役要成为士大夫，等于骆驼穿针孔，即使有皇帝手令帮忙，也还是办不到。何事非君，绅权可以侍候任何一姓的皇权，一个拥有大军的军阀，如得不到士大夫的支持，却做不了皇帝。

考试制度代替了门阀制度，真正发挥作用是 10 世纪的事。

经过甘露之祸，白马之祸，多数的著名家族被屠杀。经过长期的军阀混战，五代乱离，幸存的士族失去了庄园，流徙各地，到唐庄宗做皇帝，要选懂朝廷典故的旧族子弟做宰相都很不容易了。宋太祖太宗只好扩大进士科名额（唐代每科平均不过三十人，宋代多至千人）。用进士来治国，名额宽，考取容易，平民出身的进士在数量上压倒了残存的世族。进士一发榜即授官，进士出身的官僚绅士和皇权的关系是伙计和掌柜，掌柜要买卖做得好，得靠伙计卖劲，宋朝家法优礼士大夫，文彦博说为与士大夫共治天下，正是这个道理。

和前一时期不同的，前期的世族子弟有了庄园，才能中进士做官，再去扩大庄园。这时期呢，做了官再置庄园，名臣范仲淹置苏州义庄，派儿子讨租，讨得几船谷子便是好例子。

更应该注意的是印刷术发明了，得书比较容易，书籍的流通比较普遍，知识也比较不为少数家族所囤积独占，平民参加考试的机会增加了；"遗金满籯，不如教子一经"。念书，考进士，做官，发财，"万般皆下品，惟有读书高""天子重英豪，文章教尔曹"。政府的提倡，社会的鼓励，做官做绅士得从科举出身，竭一生的聪明才智去适应科举，"天下英雄入我彀中"，皇权永固，官爵恩泽，出于皇帝，士大夫不能不为皇帝所用，共存谈不上，共治也将就一下了。皇家是士大夫的衣食饭碗，非用全力支持不可，士大夫是皇家的管家干事，俸禄从优，有福同享，君臣间的距离不太近，也不太远，掌柜和伙计间的恩意是密切照顾到的。

从共存到共治已经江河日下了。元明清三代连共治也说不上，从合伙到做伙计，猛然一跌，跌作卖身的奴隶，绅权成为皇权的奴役了。

蒙古皇朝以马上得天下，也以马上治天下，军中将帅就是朝廷的官僚，军法施于朝堂，朝官一有过错，一顿棍子板子鞭子，挨不了被打死，侥幸活着照样做官。明太祖革了元朝的命，学会了这一套，殿廷杖责臣僚，叫作"廷杖"，在历史上大大有名。光打还不够，有现任官僚足办事的，有戴斩罪办事的。不但礼貌谈不上，连生命都时刻在死亡的威胁中。皇帝越威风，士大夫越下贱，要不做官吧，有官法硬给绑出去，非做不可，再不干，便违反了皇章，"士不为君用"，得杀头。君臣的关系一变而为主奴，说是主奴吧，连起码的主子对奴才的照顾也不存在的。前朝的旧家巨室被这个党案、那个逆案给扫荡光了，土地财产被没收。老绅士绝了种，用八股文所造成的新绅士来代替，新绅士是从奴化教育里成长的，不提反抗，连挨了打都是"恩谴"，削职充军，只要留住脑袋便感谢圣恩不尽，服服帖帖，比狗还听话。到清朝，旗人对皇帝自称奴才，汉官连自称奴才的资格也不够，不但见皇帝得跪，连见同事的王爷贝勒也得跪。到西方强国来侵略，打了几次败仗，订结了多少次屈辱条约以后，皇权动摇，洋权日盛，对皇权的自卑被洋人所代替，结果是洋权控制了皇权，洋教育代替了八股，旧士大夫改装为知识分子以及自由主义者，出奴入主，要说说洋人所说的话，要听听国外的舆论，要做做外国人所示意的，在被谴责被训斥之后，还得赔笑脸，以兴绅权为兴民权之起点，办报纸，立学会，假手于官力，为自己找"新路"，这些绅士除了服装以外，面貌是和五十年前那些人一模一样的。

　　绅权在历史上的三变，从共存到共治，降而为奴役，真是一代不如一代。历史说明了两千年来绅权的没落和必然的淘汰。梁启超的时代过去了，我们今天来研究这一五十年前被提出的课题，不但很有趣，也是很重要的。

　　关于历史上绅士所享受的特权，将在另一文中讨论。

（原载《时与文》第 3 卷第 1 期，1948 年 4 月。）

 **再论绅权**

一、士庶之别

唐代柳芳论魏晋以来的士族——绅士家族——在政治上的特权时说：

魏氏立九品，置中正，尊世胄（世代做官的），卑寒士（祖先不曾做过官的），权归右姓（大家族）已。其州大中正、主簿，郡中正、功曹，皆取著姓士族为之，以定门胄，品藻人物其别贵贱，分士庶，不可易也。[1]

士族的成立是由世代做官而来的，凡三世有三公的称为膏粱，有尚书、中书令仆（射）的为华腴，祖先做过领（军）、护（军）而上的为甲姓，九卿和方伯的为乙姓，散骑常侍、大中大夫的为丙姓，吏部正员郎为丁姓，统称四姓，也叫右族。

就个别的绅士家族而论，士族南渡的为侨姓，王、谢、袁、萧是大族；东南土著叫吴姓，朱、张、顾、陆最大；山东为郡姓，王、崔、卢、李、郑是大族；关中的郡姓以韦、裴、柳、薛、杨、杜最著名；代北为虏姓，如元、长孙、宇文、于、陆、源、窦等家族都是。从4世纪到10世纪大约七百年间，中国的政治舞台被这三十个左右的绅士家族所独占。

士族子弟做官依族姓门第高下，有一定的出身，甲族子弟二十岁便任官。名门则须满三十岁才能考试做小官。[2] 名家有国封的，初出仕便拜员外散骑侍郎。[3] 谢景仁到三十岁才作著作佐郎，有人替他抱屈说，司马庶人父子怎么能不垮？谢景仁这样人三十岁才做这个官！[4] 甚至同一家族，还分高下，王家有乌衣诸王和马粪诸王两支，马粪王是甲族，甲族是不做台宪官的；王僧虔做御史中丞，自己解嘲说，这是乌衣诸郎的坐处，我将就坐一下，[5] 至于做郎官的，那更是绝少的事。[6]

北魏孝文帝曾和廷臣辩论士庶任官的典制。

孝文帝问："近世高卑出身，各有常分，此果如何？"

李冲对："未审上古以来，张官列位，为膏粱子弟乎？为致治乎？"

孝文帝："当然是为致治。

李冲："然则陛下何为专取门品，不拔才能乎？"

孝文帝："苟有过人之才，不患不知。然君子之门，借使无当世之用，要自德行纯笃，朕故用之。"

李冲："傅说、吕望，岂可以门第得之？"

孝文帝："非常之人，旷世乃有一二耳。"

秘书令李彪："陛下若专取门第，不审鲁之三卿，孰若四科？"

著作佐郎韩显宗："陛下岂可以贵袭贵，以贱袭贱？"

孝文帝："必有高明卓然、出类拔萃者，朕亦不拘此制。"

不久，刘昶入朝。

孝文帝告诉刘昶：

或言唯能是寄，不必拘门，朕以为不尔。何者，清浊同流，混齐一等，君子小人，名器无别，此殊为不可。我今八族以上，士人品第有九，九品之外，小人之官复有七等。若有其人，可起家为三公。正恐贤才难得，不可止为一人，浑我典制也。[7]

这段谈话说明士庶在政治上的相对地位，士是君子，是清流，是德行纯笃的。庶人呢，是小人，是浊流的，是要不得的。要维持治权，就得分别士庶，使之高卑出身，各有常分。

其次，士族都是大地主，大庄园的占有者。大量土地的取得手段是兼并，官僚资本转变为土地资本。更重要的方式是无条件占领，非私人的产业如山林湖沼，豪强的绅士径自封占，据为己有，这情形到处都是，皇权被损害了，严立法禁，不许绅士强占，可是绅士集团不理会，政府没办法，妥协了，采分赃精神，依官品立格，准许绅士有权按照官品高下封山占水，下面一段史料说明了 5 世纪中期的情形：

扬州刺史西阳王子尚上言：山湖之禁，虽有旧科，人俗相因，替而不奉，燝山封水，保为家利。自顷以来，颓弛日甚，富强者兼岭而占，贫弱者薪苏无托，至渔采之地，亦又如兹，斯实害人之深弊，为政所宜去绝，损失旧条，更申恒制。

子尚是皇族，代表皇家利益要求重申禁令，政府当局根据壬辰诏书所立法制，占山护宅强盗律论，赃一丈以上皆弃市，尚书右丞羊希以为：

壬辰之制，其禁严刻，事既难遵，理与时弛，而占山封水，渐染复滋，更相因仍，便成先业，一朝顿去，易致怨嗟。今更刊革，立制五条：凡是山泽，先恒燝爐，养种竹木杂果为林芿，及陂湖江海鱼梁鳅𫊸场，恒加功修作者，听不追夺。官品第一、第二品听占山三顷，第三、第四品二顷五十亩，第五、第六品二顷，第七、第八品一顷五十亩，第九品及百姓一顷，皆依定格，条上赏薄。若先已占山，不得更占，先占阙少，依限占足。若非前条旧业，一不得禁。有犯者水土一尺以上，并计赃依常盗律论。停除咸康二年壬辰之科。从之。[8]

即承认过去的封占为合法，并规定各官品的封占限额。皇权向绅权屈服了，绅士由政治的独占侵入经济，享有封山占水的特权。

此外，士族还有不服兵役的特权。[9]

二、士大夫和寒人

士族是一个特殊的阶级，不但严格讲求谱系阀阅、郡望房次、官位爵邑，来保证朝廷官位的占有，并且严格举行同阶层的通婚，用通婚来加强右族的团结。当时寒人要加入这个集团，比登天还难。随便举几个例子，如宋文帝时的要官秋当、周赳，不见礼于同官张敷，《南史》卷三十二《张敷传》：

敷迁正员中书郎，中书舍人秋当、周赳并管要务，与敷同省名家，欲诣之，赳曰：彼若不相容接，便不如勿往，讵可轻行？当曰：吾等并已员外郎矣，何忧不得共坐。敷先旁设二床，去壁三四尺。二客就席，敷呼左右曰：移我远客！赳等失色而去。

徐爰被拒交于王球、殷景仁：

中书舍人徐爰有宠于上，上尝命王球及殷景仁与之相知。球辞曰：士庶区别，国之章也，臣不敢奉诏。上改容谢焉。[10]

蔡兴宗不礼王道隆，王昙首见秋当不命坐，王球拒接弘兴宗：

齐明帝崩，右军将军王道隆任参国政，权重一时，蹑履到兴宗前，不敢就席，良久方去，竟不呼坐。元嘉初中书舍人秋当诣太子詹事王昙首不敢坐。其后中书舍人弘兴宗为文帝所爱遇，上谓曰：卿欲作士人，得就王球坐，乃当判耳。殷、刘并杂，无所益也。若往诣球，可称旨就席。及至，球举扇曰：君不得尔！弘还，依事启闻。帝曰：我便无如此何！[11]

纪僧真要做士大夫，被拒于江敩：

永明七年（公元489）侍中江敩为都官尚书。中书舍人纪僧真得幸于上，容表有士风。请于上曰：臣出于本县武吏（《南史》作臣小人出自本县武吏），遭逢圣时，阶荣至此，为儿昏得荀昭光女，即间无复所须。唯就陛下乞作士大夫。上曰：此由江敩谢沦，我不得措意，可自诣之。僧真承旨诣敩，（登榻）坐定，敩便命左右曰：移吾床远客。僧真丧气而退，告武帝曰：士大夫故非天子所命。[12]

南朝中书舍人关谳表启，发署诏敕，为天子亲信，权倾天下，最是一时要官。历来多用寒人武吏。[13]虽然地要权重，有的还承皇帝特敕，要求和士大夫交游，可是，都被拒绝了，士庶不但有别，而且，士族深闭固拒，绝对不给寒人以礼貌，更不必说准许寒人参加士大夫集团了。

在朝廷如此，在地方也是一样，最著名的例子是庾荜父子，

庾荜拒邓元起做州从事：

荜为荆州别驾。初梁州人益州刺史邓元起功勋甚著，名地卑琐，愿名挂士流。时始兴忠武王憺为州将，元起位已高，而解巾不先州官，则不为乡里所悉。元起乞上籍出身州从事，憺命荜用之，荜不从，憺大怒，召荜责之曰：元起已经我府，卿何为苟惜从事？荜曰：府是尊府，州是荜州，宜须品藻。憺不能折，遂止。

庾乔又拒范兴话做州主簿：

乔复仕为荆州别驾。时元帝为荆州刺史，而州人范兴话以寒贱仕叨九流，选为州主簿，又皇太子及之，故元帝勒乔听兴话到职。及属元日，州府朝贺，乔不肯就列，曰：庾乔忝为端右，不能与小人范兴话为雁行。元帝闻，乃进乔而停兴话。兴话羞惭，还家愤卒。[14]

寒人处处碰壁，被摈于士大夫集团之外，只有两条路可走，一条是以才力得主知，挤到要地，做要官，却做不了大官、清流官。一条路是从军，用战功用武力来抢地盘，进一步抢政权，篡位做皇帝，如刘裕和陈霸先，前者是田舍翁，后者是寒人，便是著例。

寒人被抑勒出清流之外，和寒人有同样情况，庶人中的工商，凭借雄厚的财力，操奇计赢，长袖善舞，要进一步保障既得利益和发展业务，也用尽一切手段，挤进政治舞台来了。绅士们感觉威胁，一致抗拒，运用政治权力，限制工商出仕，抑勒工商不入流品，工商任官的只能任低级官。如公元 477 年的法令：

> 北魏太和元年，诏曰：工商皂隶，各有厥分，而有司纵滥，或染流俗（流俗，《北史》作清流）。自今户内有工役者，官止本部丞，若有勋劳者，不从此制。[15]

到隋文帝开皇十六年（公元596）更下诏制定，工商不得仕进。[16] 唐制工商杂类不得预于仕伍[17]，"依选举令：官人身与同居大功以上亲，自执工商，家专其业者不得仕。其旧经职任，因此解黜，后能修改，必有事业者，三年以后听仕。其三年外仍不修改者，追毁告身，即依庶人例"[18]。则不但工商不能入仕，连已入仕的官人同居大功以上亲也不许经营工商业了。

三、一千年后的绅权

隋唐以降，门阀被摧毁了，士族在社会大动荡中逐渐式微了。李唐时代的二十个左右大家族已经不完全是六朝时代的三十家族，到宋代这些家族都听不见说起了。考试制度代替了门阀制度，新官僚代替了旧官僚。

虽然如此，前代士族的特权仍然遗留给后代的新绅士。绅士的本质变了，绅权并没有什么大变。试举明代的例子来做对照。

明代士庶两阶级的分别，从《大明律》名例条关于文武官犯私罪一款最为清楚。这条例规定："文武官职，举人，监生，生员，冠带官，义官，知印，承差，阴阳生，医生，但有职役者，犯赃犯奸，并一应行止有亏，俱发为民。"发为民就是褫夺绅士所享的特权。

绅士最重要的特权是免役，关于见任官的免役，洪武十年（公元1377）二月特降诏令说：

> 食禄之家，与庶民贵贱有等。趋事执役以奉上者，庶民之事。若贤人君子，既贵其身而复役其家，则君子野人无所分别，非劝士待贤之道。自今百司见任官员之家，有田土者输租税外，悉免其徭役，著为令。[19]

见任官是做官的本人，见任官的父兄子弟则是乡绅。两年后又令"自今内外官致仕还乡者，复其家终身无所与"[20]。则不但见任官，连退休官也享有免役权了。嘉靖二十四年（公元1545）规定，京官一品免三十丁，二品二十四丁，至九品免六丁，外官各减一半。[21]不但见任或退休官员，连学校生员除本身外，也免户内差徭二丁。[22]明代的里役最为人民所苦，有二十亩产业的中农，要是不出一个秀才，一轮到值役，便立刻破产。[23]里役有里长、甲长两种，十年轮值一次，原则上是由殷户充当的，殷户中最殷实的是绅士，绅士不服里役，负担便全部转嫁给平民了。16世纪末年，大概现年里役，得破费一百两银子，恰是中人的家当。至于一被签为南粮解户，即使是中小地主，也非破产不可。[24]以一般情形而论，大县有秀才千人以上，假定这县有十万顷田地，秀才占五万顷，余下的五万顷的地主就得当十万顷的差；秀才如占九万顷，余下的一万顷得当十万顷的差，一句话，地方上的绅士愈多，人民愈倒霉，绅士愈富，人民愈穷，贫富的对立也更尖锐。[25]

其次是豁免田赋，正德十六年（公元1521）的优免事例，规定京官三品以上免田赋四顷，五品以上三顷，七品以上二顷，九品以上一顷。嘉靖二十四年又改为京官一品免粮三十石，二品二十四石，到九品免粮六石，外官减半。[26] 生员无力完粮，可以奏销豁免。甚至可以于每月朔望到知县衙门恳准词十张，名为乞恩，包揽富户钱粮立于自名下隐吞，一年约摸有二百两银子，也够花销了。[27]

其次是居乡的礼貌，洪武十二年的诏令规定："致仕官居乡里，惟于宗族序尊卑如家人礼。若筵宴则设别席，不许坐于无官者之下。如与同致仕者会则序爵，爵同序齿。其与异姓无官者相见，不必答礼。庶民则以官礼谒见，敢有凌侮者论如律，著为令。"[28] 婚丧之家，招待绅士另辟一室名大宾堂，不和平民共起坐。出门坐大轿，扇盖引导，有的地方官还送门皂、吏书、承应。生员出门，也有门斗张油伞前导。[29]

畜养奴婢也是特权之一，明制庶民是不许存养奴婢的，《明律·户律》："庶民之家存养奴婢者，杖一百，即放从良。"

法律所赋予的特权之外，还有法外的权力。把持官府，嘱托词讼，武断乡曲，封山占水，甚至杀人，无所不为，例子太多了，不必列举。这一类非法权力的形成，赵南星有一解释："乡官之中多大于守令者，是以乡官往往凌虐平民，肆行吞噬，有司稍稍禁戢，则明辱暗害，无所不至。"[30] 以为守令官小，不敢得罪比他大的乡官。顾公燮以为是师生和同年的年谊作怪："缙绅尤重师生年谊，平昔稍有睚眦，即嘱抚按访拿。甚至门下之人，遇有司对簿将刑，豪奴上禀主人呼唤，立即扶出，有司无可如何。其他细事虽理曲者，亦可以一帖弭之。"其实最主要

明朝的皇权与绅权

的原因，还是皇权对绅权的有意宽容放纵，士大夫成为皇权的统治工具，只要不直接和皇权冲突，违反皇家的利益，动摇皇家的基础，区区凌虐剥削百姓的琐事，皇家是不会也不肯加以干预的。

一千年后的明代情形，和魏晋南北朝没有什么两样，理由是封建关系不变，绅权也不变。

（原载《时与文》第 3 卷第 9 期，1948 年 6 月。）

 注释

［1］《新唐书》卷一九九《柳冲传》。

［2］参见《南史》卷六《梁武帝纪》。

［3］参见《南史》卷二十《谢弘微传》。

［4］参见《南史》卷十九《谢景仁传》。

［5］参见《南史》卷二十二《王僧虔传》。

［6］参见《南史》卷二十二《王筠传》。

［7］《资治通鉴》卷一百四十。

［8］《南史》卷三十六《羊玄保传》。

［9］参见《南史》卷三十四《沈怀文传》。

［10］《南史》卷二十三《王球传》。

[11]《南史》卷二十九《蔡兴宗传》。

[12]《资治通鉴》卷一三六;《南史》卷三十六《江敩传》。

[13] 参见《南史》卷六十《傅昭传》,卷七十七《恩幸传序》。

[14]《南史》卷四十九《庾革传》。

[15]《资治通鉴》卷一三四。

[16] 参见《资治通鉴》卷一七八。

[17] 参见《旧唐书》卷四十八《食货志》上;卷四十三《职官志》。

[18]《唐律疏议》四《诈伪》。

[19]《明太祖实录》卷一一一。

[20]《明太祖实录》卷一二六。

[21]《皇明太学志》二。

[22]《大明会典》卷七十八《学校》。

[23]《温宝忠遗稿》五《士民说》。

[24] 刘宗周《刘子文编》五《责成巡方职掌疏》。

[25] 参见顾炎武《亭林文集·生员论中》。

[26] 参见《皇明太学志》二。

[27] 参见顾公燮《消夏闲记摘钞》中。

[28]《明太祖实录》卷一二六。

[29] 参见《消夏闲记摘钞》;徐学谟《世庙识余录》二十。

[30]《赵忠毅公文集·敬循职掌剖露良心疏》。

附录一

洪武京城图

　　明太祖朱元璋在位时期，敕礼部纂修《洪武京城图志》，以图文互动的形式，描述了明初首都南京的恢宏气象，并附有多篇名家的序、记、考、跋。

　　限于篇幅，本书仅摘录《洪武京城图志》中的插图部分，以飨读者。

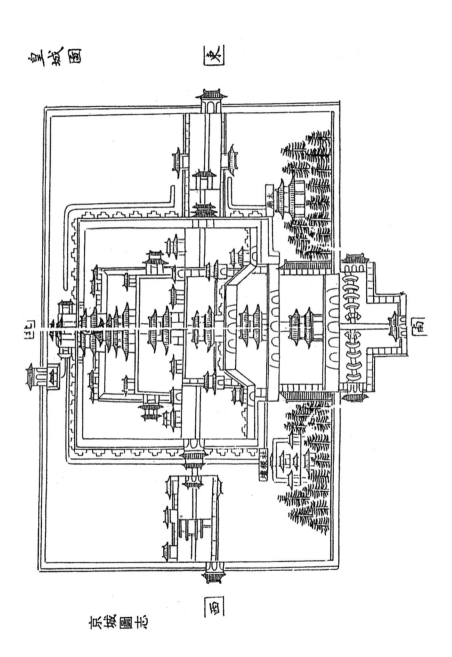

皇城圖

京城圖志

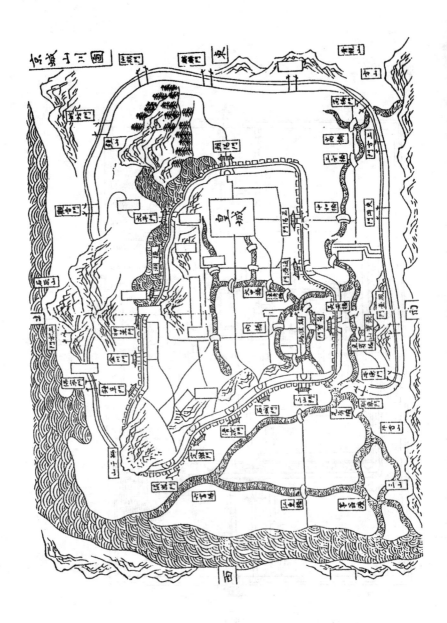

明朝简史

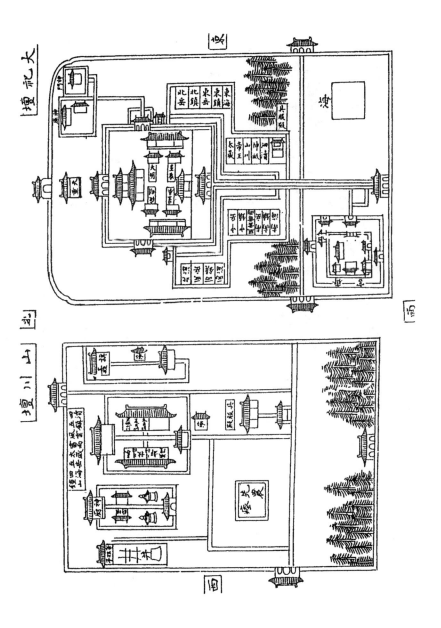

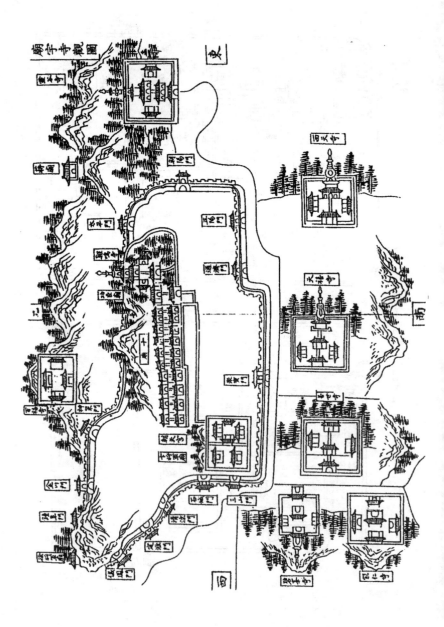

明朝简史

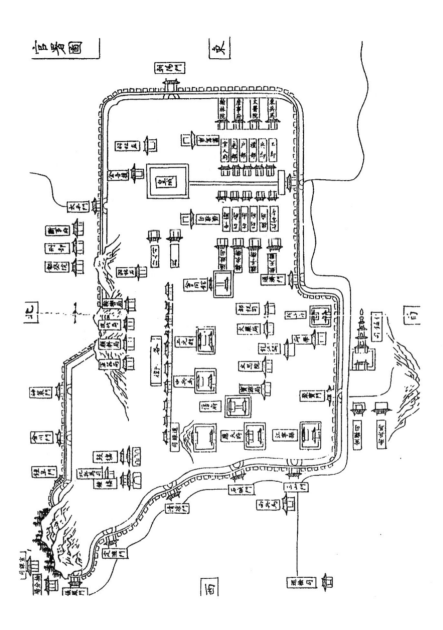

國學圖

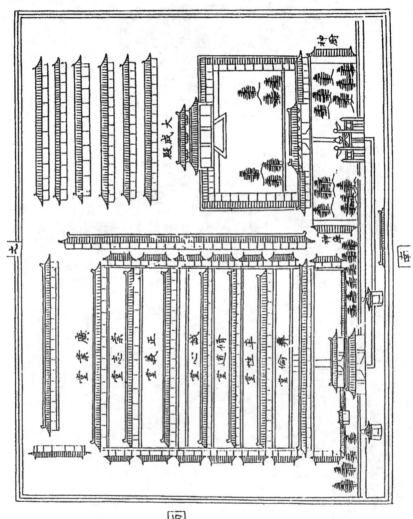

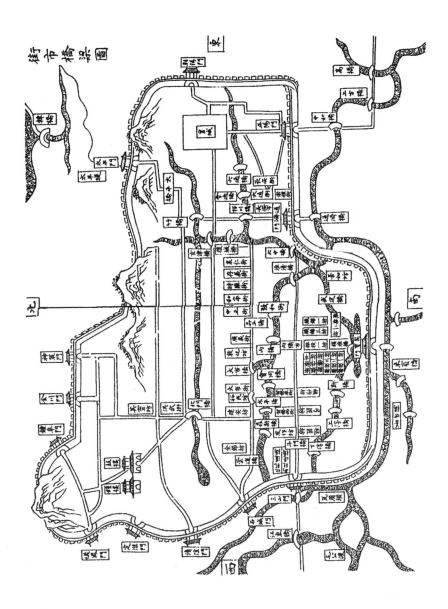

街市橋梁圖

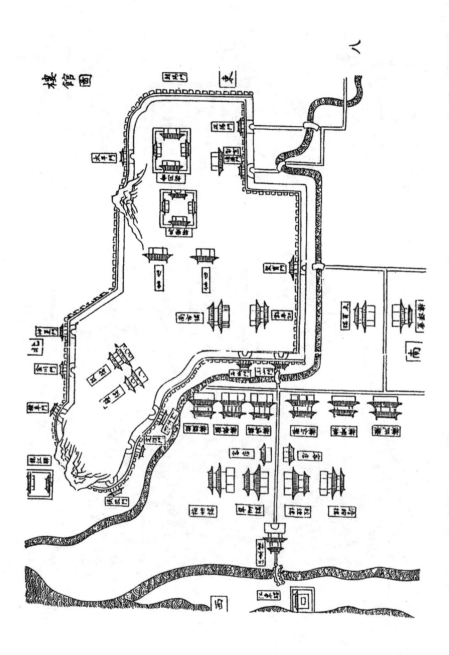

明朝简史

附录二

金陵古今图

　　明朝建国后，明太祖朱元璋将南京定为都城。南京，古称金陵。明代陈沂撰有《金陵古今图考》一册，该书以宋元方志等为本，据以绘图，附以考证，绘写出从先秦至明中叶南京历代锦绣山河和都会街肆。

　　限于篇幅，本书仅摘录《金陵古今图考》中的插图部分，以飨读者。

吳越楚地圖

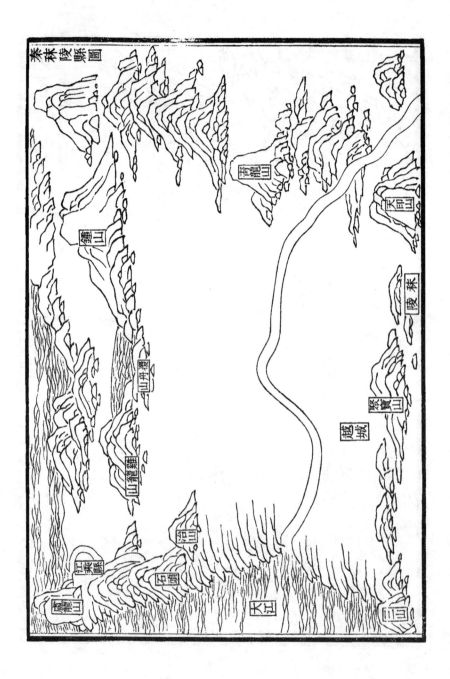

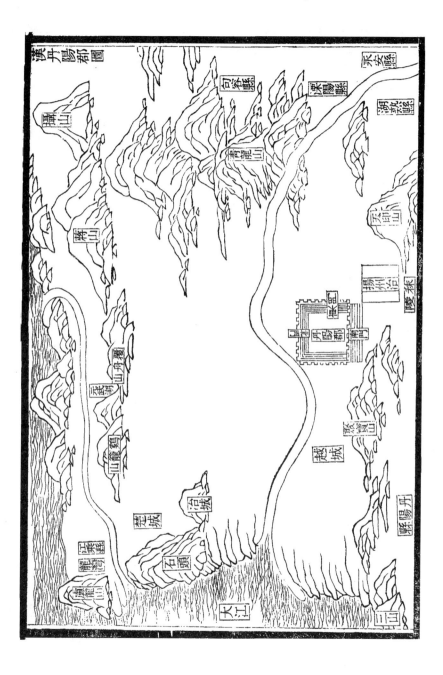

漢丹陽郡圖

永安縣

句容縣　溧陽縣

潥湖縣

句曲山

青龍山

攝山

天印山

蔣山

揚州治

冀州縣

覆舟山　武湖

丹陽郡南阿

雞籠山

承賢山

越城

溧陽縣　丹陽縣

龍湖

冶城

楚城

石頭

龍湖　溧陽縣

覆龍山

江天

三山

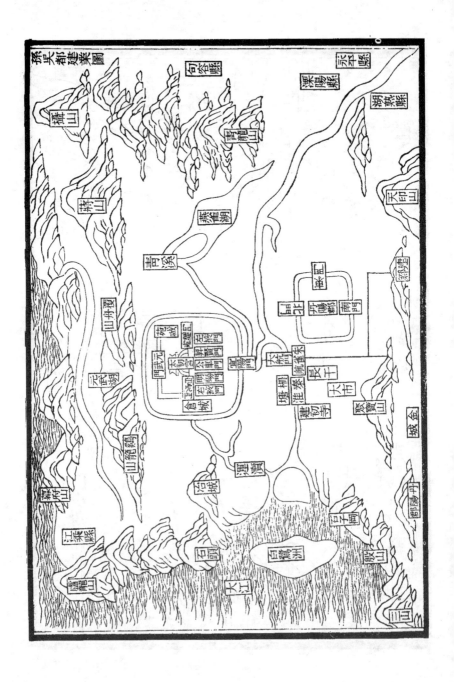

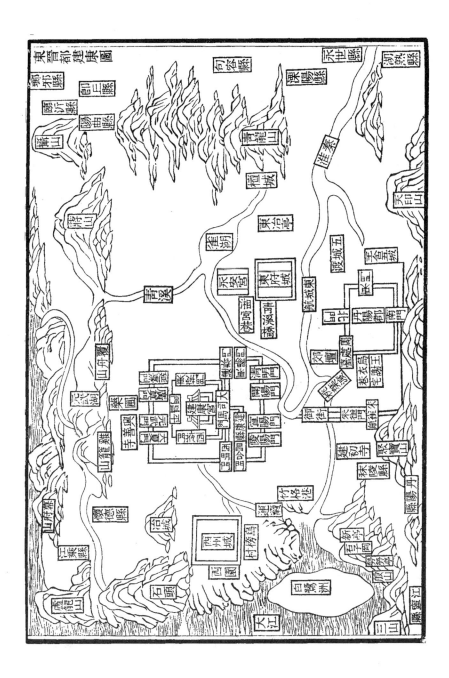

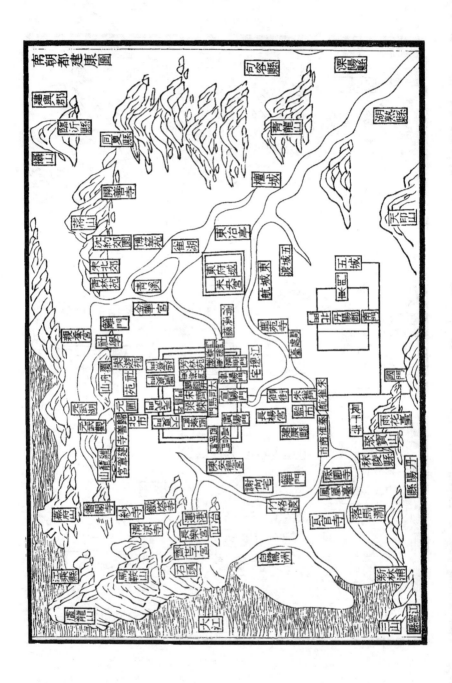

南朝都城建康圖

明朝简史

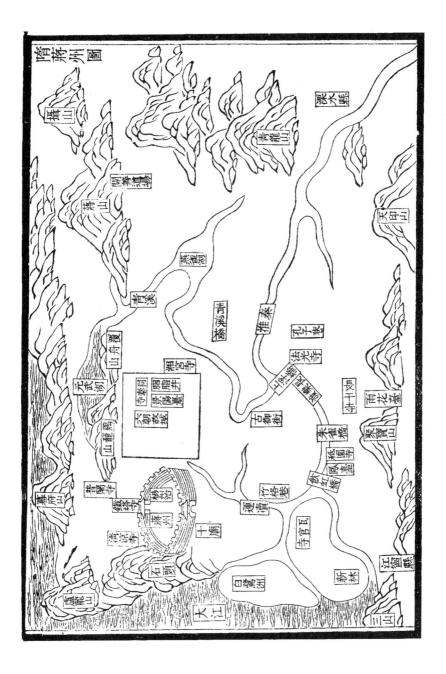

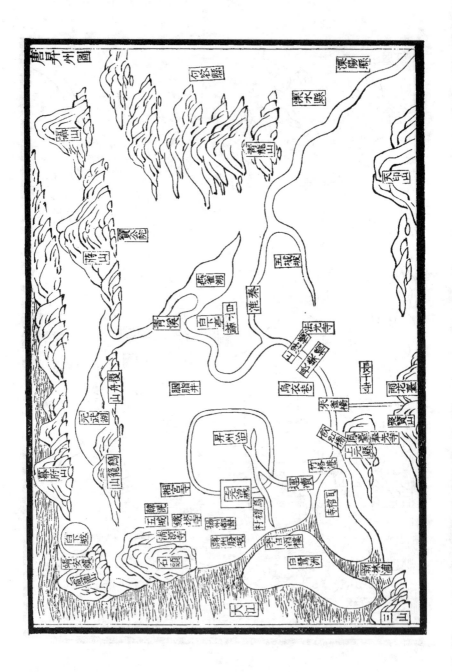

唐昇州圖

溧陽縣
溧水縣
何容縣
攝山
青龍山
天印山
寶公院
蔣山
燕雀湖
五城堰
青溪
白下橋
澔墓
龍光寺
山弘濟院
瓦棺寺
烏衣巷
長干寺
方山
山舟渡
元武湖
臙脂井
鳳臺
朱雀橋
山龍綱
昇州治
元濟橋
高賢橋
三山縣
甘露寺
蔣府山
建寶港
鑿棧
湘宮寺
元濟橋
鳳臺寺
白下渡
五城
纘塔寺
揚州寺
寺稻瓦
蒔交壘
石頭
清州勝壘
瓦棺樓
漸埔
白鷺洲
三山

大江

明朝简史

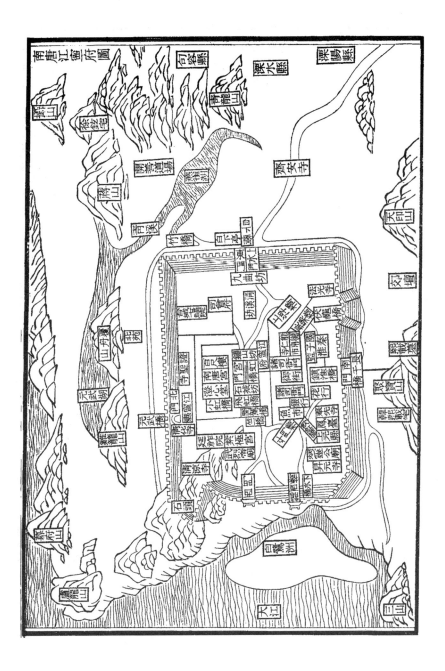

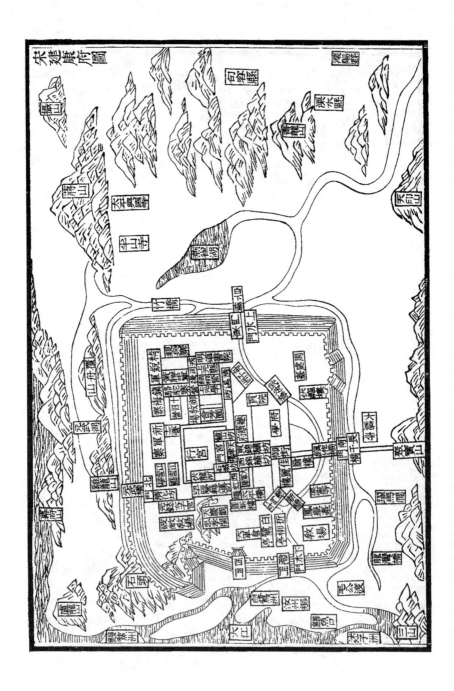

宋建康府圖

明朝简史

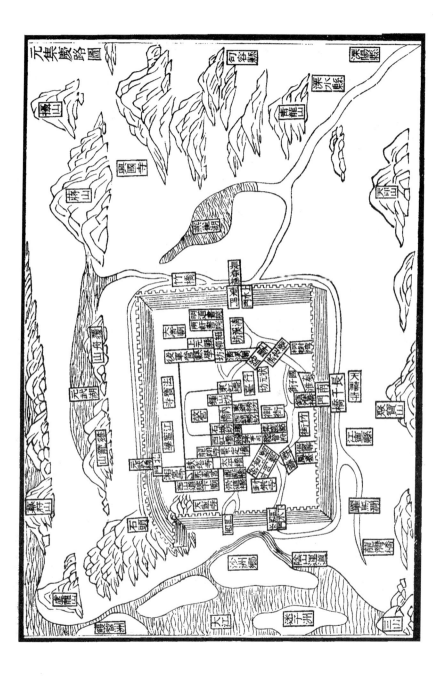

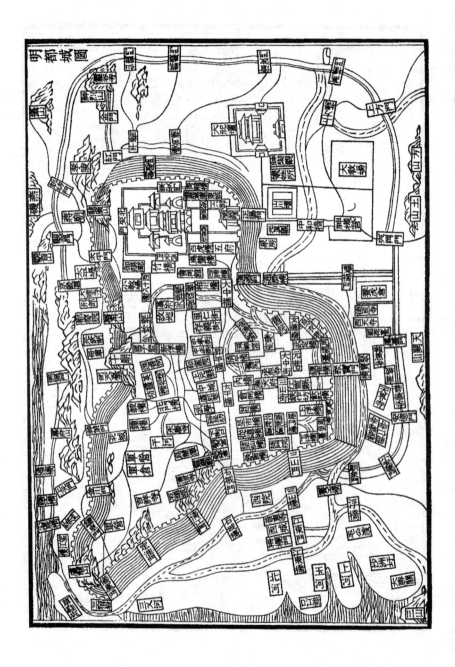

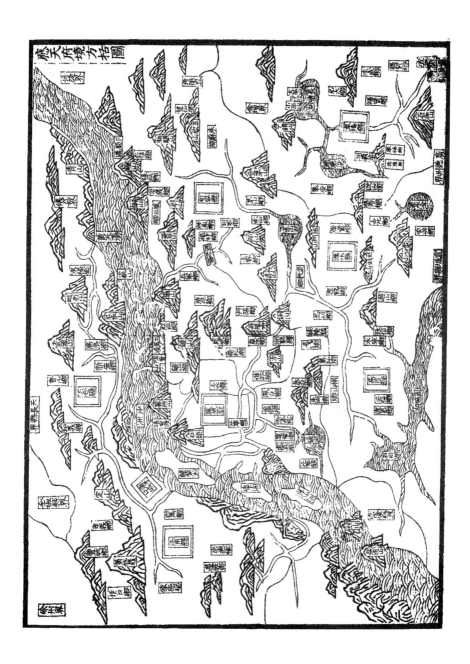

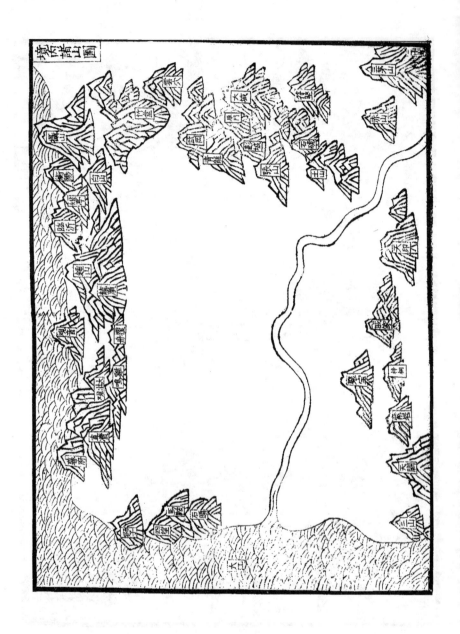

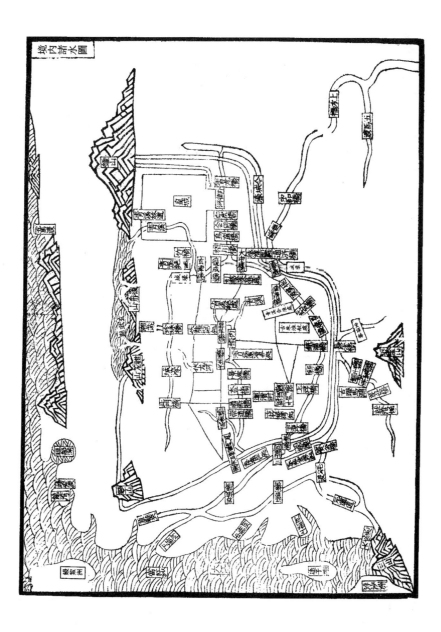

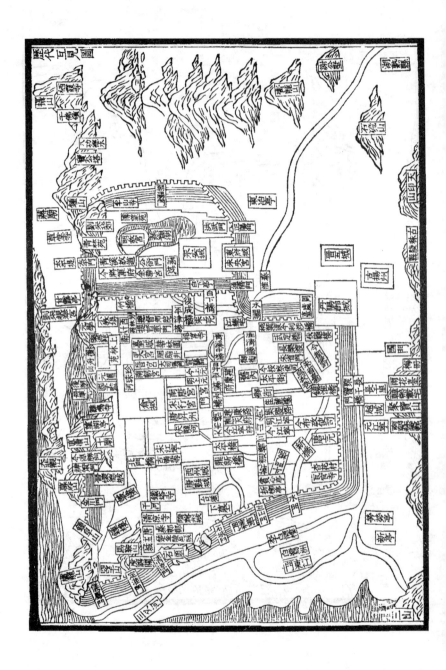

明朝简史